# 戦前戦中期の国際文化事業と、その戦後期への影響

―国際文化交流・日本語教育・留学生教育―

嶋津 拓 著

現代図書

# 凡例

本書においては、引用文中における旧字体・カタカナをそれぞれ新字体・ひらがなに直した。また、文意を汲んで、適宜句読点を付した場合や促音表記にしたケースもある。ただし、仮名遣いは原文に従った。なお、読みやすさを考慮して、アラビア数字を漢数字に直した場合もある。

引用文中には、今日からすると事実でない部分や適切でない表現も含まれているが、それらの中には、著作者の主観あるいは認識を反映している場合もありうるので、人物や機関の名称など明確な誤りを除いては注釈等を施さなかった。また、誤字も訂正しなかった。

すでに邦訳されている文献・資料を除き、英語およびドイツ語の文献・資料の邦訳は原則として筆者が行った。また、これに当てはまらない場合は、その旨を明記した。

# まえがき

筆者は、一九八六年に大学院修士課程を修了したのち、国際交流基金（現在の独立行政法人国際交流基金）に勤務し、二〇〇六年までの二〇年間、国際文化交流に従事した。また、二〇〇六年からは大学教員として、言語政策論を学部学生と大学院生に講義したほか、留学生を対象とした日本語教育に従事してきた。

筆者の学術的専門は社会言語学（とくに言語政策論）であるが、右に記した経歴、すなわち国際文化交流・日本語教育・留学生教育の実務に従事した経験から、それらに関する論文も執筆し、学会誌や大学の紀要に発表してきた。

本書は、それらの論文に加筆修正を施したものを一冊にまとめたものである。

筆者が執筆した論文は、結果的に歴史（国際文化交流史・日本語教育史・留学生教育史）を扱ったものとなったが、それは筆者が国際文化交流・日本語教育・留学生教育の実務に携わる中で、それらの「来し方」を振り返り、自分自身の「立ち位置」を確認したかったからである。

このように、それぞれの論文で扱ったテーマは、それらを執筆した時点での筆者の「立ち位置」に関係していたものである。このため、それらを一冊にまとめた本書は、その構成の面で一貫性に欠けるかもしれない。しかし、本書で扱ったテーマおよび内容は、それぞれの学術領域では従来ほとんど扱われることがなかったものであり、その意味では、学術的に先駆的な試みだったと言えるのではないかと筆者は自負している。

# 目　次

# 第一章　堀田善衛と戦時下の国際文化振興会

## ―国際文化交流史研究の観点から『若き日の詩人たちの肖像』を読む―

# はじめに

一九五二年に『広場の孤独』で芥川賞を受賞した堀田善衛（一九一八～一九九八）は、戦時中、財団法人国際文化振興会に二度勤務している。一度目は、一九四二年九月に慶応義塾大学文学部を卒業してから一九四三年九月に海軍の軍令部臨時欧州戦争軍事情報調査部に徴用されるまでの約一年間で、この時は同会の東京本部に勤務した。二度目は、戦争末期の一九四五年三月からで、この時は国際文化振興会の上海資料室に勤めた。彼は同地で終戦を迎えている。

一九九〇年代以降、国際関係論や芸術史学の分野で、あるいは日本語教育史研究の領域で、戦時下の国際文化振興会に焦点をあわせた研究が数多く生まれるようになった。[1] その多くは、外務省外交史料館や国際交流基金（国際文化振興会の後身）に保存されている各種会議録、あるいは国際文化振興会の機関誌『国際文化』をはじめとする同会出版物を一次資料として用いているが、当時の国際文化振興会関係者の肉声や証言については、資料として用いられることがほとんどない。それは、かかる肉声や証言が今日ほとんど残されていないか、あるいは散逸しているからであると考えられる。[2] また現時点では、当時の国際文化振興会関係者にインタビューすることは、きわめて困難だと言ってよい。

そのような中で、堀田善衛は自伝小説という形態ではあるにせよ、戦時下の国際文化振興会についての証言を残している。本章では、一九六八年に出版された、その自伝小説『若き日の詩人たちの肖像』（以下、『肖像』と言う）を、国際文化交流史研究の観点から読み解くことで、当時の国際文化振興会が置かれていた状況について考察したい。

なお、『肖像』は、堀田をモデルとする主人公の幼少期から、一九四三年秋に「召集」（主人公のモデルとなった堀田の場合は「徴用」）されるまでの期間を扱っている。すなわち、彼が国際文化振興会の東京本部に勤務していた時期までを扱っている。実際の堀田は、前述のように一九四五年三月から同会の上海資料室にも勤務しているのだが、この時期のことは『肖像』には書かれていない。このため、本章が考察対象とするのも、主人公が国際文化振興会の東京本部に勤務していた時期のみとなる。

## 一．国際文化振興会

一九四二年九月に慶応義塾大学文学部仏蘭西文学科を、戦時下の特別措置によって繰り上げ卒業した堀田善衛は、国際文化振興会という「なんとも得体のしれない団体」（堀田一九九九：一八）に就職することになった。『肖像』によれば、それは大学の就職係の紹介によるものだったという（堀田一九七七：二八四）。堀田が『肖像』の主人公（堀田自身がモデル）に言わせているところによれば、大学卒業後に就職することにしたのは、「どうせ執行猶予の期間はそう長くはないのだから、就職などをしても、された方が困る筈のものであったけれども、就職をしないような、いわば社会に籍のない人間を許してはくれなかった」（堀田一九七七：二八三）からだった。[3] また、堀田自身が一九六〇年代に回顧しているところによれば、国際文化振興会に「就職しようと決めたのは、あの戦時下にあって、あそこならば多分にヒマがあるだろう、と思ったことが第一にして同時に最終の理想であった」（堀田一九六四：二五）からだったともいう。

堀田が勤務することになった国際文化振興会は、「国際文化事業」を実施するために、すなわち「国際間文化の交換殊に日本及東方文化の海外宣揚」（国際文化振興会一九三四：一〇）を図るために、実質的には日本政府によって、一九三四年に設立された。

国際文化振興会が設立された一九三四年は、日本が国際連盟を脱退した翌年に当たる。また、一九二〇年代から一九三〇年代にかけての時期は、ヨーロッパの国々が自国文化を海外に発信するための機関を相次いで設立していた時期でもある。すなわち、「世界の文明諸国があらゆる方面に亙りて、自国の文化を内外に顕揚し宣布する為めに広大の施設を整へ文化活動に努力して互に後れざらん」（国際文化振興会一九三四：一〜二）としていた時期でもあったのであり、日本は国際連盟脱退に伴う国際的な孤立を避けるとともに、他国に伍して、「自国文化の品位価値を発揮し、他国民をして尊敬と共に親愛同情の念を催さしむる」（国際文化振興会一九三四：一）ことを主要目的として、「国際文化事業」を開始したと言うことができる。

しかし、「国際文化事業」は一九三〇年代に突如として誕生したわけではない。一九二〇年代に生まれた「対外文化事業」を、その源流としている。

一九二〇年代の「対外文化事業」は、ふたつの主体によって担われた。そのひとつは外務省である。同省は一九二三年三月に「対支文化事業特別会計法」（一九二三年法律第三六号）が制定されたのを受け、省内に対支文化事務局（一九二四年に文化事業部と改称）を設置した。対支文化事業特別会計は、義和団事件の賠償金等を原資としたもので、その予算を用いて外務省は、「支那国に於て行ふべき教育、学芸、衛生、救恤其の他文化の助長に関する事業」、および「帝国に在留する支那国人民に対して行ふべき前号に掲ぐる事業と同種の事業」、ならびに「帝国に於て行ふべき支那国に関する学術研究の事業」を実施した（JACAR:B05016070600）。

もうひとつの主体は、国際連盟知的協力国際委員会（International Committee on Intellectual Cooperation）の日本支部として一九二六年に設置された学芸協力国内委員会である。同委員会はもともと国際連盟を中心とした「超民族的国際的文化事業」（三枝一九三三：六二七）を実施するために設置された機関だったのだが、それと同時に「我国文化の紹介」（学芸協力委員会編一九二七：一八）にも努めた。なぜなら、「今日まで兎もすれば東洋文化の本質を誤解することの尠くなかった欧米人に対してその真実を知らしめることは国際協力の上から考へて刻下の急務である」（学芸協力委員会編一九二七：一九）と考えられたからである。

これらふたつの「対外文化事業」を基盤として、一九三〇年代に「国際文化事業」が誕生する。それは、学芸協力国内委員会の本来業務である「超民族的国際的文化事業」よりも「我国文化の紹介」を主軸とした「民族的対外文化事業」（三枝一九三三：六二七）を拡充することが、さらには「支那国」以外の国や地域にも「対外文化事業」を拡大することが求められるようになってきたからである。外務省の関係者は、一九三三年の時点で次のように述べている。

日本としては、国際社会に於て日本は貴重な国である。日本は世界文明の不可欠の要素であると云ふことを認めさせることが絶対に必要である。仏蘭西も独逸も其の他の国も斉しく自国文化を発揚して、自国の世界に於ける価値としての存在を日月星辰の如くならしめようと焦心努力して居るのである。既に文化的価値の王座に位した国にとつては、移民問題も経済政策も高等政策も力を用ひずして解決することが出来るであらう。之が実に列国をして文化事業に鋭意せしめつゝある最大の原因であると確信するのである。（三枝一九三三：六二六〜六二七）

このような理由から日本政府は、「民族的対外文化事業」であり、かつまた全世界を対象としたところの事業、すなわち「国際文化事業」を開始することとなった。また、これを実施する専門組織の設立を模索することにもなった。後者に関しては、当初、外務省の内部に「国際文化事業局」という部門を設置することが検討されたが、最終的には政府外郭団体の形態を採用することとなり、日本政府は一九三四年に財団法人国際文化振興会を設立した。

設立当初の国際文化振興会には、学芸協力国内委員会や国際連盟の関係者が集まった。すなわち同会の役員には、徳川頼貞（侯爵）、樺山愛輔（伯爵）、黒田清（伯爵）、岡部長景（子爵）、団伊能（男爵）など、学芸協力国内委員会の委員を務めていた華族たちが就任し、また事務局のトップである主事の役職には、国際連盟事務局東京支局長を務めた経験のある青木節一が就いた。

設立当初の国際文化振興会は、主に「欧米諸国」を対象として日本文化を発信した。それは、同会設立の理由のひとつが、「満州事変」勃発後の「国際連盟の態度並に当時の欧米諸国の新聞記事は日本の立場、東亜の情勢に対する認識を欠いてゐた」（稲垣一九四四：四一）という状況を改善することにあったからである。

しかし、一九四〇年代に入ると、国際文化振興会の主な事業対象は「欧米諸国」から「東亜」に移る。国際文化振興会の幹部職員を務めていた稲垣守克（後述するように、彼は『肖像』に登場する人物のモデルでもある）は、一九四四年に次のように述べている。

対外文化宣伝の相手と方法とは之を行ふ国家の立場に応じて左右されるのであるから、満州事変以後皇紀二千六百年（筆者註：一九四〇年）頃に至るまでの間は我国の対外文化宣伝の要點が欧米に向けられ、国際文化振興会の事業も此線に添ふて遂行されたのは当然である。（中略）
皇紀二千六百年を境として日本に関する国際政局の中心は東亜に移り、日本の対外文化宣伝の要點も欧米を去って東亜に向けられ、大東亜戦争勃発となって此傾向は決定的となった。（中略）国際文化振興会に課せられた任務は大東亜諸民族の結集の目的を実現する為めに彼等に八紘為宇の理想を知らしめることになる。本会は対外文化宣伝に於ける七年余の経験と事務力（職員百余名）とを直ちに対大東亜事業に向けることが出来た。（稲垣一九四四：四二〜四三）

このように、一九四〇年代に入ると国際文化振興会の主要事業対象は、「欧米諸国」から「東亜」に向けられることになった。しかし、それと並行して国際文化振興会の活動には、「下請け」的な性格が強くなっていく。また、その事業対象は「東亜」の中でも、仏印、タイ、中国、「満洲国」が中心となっていく。その理由について、国際文化交流史の研究者である芝崎厚士は、次のように述べている。

このころの国際文化振興会の活動には「下請け」的な性格が強かった。すなわち、国際文化振興会が主体的かつ新規に事業展開を行うというよりはむしろ、情報局や軍部と連絡を取り合って必要なものを準備する作業が比重を増してきたのである。そのような、軍政下にある「共栄圏」諸地域に関する活動は、あくまで限定的な、あるいは後方支援的な以上のものにはなり得なかった。具体的にはこれまで作成してきた各種資料の現地語版を作成したり、新たに必要な分を補充するような作業が多くみられた。日本を頂点とする「大東亜共栄圏」下では、二国間の文化事業実施を目的として創設された国際文化振興会が十分に活動することは理念上も実質上も困難だったのである。

それゆえ国際文化振興会は、軍政が敷かれず、また建前上は政治的に独立しているがゆえに、自らの主体性がある程度発揮し得た仏印とタイ、および中国と満州国に関する文化事業に主な力点を置くことになった。これらの事業の大部分は、国際文化振興会が太平洋戦争以前に諸国に対して行っていた事業形態をそのまま踏襲している。国際文化振興会が主体的にかつ最も円滑に行い得る事業形態が、二国間の、少なくとも形式的には水平的な事業であったことを物語っている。（芝崎一九九九ａ：一四五〜一四六）

堀田が国際文化振興会に就職したのは、このような時期である。すなわち、同会の活動に「下請け」的な性格が強くなり、また、「軍政が敷かれず、また建前上は政治的に独立しているがゆえに、自らの主体性がある程度発揮し得た仏印とタイ、および中国と満州国に関する文化事業」に、国際文化振興会が「主な力点を置くことになった」時期であった。

## 二．国際文化振興会調査部の人々

### （一）稲垣守克

堀田が国際文化振興会の中で配属されたのは調査部だった。当時、同会の本部は東京市麹町区（現在の東京都千代田区）丸の内の明治生命館[4]の中にあり、堀田が勤務することになった調査部もそこにあった。

当初、堀田の調査部における主な仕事は、「本を買う」ことだったようだ。『肖像』には次のように記されている。

男（筆者註：堀田自身をモデルとする主人公）は、つまり国際文化振興会調査部というものに就職し、月給を公定の七十五円もらうことになったのだ。で、そこでの仕事というのは、要するに滅多矢鱈に本を買うことであった。新刊本も古本も、文化に関するものならなんでも買い込む。そうして分類をして日本文化を大東亜圏に、世界に紹介するための準備をする。それは気の遠くなるような遠大なはなしであったが、本を滅多矢鱈に買うことは面白かった。（堀田一九七七：二八八）

この「本を買う」という仕事は、「午前中に本屋に注文を出し、昼すぎに一かかえの本が来て、弁当を食べながら分類をして、そいつを図書室の本棚にならべてしまえば、あとは何もすることがない」（堀田一九七七：二九〇）というような類の仕事だった。『肖像』の主人公は、「国際文化振興会調査部なるところは、矢鱈無性に暇であった」（堀田一九七七：二九六）と繰り返し述べている。

この国際文化振興会調査部には、堀田自身をモデルとする主人公のほかに、「三人の男女」（堀田一九七七：二八九）が勤務していた[5]。そのうち「調査部なるものの部長は、ドイツで何をしていたものかわからなかったが、とにかく長くドイツにいて奥さんもドイツ人であるという人」であり、「副部長」は「明治の元勲のお孫さんであって宮中のことなどにも通じている人」だった（堀田一九七七：二八八）。堀田は『肖像』の中で、当時の国際文化振興会のスタッフを実名や仮名では呼ばず、調査部長を「長期ドイツ滞在部長」（堀田一九七七：二八九）、副部長を「明治元勲のお孫さんである副部長」（堀田一九七七：二九六）という類の呼び方をしているのだが、『肖像』に記されている彼らの経歴からすれば、前者の「長期ドイツ滞在部長」は稲垣守克を、後者の「明治元勲のお孫さんである副部長」は伊集院清三をモデルにしていると言うことができる。

「長期ドイツ滞在部長」のモデルとなった稲垣守克は、今日、一九二二年に理論物理学者のアルベルト・アインシュタイン（Albert Einstein）が改造社の招聘で来日した時に、その通訳を務めたことと、アインシュタインが提唱した「世界連邦」建設に向けての運動を第二次世界大戦後に日本において主導したことで知られているが、その稲垣は、一九二〇年代、一貫して国際連盟に関連する業務に従事していた。一九三九年に稲垣が執筆した『日本を世界に知らせよ—対外文化宣伝の方法論—』（外務省外交史料館蔵）によれば、彼は一九一九年から一九二一年までジュネーブの国際連盟日本政府代表部にヴェルサイユ講和条約実施委員として勤務し、その後は「帰朝して直ちに当時設立早々の日本国際連盟協会の書記として日本に於ける国際連盟運動の初期の事務に関与した」（稲垣一九三九：五）のであるが、一九二四年には再びジュネーブに渡り、国際連盟や国際労働機関の日本政府代表部等に嘱託として勤務した。日本が国際連盟を脱退した後も、稲垣はジュネーブに残ったようだが、「国際連盟総会の反日決議（筆者註：対日経済制裁決議）があり、帝国の対国際連盟協力断絶」（稲垣一九三九：はしがき）となったことから、一九三九年頃に帰国している。国際文化振興会に勤務するようになったのは、その直後のようである。

このように、稲垣がヨーロッパで拠点としていたのは、国際連盟や国際労働機関の本部があったスイスのジュネーブであり、かかる点では『肖像』に登場する「長期ドイツ滞在部長」の経歴と異なるのであるが、その稲垣は、自身と「対外文化宣伝」の関係について、前述の『日本を世界に知らせよ—対外文化宣伝の方法論—』の中で次のように述べている。

私は国際連盟に依る平和運動に出発した。平和運動に関与して、私は日本人として世界平和建設に貢献する事業の中で先ず日本を海外に紹介することが重要なる事項であることを認識した。私は講和条約実施委員として大戦直後の欧州を旅行し、日本人として将来の世界建設上の分担は日本に対して外国人の認識を高めることに在ることを痛切に感じたのである。そして関東大震災の翌春再び渡欧し十四ヶ年半の間国際平和運動の方面、国際事務の方面に関与しつつ日本を欧州に於て紹介することを自分の道楽とし、自分の使命として、之が実行を心がけて居た次第である。（中略）当時私は日本人として国際平和問題を論ずるに当り、「公平ある基礎の上に世界を改善すること」「現状維持の平和を排し、世界の領土開放、通商自由の原則の上に平和を建設すること」と云ふ傾向の考え方を好み、日本人として人種平等待遇の問題を論じてゐた。そして少くとも日本人が欧米人と同じく優秀なる民族であり、高級なる文化を持ち居ることを早く知らさなければならぬと感じた。米国に於て日本人が馬鹿にされたことを大に憤慨してゐた。そう云ふ気持ちから私は先ず自分で日本紹介の仕事に全力を盡さなければならぬと誓ったのである。（稲垣一九三九：四〜六）

この稲垣の記述からも明らかなとおり、彼は「対外文化宣伝」の主な対象として、「欧米人」を念頭に置いていた。すなわち、「欧米人」に対して、「日本人が欧米人と同じく優秀なる民族であり、高級なる文化を持ち居ること」を「宣伝」しようとしたのである。逆の言い方をすれば、稲垣にとって、「欧米人」以外の「外国人」は「対外文化宣伝」の主要な対象ではなかったのである。この稲垣の立場は、「欧米人」を「対外文化宣伝」の主たる対象と見なしている点で、設立当初の国際文化振興会が、その「国際文化事業」の対象として、「欧米諸国」を重視していたのと共通しているが、稲垣自身が一九四四年に述べているとおり、一九四〇年頃を境に国際文化振興会の主要事業対象は「欧米諸国」から「東亜」に移る。また、一九四一年一二月以降、「欧米諸国」に対する「国際文化事業」は、その多くが実施不可能となり、ドイツなど枢軸国側に属す国を対象とした事業にほぼ限定されることにもなった。

しかし、稲垣は（その一九四四年に記した文章の内容とはうらはらに）、一九四〇年代に入ってからも、「日本人が欧米人と同じく優秀なる民族であり、高級なる文化を持ち居ること」を「欧米人」に宣伝することが「対外文化宣伝」の、そして国際文化振興会に勤務するようになってからは、同会の（換言すれば「国際文化事業」の）課題であると認識していたのかもしれない。『肖像』の中で堀田は、「長期ドイツ滞在部長」にとって、「国際文化事業」の「国際」とは、「ナチ・ドイツとの親善以外のことではなかった」とするとともに、「アジアだの、大東亜だのというものは部長にとっては、何か薄汚ないような代物であった」と記述している（堀田一九七七：三六四〜三六五）。また、この「長期ドイツ滞在部長」は、「日本の文学者たちのなかに支那語を学びたいという人が多く出て来ているので、その勉強のための部屋を国際文化振興会が貸してもいいじゃないか」（堀田一九七七：三六五）との提案があったのに対して、次のような理由から反対したという。

> 支那人が、ヘーレンフォルクである日本の、日本語を学べばいいんですよ。われわれがなんのために支那語をやらねばならんのですか？　それに支那語なんていうレッサー・ラングェイジをやることありませんよ。（堀田一九七七：三六五）

これについて『肖像』の主人公は、「ヘーレンフォルク Herrenvolk というのは、ナチ・ドイツの言う「支配民族」であり、レッサー・ラングェイジLesser languageというのは英語で「劣等言語」といった意味であろう」（堀田一九七七：三六五）と解説している。これらは、もとより小説の中に見られる表現であり、また、小説の登場人物と実在した人物とを直ちに同一視することは避けなければならないが、これらの『肖像』の中に見られる記述は、「対外文化宣伝」あるいは「国際文化事業」の対象として「欧米人」を重視していた稲垣の、さらには「日本人が欧米人と同じく優秀なる民族」であることを信じて疑わなかった稲垣のある側面を、堀田なりに表現したものであったのかもしれない。

稲垣がいつ頃まで国際文化振興会に勤務していたのかは明らかでない。しかし、終戦三年後の一九四八年八月には「世界連邦建設同盟」の理事長に就任しており、また、以後の稲垣はその建設運動に没頭することになるので、それまでには国際文化振興会を退職していたものと思われる。

## （二）伊集院清三

すでに引用した部分からも明らかなように、堀田は「長期ドイツ滞在部長」の言動については、否定的に描写している。それに対して、この「長期ドイツ滞在部長」と常に対立していたとされる「明治元勲のお孫さんである副部長」に関しては、好意的に描いている。それは、この副部長が「いつも男（筆者註：堀田自身をモデルとする主人公）のことを気にしていてくれた」（堀田一九七七：三四八）からなのであろうが、この「明治元勲のお孫さんである副部長」のモデル、すなわち伊集院清三は、その後の堀田の文学人生に深く関わった人物でもある。

伊集院清三の実父は、外務省情報部長や外務大臣を務めた伊集院彦吉である。もともと伊集院家は薩摩藩士の家柄だったのだが、明治維新後には男爵に列せられている。また、清三の実母である芳子は大久保利通の長女であり、『肖像』に登場する「国際文化振興会調査部副部長」と同様に、伊集院清三は「明治元勲のお孫さん」という立場にあった。また、大久保利通を介して、清三は終戦後に内閣総理大臣を務めた吉田茂やその長男の吉田健一とも親戚関係にあった。吉田健一は、「もとの駐英大使の坊ちゃんである人」（堀田一九七七：三四九）という表現で、『肖像』の中にも登場している。

伊集院清三がいつごろから国際文化振興会に勤務していたのか、またどのような経緯で同会に勤務することになったのかは明らかでない。しかし、設立時の国際文化振興会は、薩摩出身の勲功華族である樺山愛輔（伯爵）や黒田清（伯爵）が理事長や常務理事を務めており、薩摩閥が強かったことから、あるいは伊集院清三も、この縁で国際文化振興会に勤務するようになったのかもしれない。

この伊集院清三から堀田は吉田健一を紹介される。そして、吉田を介して堀田は『批評』系の文学者たちを知ることになる。一九六四年に堀田は次のように述べている。

この伊集院氏のおかげで、私は多くの文学者、批評家と知り合いになり、以後ずっと私はそのおかげを蒙っている。調査部は、一見、当時の若い文学者たち一部の避難所のような観があった。山本健吉、吉田健一、西村孝次氏などの「批評」のグループが、ここに集っていた。みな伊集院氏が河上徹太郎氏を通じて招きよせられたような恰好だったと思う。私は伊集院氏に恩を感じている。（堀田一九六四：二六）

ここに記されているとおり、堀田は伊集院清三から吉田健一を紹介され、それが契機となって、堀田は『批評』系の文学者たちと知り合うことになる。この点で、彼は伊集院清三に「恩を感じて」いたようであり、『肖像』の中で「明治元勲のお孫さんである副部長」が好意的に描写されている理由のひとつも、ここにあるのではないかと思われる。ちなみに堀田は、徴用と召集の時期をはさんで、一九四五年三月から今度は国際文化振興会の上海資料室に勤務することになるのだが、「そこに行ってみてはどうかという話」も「伊集院氏からあった」ものだったという（堀田一九六四：二六）。

この伊集院清三をモデルとした「明治元勲のお孫さんである副部長」は、現代日本文化の海外発信について、「たとえば小林秀雄の『ドストエフスキーの生活』なんかを中国語や英語にして出せばいいんだ」（堀田一九七七：二八八）と考えていたという。また、この見解に対して、堀田は『肖像』の主人公をして、「きわめて正統的な見解」（堀田一九七七：二八八）であると言わしめてもいる。

たしかに、設立当初の国際文化振興会は、日本文化の海外発信（とくに「欧米諸国」に対する日本文化の発信）に際して、日本語ではなく外国語による発信に力点を置いていた。それは、「一国の文化宣伝の根本と致しましてやはり其国の国語を一語でも多く世界に弘めるといふこと」が重要であるとしても、「中々日本語といふものは外国人には難かしい国語でございますからさう簡単には習ふ人も沢山はないだろう」と考えられていたからである（国際文化振興会一九三七ａ：六）。しかし、「欧米に於きまして非常に日本語研究熱（筆者註：「日本語学習熱」の意）が盛になって」きたことから、同会は「日本語を進んでこちらから教へるといふことをモッと積極的に考へなくちゃならない」と認識するに至った（国際文化振興会一九三七ａ：六〜七）。すなわち、日本文化を外国語で発信するだけでなく、日本語そのものの海外普及にも力点を置くようになったのである。

また、堀田が国際文化振興会に勤務していた時期、すなわち同会の主要事業対象が「欧米諸国」から「東亜」に移った時代に、国際文化振興会は「東亜」、なかでも日本がその実質的な支配下に編入した地域に対する事業として、日本語普及事業を（たとえ「下請け」的な立場からとはいえ）重視するようにもなっていた。すなわち、「東亜」の人々が「ヘーレンフォルクである日本の、日本語を学べばいいんですよ」といった類の、「長期ドイツ滞在部長」が述べていたような考え方が、当時は主流となっていたのであり、「たとえば小林秀雄の『ドストエフスキーの生活』なんかを中国語や英語にして出せばいいんだ」という「明治元勲のお孫さんである副部長」の考え方は、たとえそれが「きわめて正統的な見解」であったとしても、一九四〇年代の国際文化振興会にあっては、すでに時代遅れのものとなっていたのである。

この「明治元勲のお孫さんである副部長」のモデルとなった伊集院清三が、いつまで国際文化振興会に勤務していたかは不明である。しかし、敗戦後まもない時期には同会を退職したようで、もともとアマチュア・ピアニストだった彼は、その後、「斎藤秀雄氏を助けて、桐朋学園の事務長」（野々上一九八五：三〇）を務めたという。

### （三）キク・ヤマタ

堀田の『肖像』には、国際文化振興会の調査部員として、堀田自身をモデルとする主人公と前述の「長期ドイツ滞在部長」および「明治元勲のお孫さんである副部長」のほかに、もうひとりの人物が登場する。それは、「フランス人の奥さんになっている人」であり、「何もしないで、ひっそりと安南語の研究をし、その文法の本を書いているらしかった」（堀田一九七七：二八九）と紹介されている人物である。そのモデルとなったのは、キク・ヤマタ（山田菊）である。

キク・ヤマタは、日本人の父とフランス人の母の下、一八九七年にフランスのリヨンで生まれた。父親の山田忠澄は長崎出身の外交官で、当時はリヨンの日本領事館に勤務していた。キクは、「ヨーロッパに強く同化していた父親と異文化に馴染もうとしない保守的な母親の方針で、完全にフランス人として育てられ」（長谷川玲子一九九一：九四）たという。第一言語もフランス語だった。キクは忠澄の転勤に伴い、一九〇八年からの約一五年間を東京で過ごすことになるのだが、その間、「日本人や日本文化に対する理解が深まる一方で、それに同化することが出来ず、一種の嫌悪感すら芽生える」（長谷川玲子一九九一：九四）ことにもなったという。

キクは日本滞在中から小説を書き始めていた。そして、フランスに帰国した彼女は、東京を舞台とする恋愛小説『Masako』によって、小説家としてデビューする。これは日本の上流階級出身の男女の恋愛を扱った小説で、「相当の売上を記録」（長谷川玲子一九九一：九五）したという。

この成功をきっかけとして、彼女は日本や日本文化を題材とする小説の執筆活動や講演活動を精力的に行うようになり、フランスでは「ラ・ジャポネーズ」として、その名が知られるようになった。また、そのようなキクには日本政府も着目するようになり、一九二六年に在フランス日本大使館は、フランス人に「日本を了解せしむる」目的から彼女に講演を依頼している。その講演は、「発音優美にして地方的「アクサン」なく好評」であり、「又講演内容に関しても、我国婦人の才徳を聴衆に知らしめたるに効果」があったという（JACAR:B03040788300）。

前述のようにキクは、フランスで一九二〇年代には「ラ・ジャポネーズ」とも呼ばれていたのだが、一九三〇年代に入ると、「軍国主義日本の象徴」と見なされるようになる。また、「戦争キク」と呼ばれることもあったという（長谷川玲子一九九一：九八）。

そのキクを日本の鉄道省と国際文化振興会が招聘した。彼女は「仕事の場がせばまって来たパリを一時離れる良い機会」（矢島一九七八：一五三）と思ったためか、その招聘を受け、フランス系スイス人の夫（一九三二年結婚）とともに一九三九年に渡日した。しかし、渡日途上にあった一九三九年九月にヨーロッパで戦争が勃発したため、キクとその夫はヨーロッパに戻ることができなくなり、二人は一九四九年まで日本に滞在することになる。また、キクは国際文化振興会の調査部に勤務し、対仏印事業に従事することにもなった。同会からキクに対しては、「日本文化研究費」として「月々三百円」が支給されたという（JACAR:A100-1-2-1）。ちなみに、『肖像』の主人公の初任給は前述のように七五円だったから、もし、この七五円という数字が堀田自身の初任給の金額をそのまま採用したものだったとしたら、キクは国際文化振興会から厚遇されていたと言うことができる。

一九四一年、キクは国際文化振興会からの依頼によって、『Visage du Japon』という本を執筆した。これは、「仏印の日本認識のため我国現状」を紹介する解説書であり、国際文化振興会の「東亜共栄圏を対象としての新しい活動の第一歩」となるものだった（朝日新聞社一九四一：二）。その内容は、「わが歴史、国家、宗教、社会、生活などに対する簡潔な解説、キモノ、婦人、茶の湯、生花、芸術などに関する詩のやうに美しい叙述、さては科学、ラジオ、新聞、スポーツなどの溌剌とした紹介などで、なかでもヤマダ（ママ）女史が心血を注いで執筆したのは「日本婦人」と「日本の家」についてであって、大和撫子の特質は、内助の功にあり、これが日本女性の変ることなき永遠の理想である」と説いていたという（朝日新聞社一九四一：二）。

この『Visage du Japon』は、三万部が「仏印方面」に「平和進駐」することになっていたが（朝日新聞一九四一：二）、それ以外にもキクは、『Au pays de la reine: étude sur la civilisation japonaise et les femmes』（一九四二）という本を執筆している。その標題からも明らかなとおり、これもまた「日本婦人」に重点を置いて執筆したものだった。

この本も、『Visage du Japon』と同様、もともとは「日本軍の仏印進駐と「東亜新秩序」の建設のための広報政策の一環」（長谷川玲子一九九一：九九）として、国際文化振興会がその出版を企画したものだった。しかし、結果的に同会はこの本の「出版を拒絶」（JACAR:A100-1-2-1）することになる。その理由は、終戦直後の一九四五年一二月に国際文化振興会理事長の永井松三が外務省に報告しているところによれば、同書の中に、「日本に於ける男女性関係のこと、神代女皇のことに触れ居る低調のもの」（JACAR:A100-1-2-1）が見られたからである。

国際文化振興会に「出版を拒絶」されたため、キクは同書をハノイの民間出版社から一九四二年に発行する。しかし、出版翌年の一九四三年に彼女は、この『Au pays de la reine』の標題や内容あるいは表現が不敬罪にあたるとして(長谷川玲子一九九一:九九)、神奈川県警察の外事課に逮捕されることになる。これについては、後述する。

堀田善衛が国際文化振興会に勤務するようになったのは、キク・ヤマタが『Au pays de la reine』を脱稿した直後ぐらいの頃である。したがって、当時のキクは、堀田が『肖像』の中に記しているように、「何もしない」でいることができたのかもしれないが、彼女が「ひっそりと安南語の研究をし、その文法の本を書いているらしかった」のは、フランスに「帰る見込なくして日本滞留を余儀なく」(JACAR:A100-1-2-1)され、国際文化振興会に勤務しつづけるしかなかったキクが、同会の自分に対する期待、すなわち対仏印事業への従事という期待に応えようとしていたからであったかもしれない。

堀田が『肖像』に記しているところによれば、一九四三年の春頃から、この「フランス人[6]の奥さんになっている安南語研究女史」は、「Connaissance du Japon というものと、Connaissance de L'Indochine という豪華なクォータリー誌を出すことに情熱を注ぎ込み」はじめたという。また、「女史はこの仕事によってフランス人である旦那様の救済を策しているもののようであった」とも堀田は記している(堀田一九七七:三四一〜三四二)。

堀田が言うところの「豪華なクォータリー誌」とは、国際文化振興会と仏印政府の知的関係事務局との間で締結された相互紹介誌発刊に関する協定に基づき、両者の共同事業として出版されたもので、『印度支那』(Connaissance de L'Indochine)はその第一号として、『日本の認識』(Connaissance du Japon)はその第二号として、いずれも一九四三年に発行された(山本二〇一〇:一〇一一)。両書とも、「従来の文化宣伝書とは類を異にして、両国間の正しい、深い理解を前提とするが故に内容はそれぞれ独立した単行本の首尾を備へ貴重な写真を各百枚挿入した」(朝日新聞社一九四三:二)ものだったという。

このように、帰国の途を絶たれていたキク・ヤマタは、国際文化振興会の東京本部において、その対仏印事業に関わったのであるが、前述のとおり、彼女は『Au pays de la reine』の標題や内容あるいは表現が不敬罪にあたるとして神奈川県警察に逮捕され、一九四三年一一月から一九四四年一月までの約三か月間を留置場で過ごすことになる。また、時期を同じくして彼女の夫も別件で逮捕された。キクには不敬罪のほか、「フランス大使のスパイという容疑」（長谷川玲子一九九一：九九）もかけられていたようであるが、彼女が逮捕されたのは、堀田が海軍の軍令部臨時欧州戦争軍事情報調査部に徴用された後のことであったためか、『肖像』の中では、この「フランス人の奥さんになっている安南語研究女史」の逮捕と勾留については何も触れられていない。

キクは結果的に起訴猶予になったようである（矢島一九七八：一九三）。しかし、勾留中に彼女と夫の「健康は大いに害われ」た。このため、キクは終戦直後の一九四五年九月、自身と夫の国籍があるスイスの駐日公使館を通じて、日本政府に損害賠償を請求することになる。また、勾留されていた時、キクは警察から、「国際文化振興会を辞職すべく要求」されたともいう。しかし、外務省外交史料館に残されている資料によれば[7]、結果的に国際文化振興会は戦後までキクの「辞職を受理」しなかったようだ。さらには、同人に対する「日本文化研究費」の支給も継続したらしい（JACAR:A100-1-2-1）。

戦後、キク・ヤマタはヨーロッパに戻り、スイスに居を構えた。そして、一九五〇年代には創作活動を再開し、その文学上の功績によって、フランスやスイスの文学賞を受賞したり、あるいはフランス政府から叙勲されたりもした。また、国際文化振興会とは戦後期においても良好な関係にあったようで、一九六三年に来日した時には、国際文化振興会を「訪れ、鈴木理事長（筆者註：鈴木九萬）と一時間あまり、来日の印象、日仏文化交流その他について歓談」（国際文化振興会一九六三：六）している。しかし、やがて病気を患い、「晩年はジュネーブ郊外の小さな村の診療所で孤独な闘病生活を送り、一九七五年、七七歳で病没した」（長谷川玲子一九九一：一〇〇）という。

## 三、徳川法制史室

堀田善衛の『肖像』には、戦時下の国際文化振興会調査部に勤務していた人物として、前述の「長期ドイツ滞在部長」と「明治元勲のお孫さんである副部長」、そして「フランス人の奥さんになっている安南語研究女史」の三名が登場するのだが、この三名以外にも『肖像』には国際文化振興会の関係者が登場する。そのひとりは実名で登場する近衛文麿である。当時、彼は国際文化振興会の会長を務めていた。また、堀田自身をモデルとする主人公は、「明治元勲のお孫さんである副部長」から銀座の寿司屋で「宮様」を紹介されるのだが、この「宮様」とは、国際文化振興会の「総裁という人が殿下であった」（堀田一九七七：二九〇）と記されているところの高松宮宣仁親王であろう。高松宮は国際文化振興会が設立された一九三四年から同会の総裁を務めていた。『肖像』の中で主人公は、「殿下」から「ときどき僕の用も足してくれるね？」と言われ、「手はじめに、ドイツにいるぼくの友人が柳田国男の本を読みたいといって来てるんで、柳田のいいものを選んで四、五冊まとめて、そのうち家にもって来てくれんかね？」（堀田一九七七：三五〇）と依頼されている。

この高松宮宣仁親王と近衛文麿、そして前述の調査部に勤務する三名を除けば、『肖像』に登場する国際文化振興会関係者は、「徳川法制史室」の人々だけである。彼らの様子については、次のように記されている。

廊下の向かいの部屋には徳川法制史室といういうむずかしげな看板がかかっていて、あるとき男（筆者註：堀田自身をモデルとする主人公）がここはなにをしているものなのだろうと思ってのぞいてみると、老眼鏡をかけた半白の学者らしい男と、おっかなそうな面構えの中年の女とがいた。この女性は、かつてワシントンの国会図書館の東洋部長のようなことをしていたという女傑で、つい近頃交換船で戻って来た。二人は徳川時代の法制史の研究とそれの英訳の仕事をしているものであった。戦前からひきつづきの仕事とはいうものの、この非常時に、なんともそれは悠長なはなしであった。この学者と女傑の二人は、一週間に二度か三度、それも半日いるかいないかで、徳川法制史室は昼寝と読書にまことにふさわしいところであった。そうして二人がそろうと、相互の会話は英語でしているもののようであった。（堀田一九七七：二九〇）

ここに登場する人物のうち、「老眼鏡をかけた半白の学者らしい男」については、そのモデルとなった人物を特定することができない。しかし、「おっかなそうな面構えの中年の女」のほうは、「ワシントンの国会図書館の東洋部長のようなことをしていた」という記述から、そのモデルが坂西志保であることがわかる。

一八九六年に北海道で生まれた坂西は、一九二二年に渡米し、一九二九年にはミシガン大学で博士号を取得した。そして、一九三〇年から米国議会図書館に勤務し、一九三八年には同館の東洋部日本課長となった。また、そのかたわら彼女は、翻訳や講演その他の活動を通じて日本文化の対米発信にも関わった。一九七〇年代に米国議会図書館の日本課長を務めた黒田良信は、一九三八年に「国際文化振興会がニューヨークに「日本文化会館」を設立したのも、機会あるごとにその必要を説いていた坂西さんの永年の努力が実ったためだと私は考えている」（黒田一九七七：一六五）としている。また坂西は、「同じ頃国際文化振興会を説得して、四千冊の図書を収容した「日本参考図書館」というブックモビルを作り、大学から大学へと展示して回り、立ち去る前に振興会の刊行書十冊をおみやげにおいて行くという事業をなしとげた」（黒田一九七七：一六五）という。

しかし、一九四一年一二月の日米開戦直後、坂西は「ワシントン市内の自宅より、連邦秘密警察の手で連行され、取調べを受け」（藤野一九七七：三二〇）ることになった。そして、一九四二年六月に交換船で日本に帰国するまで、デラウェア州やニューヨーク州の収容所での生活を余儀なくされる。

日本への帰国後、坂西は外務省に嘱託として勤めた。そのかたわら「国際文化振興会の一室に机をかまえ翻訳に従事、同時に同会図書室の資料整理に協力」（藤野一九七七：三二二）したという。堀田が『肖像』で述べている、「徳川時代の法制史の研究とそれの英訳の仕事」というのも、おそらくはその「翻訳」や「資料整理」の一環だったのだろう。ただし、坂西自身が戦後に回顧しているところによれば、彼女が国際文化振興会に「顔を出していたのは僅か数週間」（坂西一九六四：二四）のことだったという。

戦後、坂西は日本で活発な評論活動を展開する。また、そのかたわら、日本ユネスコ国内委員会や国家公安委員会の委員なども務めた。さらには、国際文化振興会や一九五二年に設立された国際文化会館の事業にも、評議員や委員として関わった。

堀田が記しているところの、「徳川時代の法制史の研究とそれの英訳の仕事」は、『肖像』の主人公が述べているように、戦時下の「この非常時に、なんともそれは悠長なはなし」であったと言えるかもしれない。この仕事は、「長い鎖国によって欧米諸国の法律思想の影響を受けぬまゝ独自の発達を遂げ、比較法律学の上から極めて興味深い研究資料とされてゐる我が徳川時代の法制の全貌を海外の学界に紹介する」（朝日新聞社一九四〇：七）ため、米国の法学者ジョン・ヘンリー・ウィグモア（John Henry Wigmore）が一八九二年から単独で、そして一九三四年に国際文化振興会が設立されてからは、同会の支援を受けつつ、その翻訳と編纂の作業を進めてきたものである。一九四一年の日米開戦後は、ウィグモアに代わって国際文化振興会が中心となって作業を継続し、「完成直前までこぎつけるが、日を追って激しさを増す空襲から、原稿はリュックサックにつめられ疎開」（分田一九八七：七五）することもあったという。

戦後、その原稿は長らく放置されていたらしい。しかし、一九六五年には作業が再開された。その作業は一九七二年に国際文化振興会が解散した後も、今度は国際交流基金を事務局として継続され、最終的にこの『徳川時代法制資料叢書』（Law and Justice in Tokugawa Japan）全九巻二〇分冊が完成するのは、「ウィグモアが最初の出版計画を立ててから、九十四年目」（分田一九八七：七四）にあたる一九八六年、すなわち日本がバブル経済の時代へと向かおうとしていた時期のことである。その意味で、この仕事は戦時下という「非常時」にあっては、たしかに「なんともそれは悠長な」仕事だったのであるが、それと同時に、時局や時代を超越した事業だったとも位置づけることができる。しかし、堀田が国際文化振興会で関わった仕事は、このような時局や時代を超えた事業ではなく、まさに時局ならではの事業だった。その様子を次に見てみたい。

## 四．国際文化振興会での仕事

### （一）大東亜文学者大会

『肖像』の中で、堀田自身をモデルとする主人公は、国際文化振興会に就職した後、「矢鱈無性に暇」な日々をおくることになる。しかし、この「暇さ加減は、一ト月ほどで突如として中断」されることになった。それは、「明治元勲のお孫さんである副部長」が「大東亜文学者大会というものの手伝いを調査部がすることにきめてしまったから」である。この「副部長は、文学者の友人を沢山もっていた」が、その「文学者たちが日本文学報国会というものの中心にいた」ので、「そういうことになった」という（堀田一九七七：二九六～二九七）。

この大東亜文学者大会は、「日満華蒙の文学者を一堂に集め、大東亜戦下の文学者の使命を議する」（朝日新聞社一九四二b：三）ため、その第一回会議が一九四二年一一月に「大東亜会館と改称された東京会館」（堀田一九七七：三〇一）で開催された。この大会の主催者は日本文学報国会であり、国際文化振興会はその「下請け」的な業務を引き受けたにすぎない。このため、『肖像』の主人公も、「丸の内（筆者註：国際文化振興会本部の所在地）から内幸町の文学報国会の事務所ということになっている和洋折衷の、かなりに大きな普通の家に通って、そこで言われた仕事」（堀田一九七七：二九六～二九七）をするという「手伝い」をしたにすぎなかったのだが、この「手伝い」の経験を同居する伯母に話したことがきっかけとなって、『肖像』の主人公は、「もし日本が負けたら、あれらの支那や満州の文学者であるという人たちはどういう運命を辿るのか、また果たしてそこまでの思いやりと用意が日本の文学者たちの側にあるものであろうか、というところまでを、いやでも応でも考えなければならぬ」（堀田一九七七：三〇二）と思い至ることになる。のちに堀田は上海で終戦を迎え、同地で中国国民党の中央宣伝部対日文化工作委員会に徴用されることになるのだが、当時、上海には「戦時中に大東亜文学者大会などに参加して、日本に協力した中国人文学者もかなりいて、そういう人たちは、放っておけば、「漢奸」として特務によって処刑されてしまいますから、私は彼らの隠れ家にそっと行って、対日委員会に来た情報を伝え、転居をうながしたり」（堀田一九九九：四三）したという。このことは堀田にとって、彼なりの「思いやりと用意」から出た、ひとつの責任の取りかたでもあったのだろうが、この大東亜文学者大会において『肖像』の主人公が果たした役割は、前記のように、「手伝い」の範囲を超えるものではなく、また国際文化振興会の立場も、「下請け」以上のものではなかったと言うことができる。

## （二）安南留学生

前述のように『肖像』の主人公は、大東亜文学者大会の開催に「手伝い」という立場で関わった。しかし、その「手伝い」も「その後始末も、まずは十日ほどでおしまい」になり、彼は、「また再び、なにもすることのない静かな日」を送ることになった（堀田一九七七：三〇四〜三〇五）。しかし、一九四三年の「春たけなわな頃に、男（筆者注：『肖像』の主人公）は一大難題に逢着」することになる。それは、「仏印から安南貴族の子女五人、女三人に男二人が留学に来ることになり、その世話を男にしろ、ということになった」からである（堀田一九七七：三四一）。

この「安南貴族の子女」たちの日本留学の様子については、『肖像』の中で次のように描写されている。

これら安南王族の子女たちは、いずれもみな小学校はサイゴンのフランス人学校で、中学と高校はパリのリセーを出ていた。そうして独軍パリ占領後に仏印へ帰り、大東亜戦争がはじまってほとんど強制的に日本へ留学、というよりも、どうやら人質のような具合でつれて来られたものであった。だから、彼らは日本で何を勉強するつもりもまったくなかった。

戦時下の東京は、パリではなかった。要するにそのことが彼らに気に入らないのであってみれば、これは始末におえるものではなかったのである。九段の高級アパートに二室をあけてもらって、そこへお入りをねがい、そこから大東亜共栄圏のいろいろなところから来た留学生たちのための、まず最初に日本語を教えるところにお通いをねがう手筈になるのであったけれども、日本語は、

「Formidable!」

恐るべき、物凄いことばであって、彼らにそれを覚えようという気がまったくなかった。彼らは遠慮容赦なく、まことに綺麗なフランス語で、日本は汚ない、ずるい、とはっきり言った。大東亜共栄圏などというものは日本人の夢のなかにだけあるものであって、そんなものは現実には存在しない、と、これもきわめてはっきりと言い切った。あなた方は搾取しているだけだ、と言う。これらの貴公子たちにそうまではっきり言われると、反駁をする気もなくなり、男（筆者註：『肖像』の主人公）の方がかえって茫然としてしまう。（中略）

軍は彼らが宣戦の詔勅や大東亜宣言などを勉強するようにと要求した。彼らにせめて漢文の素養でもあればどうにかなったかもしれないが、植民者であるフランスは、早く安南語をローマ字化してしまい、漢字はすでに無縁のものと化してしまっている。男は外務省に行って詔勅と宣言の英文のものをもらって来て、それを苦労して仏文になおしたが、彼らは見向きもしなかった。（堀田一九七七：三四二〜三四四）

前述のように、日本政府は「国際文化事業」を実施する目的から、一九三四年に国際文化振興会を設立した。しかし、その翌年の一九三五年には、「諸外国特に東方諸国の留日学生の保護善導」（国際学友会一九三五：二）を行うための機関として、財団法人国際学友会を設立し、「国際文化事業」のうち、留学生に関する業務を同会に移管する。

この国際学友会は、留学生に対する「保護善導」業務のほか、諸外国との学生交換協定の締結やそれに基づく交換留学生の受入業務も担当した。仏印政府との間でも、「仏印に於ける日本語及日本文化研究、日本に於ける仏国又仏印の言語及文化研究を奨励する」（日本仏領印度支那間学生交換協定第一条）ため、一九四二年に学生交換協定を締結している。

この「学生交換協定に依る仏印側交換学生」および国際学友会と仏印政府との「了解に依る招致学生」の第一期生一〇名は、一九四三年二月に来日している（JACAR:B04011327200）。その一〇名のうち「国籍」が「安南」の者は七名（男性五名、女性二名）だった。しかし、『肖像』に登場する「安南貴族の子女五人」が、この七名をモデルにしているのかは不明である。それは、（a）実際に来日した交換留学生・招致留学生のうち女性は二名だったが、『肖像』では三名とされていること、（b）『肖像』に登場する「安南貴族の子女五名」は、一九四三年の「春たけなわな頃」に静岡県の清水港で日本に上陸したことになっているが、前述の交換留学生・招致留学生は、いずれも一九四三年二月に「長崎に上陸」（JACAR:B04011327200）していること、（c）実際に来日した交換留学生・招致留学生は「国際学友会寄宿寮に入寮」（JACAR:B04011327200）したが、『肖像』では、前記のように「九段の高級アパート」に入室したと記されていること等の相違点が見られるからである。

このため、『肖像』に登場する「安南貴族の子女五名」が実在した交換留学生・招致留学生をモデルにしているのかは不明である。また、国際学友会が招いたはずの交換留学生・招致留学生の「世話」を国際文化振興会の調査部員である主人公が担当することになった経緯についても、『肖像』の中には何も書かれておらず、よくわからない。しかし、この「安南貴族の子女五名」も、『肖像』の中では、「大東亜共栄圏のいろいろなところから来た留学生たちのための、まず最初に日本語を教えるところ」（堀田一九七七：三四二）と記されているところの日本語学校、すなわち国際学友会日本語学校（同校は仏印からの交換留学生・招致留学生が到着する直前の一九四三年一月に開校した）に入校する「手筈」になっていたとされており、この点は、実際の交換留学生・招致留学生の場合と同じである。

さて、『肖像』の主人公は、しだいに「安南貴族の子女五名」の「世話」に「うんざり」（堀田一九七七：三四四）するようになる。そして、やがては彼らの「世話」から解放されることになる。その間の経緯については、次のように記されている。

男（筆者註：『肖像』の主人公）はまったく奔命に疲れた。初夏の頃に、軍は彼らの学問の進展についての報告を求めた。ウソ八百をならべたてることは、これもまたうんざり以上であったから、正直に、如何なる進歩もない、やる気のない者に多くを求めても無理だ、と書いて出すと、そこであっさりとお役御免になることが出来た。彼女ら及び彼らは国際文化振興会の管轄からはずされた。

彼らとの別れは、しかし、男にはある悲しみをともなった。大東亜戦争及び大東亜共栄圏なるものの、ある実態、といったことを越えて、それはアジアというものの、ある種のありようを男に教えているようであった。（堀田一九七七：三四六）

こうして、『肖像』の主人公は「安南貴族の子女五名」の「世話」から解放された。しかし、彼に再び「矢鱈無性に暇」な時間や「なにもすることのない静かな日」が来ることはなかった。なぜなら、その直後に召集を受けたからである。彼は召集令状が届いた旨の電報を実家から受けとった後、「明治元勲のお孫さんの副部長あてにも電報をうち、もう出勤出来ない、あとはよろしく、とつたえ」（堀田一九七七：三八九）た。

作者の堀田善衛自身も、一九四三年九月に国際文化振興会をいちど離れている。それは、海軍の軍令部臨時欧州戦争軍事情報調査部に徴用されたからである。その後、彼は一九四四年一月に今度は陸軍に召集されるのだが、「入隊して十日目には病気になってしまい、三カ月入院したのちに召集解除ということになった」ため、「再び国際文化振興会に戻る」ことになった（堀田一九九九：二一）。ただし、今度の勤務場所は、東京丸の内の国際文化振興会本部ではなく、中国の上海だった。それは、「上海に同会の調査室（ママ）というものが出来て、そこに行ってみてはどうかという話が伊集院氏からあったから」（堀田一九六四：二六）である。しかし、「いざ上海に着いたものの、そのころの上海はものすごいインフレで、私たちがやる仕事は何もない」という状況だった。当時、国際文化振興会は、「日本で『中国文化』という雑誌を出し、中国で『日本文化』という雑誌を出すという計画」を立てており[8]、その計画を実行に移すために、同会は堀田を上海に派遣したようなのであるが、「インフレで雑誌を出すどころでは」なかったのである（堀田一九九九：二六）。

一九四五年八月に上海で終戦を迎えた堀田は、その後、中国国民党の中央宣伝部対日文化工作委員会に徴用される。そして、日本には一九四七年に戻るのだが、このころには国際文化振興会の東京本部が入っていた建物（東京丸の内の明治生命館）はGHQ（連合国軍最高司令官総司令部）に接収されていたため、堀田は「敗戦後引き揚げて来て、振興会がどうなったのか、どこにあるのか、一向に様子がわからなかったので、結局報告にも何も行かなかった」という。また、「同会は解散した」と「誰かに聞き、そうか、としか思わなかった」とも回顧している（堀田一九六四：二六）。実際のところは、国際文化振興会が日本の敗戦後に「解散」することはなく、戦後期も存続し、一九七二年には今日の国際交流基金に生まれ変わることになるのだが、堀田善衛と国際文化振興会の関係は、こうして敗戦とともに「自然消滅」（堀田一九六四：二六）する形となった。

## おわりに

ここまで見てきたように、『肖像』の主人公が国際文化振興会の調査部員として関わった仕事は、「滅多矢鱈に本を買うこと」を除けば、大東亜文学者大会の「手伝い」と、「安南貴族の子女五名」の「世話」であり、まさしく「下請け」的な業務だった。しかし、これは『肖像』の主人公、あるいはそのモデルとなった堀田自身に限ったことではなく、既述のように、当時は国際文化振興会それ自体が、日本の「対外文化宣伝」全体の中で、「下請け」的な立場に置かれていたのである。

また、『肖像』の中では安南を含む対仏印事業について多く語られているが、これも当時の国際文化振興会の位置をよく表している。すなわち、これも既述したように、一九四〇年代に入ると、国際文化振興会の主要事業対象は、それまでの「欧米諸国」から「大東亜」に移り、同会はとりわけ「対タイ、対仏印事業に力点を注いだ」（芝崎一九九九b：一六九）のであるが、これは芝崎厚士が指摘しているように、「日本がそれらの地域に対する対外文化政策を実施することが最も必要とされていたためでも、国際文化振興会がとりわけそれらの地域に対する文化事業の推進に興味を抱いていたからでも」なく、ただ単に「国際文化振興会が主体的に事業をおこないうる対象」が、中国と「満州国」を除けば、タイと安南を含む仏印にほぼ限定されていたからである（芝崎一九九九b：一六九）。

このように、『肖像』は自伝小説という形態ではあるものの、当時の国際文化振興会とその事業の実態や雰囲気について、一次資料やそれに基づく研究成果を裏づけるような部分を多く含んでいる。たしかに、そこには創作した部分や事実を改変した部分もあるだろうし、かかる点については注意が必要だが、戦時下の国際文化振興会とその事業に関する一次資料が必ずしも充分に残されているとは言えない状況にあっては、当時の国際文化振興会に集った文学者たちの作品の中から、国際文化交流史研究を行う上での何らかの手がかりを得ようとする試みは、けっして無謀な行為ではないものと思われる。

【第一章註】

(1) たとえば、国際関係論の分野では芝崎（一九九九b）、芸術史学の分野では五十嵐編（二〇一〇）、日本語教育史研究の分野では河路（二〇一一）などの研究書が出版されている。

(2) ただし、国際文化振興会が一九三八年から一九七二年まで発行した機関誌『国際文化』のうち戦後期に発行されたものには、戦時下の国際文化振興会に関係した人々の回顧録が掲載されることもあった。

(3) 堀田は一九四二年八月に行われた徴兵検査に第三種乙種で合格していた。

(4) 明治生命館は、国際文化振興会が設立されたのと同じ一九三四年に竣工した。現在では国の重要文化財に指定されている。

(5) ただし、実際の国際文化振興会調査部に勤務していたのが、堀田のほかに「三人の男女」だけだったわけではない。たとえば、戦後期に女性最初の日本放送協会解説委員や東京都民生局長を務め、その後は国立婦人教育会館（今日の国立女性教育会館）の初代館長を務めた縫田曄子も、堀田の在籍期間とほぼ一致する一九四二年から一九四三年までの間、国際文化振興会の「調査部で資料整理の仕事」（上村二〇一三：二三）をしていたという。また、堀田善衛が一九六四年に回顧しているところによれば、当時の国際文化振興会調査部は、「当時の若い文学者たち一部の避難所のような観」があり、「山本健吉、吉田健一、西村孝次氏などの「批評」のグループが、ここに集っていた」という（堀田一九六四：二六）。

(6) 実際のキク・ヤマタの配偶者はスイス国籍。

(7) キク・ヤマタの損害賠償請求に関する資料は、外務省から一九七七年に公開された。現在は、同省外交史料館所蔵のファイル「ポツダム宣言受諾関係一件：善後措置及び各地状況関係―連合国人俘虜及び被抑留者関係（中立国を含む）」(JACAR:A100-1-2-1) の中に収められている。

(8) この『日本文化』と『中国文化』の出版計画については、芝崎（一九九九b）一七六～一七七頁を参照。

# 第二章　日本のオランダ語教育とオランダの日本語教育の変遷

## ―長崎とライデンを中心に―

## はじめに

長崎は、日本でオランダ語教育が行われた最初の土地である。一方、オランダ王国のライデン市は、同国のみならず今日のヨーロッパ連合（European Union）域内における日本研究と日本語教育の発祥の地である。本章では、この長崎とライデンを中心に、日本におけるオランダ語教育とオランダにおける日本語教育の変遷について考察する。そして、その考察を通じてこの四〇〇年間の日蘭関係を見ていきたい。それは、日本におけるオランダ語教育とオランダにおける日本語教育の変遷が、この四〇〇年間の日蘭関係を如実に反映しているからである。

## 一．江戸時代

長崎は日本におけるオランダ語教育の上で輝かしい歴史を有している。長崎奉行所の配下にあって、出島のオランダ人たちとの交渉に当たった「阿蘭陀通詞」と呼ばれる幕府役人は、世襲制による職業(1)だったが、彼らは先輩通詞からオランダ語を学び、それを次世代の通詞に伝えていった。また、彼ら阿蘭陀通詞は、オランダ語を次世代の通詞に教えただけではなく、全国から長崎に遊学した学徒たちにも教えた。当時の長崎は日本におけるオランダ語教育の中心地だったのである。

阿蘭陀通詞は、鎖国下の日本にあって数少ない「外交官」兼「通商官」であったのと同時に、すぐれた「学者」でもあった。たとえば、一八世紀の本木良永は日本に初めて地動説を伝えたことで知られる。また、志筑忠雄は「鎖国」という単語を創出したことで後世に名を残したが、それと同時に彼はすぐれたオランダ語学者でもあった。今日、志筑忠雄は「組織的な文法教育など皆無であった時代」に「オランダ語の専門書解読に不可欠な文法研究の先鞭を付けた」と評価されている（鳥井二〇〇七：九）。

さらに一九世紀の前半期には、吉雄権之助をはじめとする一一名の阿蘭陀通詞と阿蘭陀商館長のヘンドリック・ドゥーフ（Hendrik Doeff）によって、本邦最初の本格的なオランダ語辞書である『ドゥーフ・ハルマ』（Doeff-Halma Dictionary）が編纂されている。この『ドゥーフ・ハルマ』は、長崎のみならず、江戸や大坂における蘭学の振興にも大きな役割を果たした。

このように、長崎の阿蘭陀通詞たちは「学者」としても活躍した。しかし、彼らの存在意義は基本的に「外交官」兼「通商官」としてのそれにあったとすることができる。すなわち、徳川幕府の利益あるいは日本の「国益」のために、オランダ人と外交や通商に関する折衝や通訳を行うことが彼らの任務だったのであり、その業務遂行の過程において学術的な業績をあげたとしても、それは結果に過ぎない。阿蘭陀通詞は基本的に外交上あるいは通商上の「国益」のために存在したのであり、また彼らを養成するためのオランダ語教育も、一義的には日本の「国益」のために実施されていたと言うことができる。

一方、オランダ人を対象とした日本語教育は、一八世紀まで皆無と言ってよい状況にあった。それはオランダ本国だけではなく、長崎の出島においても同様だった。高見澤孟によれば、出島に滞在した「オランダの商館員たちは、幕府の政策で日本人との接触を制限され、日本語の学習も禁止されていたため、日本語に対する関心はそれ程高いものではなく、エキゾチックな日本の文物に対する興味に止まっていた」（高見澤二〇〇五：二）という。また、一七七五年から一七七六年まで日本に滞在したカール・ペーター・ツンベルク（Carl Peter Thunberg）は、徳川幕府が阿蘭陀商館員たちの日本語学習を禁止したのは、彼らに「日本のことを直接知らせまい」（ツンベルグ一九二八：三六）としたからであるとしている。(2)

しかし、一九世紀に入ると、阿蘭陀商館員の中にも日本語学習を始める者が現れるようになった。一八二三年に来日したフィリップ・フランツ・フォン・シーボルト（Philipp Franz von Siebold）は、前述の吉雄権之助

（阿蘭陀通詞）から日本語を学んだ。これに関して宮坂正英は、「資料がないため、推測の域を出ない」と断りつつも、吉雄権之助は来日した西洋人に対して、「日本語や日本文化に関してかなり的確に教えていた人物だと窺える」としている（宮坂二〇〇七：一〇）。

シーボルトは、ヨーロッパにおける「日本学」（Japanology）の祖として知られているが、それと同時に最初期の日本語学習者のひとりでもあった。しかし、彼の「日本学」がオランダ政府からの委嘱、すなわち「衰退しつつあった日本とオランダの貿易を建て直す必要に迫られており、この目的を達成するために、日本を市場として総合的に調査できる優秀な人材を探していた」（シーボルト記念館一九九四：四）オランダ政府からの委嘱によるものであったことを勘案するならば、その日本語学習もオランダの「国益」を視野に入れたものだったと言うことができる。たしかにシーボルトは個人的な関心からも日本語を学んだのであろうが、その関心の基盤にはオランダの「国益」があったとすることができるのである。長崎の阿蘭陀通詞たちが日本の「国益」のためにオランダ語を学んだのと同様に、シーボルトはオランダの「国益」を意識して日本語を学習していたと言うことができるだろう。

一九世紀に入ると、日本を取り巻く国際環境の変化に伴い、オランダ語以外のヨーロッパ語も日本では必要とされるようになった。一八〇八年二月に徳川幕府は阿蘭陀通詞六名にフランス語学習を命じている。教師は阿蘭陀商館長のヘンドリック・ドゥーフが務めた。また、英国船のフェートン号が長崎港に侵入した事件を契機として、一八〇九年一〇月に幕府は阿蘭陀通詞たちに英語学習も命じた。教師は阿蘭陀商館の次席館員が務めた。さらに同年中には、大黒屋光太夫を教師としてロシア語の教育も開始している。

こうして一九世紀に入ると長崎では、オランダ語以外のヨーロッパ語も、その教育が開始された。いずれも阿蘭陀通詞の「第二外国語」として開始されたのであるが、その一九世紀の後半期にオランダ語教育は、それまでの師から弟子への相伝的な教育形態のほかに、学校教育の形態でも行われるようになった。幕府が一八五七年に外国語教育機関として長崎に開設した「語学伝習所」(3)は一八六五年に「済美館」と改称したが、この「済美館」では、英語・フランス語・ロシア語・中国語のほかにオランダ語も教えられた。オランダ語教育が組織的な学校教育の形態で実施されたのは「済美館」を嚆矢とする。

しかし、同じ時期にオランダ語は二〇〇年の長きにわたって日本で維持してきた「第一外国語」の地位を失うことになる。このことは、時代が「蘭学」よりも「洋学」を要求するようになったことを意味しているが、それと同時に、オランダ語あるいはオランダ語教育が「国益」の観点から日本では必要とされなくなったことも表している。

一方、オランダ本国ではこの時代に組織的な日本語教育が行われるようになった。オランダに帰国したばかりのシーボルトから日本語を学んだヨハン・ヨーゼフ・ホフマン（Johann Joseph Hoffmann）が、一八五〇年にオランダ国王からライデン大学教授に任命され、同大学で日本語教育を開始した。また、彼はヨーロッパ人のための日本語教科書である『日本語文典』（Japansche Spraakleer）を一八六七年に出版している。ライデン大学における日本語教育は、オランダのみならず、今日のヨーロッパ連合域内における日本語教育の嚆矢にもなった。

## 二、明治時代～大正時代

江戸時代には緊密だった日蘭関係は、明治時代に入ると急速に薄れていく。そして、このことは両国の言語教育にもマイナスの影響を与えた。ライデン大学には一八五五年に中国語・日本語学科が設置されたが、イフォ・スミッツによれば、「当時オランダ領東インド（筆者註：今日のインドネシアにほぼ相当）の植民地では、一〇〇万人を超える中国人が住んでいたので、オランダにとっては中国語の方が重要な言語であった」のに対して、「日本語はさほど重要ではなかったので、大学での日本への関心は低くなっていった」という（スミッツ二〇〇〇：三四三）。

一方、長崎においては、日本で最初の組織的なオランダ語教育機関である「済美館」が明治新政府に接収されて一八六八年に「広運館」と改称している。この明治政府直轄学校である「広運館」も、当初はその洋学局においてオランダ語教育を実施した。しかし、同館はやがて英語教育に専念することになる。(5) 太宰隆によれば、一八七二年に駐日オランダ領事は、「時の外務卿副島種臣に悲痛とも思える嘆願をしている」という。それは「できるだけの協力をするから官立学校にオランダ語の講座を開いてほしい」という「嘆願」だった（太宰一九八三：四九）。この「嘆願」は「広運館」におけるオランダ語教育の中止に関連してのものではなかったかと思われるが、しかし日本政府はその「嘆願」を受けいれず、日本で、そしてまた長崎の地でも、オランダ語教育は死滅することになった。

明治政府は学校教育制度を急速に整備していった。高等教育機関としては、明治末年までに帝国大学四校と高等学校八校が設立されている。そして、とくに後者ではヨーロッパ語の教育が重視されたが、重視されたのは英語・フランス語・ドイツ語であり、オランダ語教育がこれらの高等教育機関に導入されることはなかった。

明治年間には、商業実務者を養成するための高等商業学校も各地に設立されている。一八八七年には東京高等商業学校（設立時の名称は「高等商業学校」）、一九〇二年には神戸高等商業学校が設立されたが、(6) これらの学校でもオランダ語教育が実施されることはなかった。

一九〇五年には、長崎・山口・小樽の三都市にも高等商業学校が設立されている。このうち長崎高等商業学校（以下、「長崎高商」と言う）は、地理的あるいは歴史的に日本でも特異な位置にある長崎に置かれた高等商業学校であることを反映してか、「海外発展、特に清、韓、南洋方面に雄飛活躍すべき人材を緊急に養成する」（瓊林会編一九七五：一一）ことを目的としていた。このため、「海外発展」の基礎科目として外国語教育を重視し、第二外国語（第一外国語は英語）として「清語」「韓語」「獨逸語」の三言語を導入した。このうち、「清語」と「韓語」については、「特に清、韓、南洋方面に雄飛活躍すべき人材を緊急に養成する」という目的に合致していたと言うことができるのであるが、それらの二言語と同時に、どうして「ヨーロッパ語」であるところのドイツ語の教育も導入されたのかは必ずしも明らかでない。しかし、長崎高商と同じく一九〇五年に開校し、「満韓経営」という国策が「学校運営の方針に深く刻印され」ていた（王二〇〇四：八六）山口高等商業学校も、一九一一年にドイツ語を第二外国語科目に導入している。[7] この山口高等商業学校の措置は、中国大陸におけるドイツの商業的発展への対応を目的としていたという（松本・大石二〇〇六：二四四）。このことから推測するならば、長崎高商におけるドイツ語教育も、「ヨーロッパ語」としてのドイツ語というよりは「アジア語」としてのドイツ語、すなわち、ドイツがその一部を租借地としていたところの山東半島との貿易や通商が意識されていたと言うことができる。

長崎高商は一九〇九年にロシア語とフランス語もその第二外国語科目に導入している。これらの言語も、長崎高商の「特に清、韓、南洋方面に雄飛活躍すべき人材を緊急に養成する」という目的を勘案するならば、ヨーロッパというよりは中国大陸やフランス領インドシナ（現在のヴェトナム・ラオス・カンボジア）にほぼ相当）が意識されていたと言うことができるのだが、その長崎高商は一九二三年にオランダ語を第二外国語の選択科目に導入した。[8] オランダ語教育が長崎の地で行われるようになったのは約半世紀ぶりのことである。授業時間数は一年生が週三時間、二年生と三年生は週二時間だった。管見の限り、オランダ語教育を導入した官立高等商業学校は他に存在しない。しかし、長崎高商におけるオランダ語教育の場合も、ドイツ語・ロシア語・フランス語の例から類推するならば、ヨーロッパのオランダ本国というよりは、同国が植民地としていたオランダ領東インドが意識されていたと言うことができるだろう。[9] 日本最初の官立外国語学校である東京外国語学校も一九一六年にオランダ語教育を開始しているが、これも馬来語学科の補助科目として開始されたものだった。長崎高商においても、オランダ領東インドとの貿易や通商を目的としたオランダ語教育、換言すれば「ヨーロッパ語」としてのオランダ語ではなく、「アジア語」としてのオランダ語、あるいは「南洋方面に雄飛活躍すべき人材」に必要な外国語としてのオランダ語の教育が実施されていたと言うことができる。(10) そして、この長崎高商におけるオランダ語教育の背後には、通商面での日本の「国益」が意識されていたと言うこともできるだろう。(11)

一方、オランダ本国においては、この時代も引き続きライデン大学で日本語教育が行われていた。しかし、その規模は限られたものだった。オランダの「国益」に占める対日関係の比重は江戸時代に比べて相対的に小さくなり、ライデン大学の日本語教育は、何らかの具体的な「国益」のためというよりは、純粋に学術的な観点からの「日本学」のための日本語教育として実施されるようになった。

## 三．昭和時代前期

明治期に入って日蘭関係が希薄化したとはいっても、このことはオランダが日本に対して全く関心を払わなくなったことを意味するものではない。二〇世紀に入る頃からオランダは、再び「国益」の観点から日本の動向に関心を寄せるようになる。しかし、その「国益」とは、江戸時代の場合とは違って、通商上の「国益」というよりも、主に国防上の「国益」だった。

後藤乾一によれば、オランダ領東インド植民地政府は、日露戦争（一九〇四～一九〇五年）における日本の勝利を契機として、日本のオランダ領東インドに対する影響力の拡大に不安感を抱くようになったという（後藤二〇〇〇：二六六）。その理由として後藤は、「日本の対ロシア勝利に触発され、「原住民」社会が政治的に覚醒するのではないかという国内的要因」と「日清、日露の両戦争の結果、台湾、朝鮮、満州（中国東北部）

などに足場を固めた日本が、さらに東南アジアに向けて勢力拡大をはかるのではないかという外的要因」のふたつを挙げている。また、このうち後者に関して後藤は、「アジアで最大かつ最も重要な植民地を保有するヨーロッパの小国オランダが、アジアの軍事大国日本の対外的拡張に神経をとがらすのは、ある意味で当然のこと」（後藤二〇〇〇：二六七〜二六七）でもあったとしている。

日本国内において、いわゆる「南進論」は、すでに明治時代に生まれている。ただし、矢野暢によれば、この時代の「南進論」は基本的に「軍事力よりは政治の力、強引な侵略よりは平和的な経済進出を考えたのであって、その意味では、どことなく平和主義的なニュアンスをまとっていた」という。また、明治期の「南進論」は「在野の思想、民間の思想であり、そして絶えず夢を追う不遇なロマンチストたちの思想」だったとしている（矢野一九七五：六四〜六五）。

しかし、「一九三〇年代後半から開戦前夜にかけての日本国内では、資源の宝庫＝蘭印こそが日本の生命線であるとの見方が定着」（後藤二〇〇〇：二七六）するようになった。また、一九三〇年代には日本とオランダ領東インドの間で貿易摩擦が生じ、それを解決するための会商も催されたが、その「第一次日蘭印会商が不成功に終わって以降、蘭印政庁は、日本の朝野で高まりゆく南進の声に次第に神経をいら立たせるようになった」という。そして、オランダは一九三〇年代の中頃から「日本をあからさまに敵国とみなす」ようになった（後藤二〇〇〇：八六）。

その一九三〇年代に、オランダではライデン大学のほかにユトレヒト大学でも日本語教育が行われるようになった。このユトレヒト大学の日本語教育は、万葉集の翻訳を行ったことで知られるピールソン（J. L. Pierson）や、国立民族学博物館の日本部長を務めたクリーゲル（C. C. Krieger）によって営まれた。日本の外務省が一九三九年にまとめた『世界に伸び行く日本語』によれば、そのユトレヒト大学の日本語学習者数は「十数名」で、「大半は青年学生」だったという（外務省一九三九：二〇）。

一方のライデン大学では、日本語の系統論に関心を寄せていたラーデル（J. Rahder）が一九三一年から教授を務め、同大学の日本語講座には約二〇名の受講者がいたが、「其の大半は海軍士官及蘭印政府の官吏」（外務省一九三九：二〇）だったという。ライデン大学の日本語学習者がユトレヒト大学の場合と異なり「青年学生」ではなく、「海軍士官及蘭印政府の官吏」が大半を占めていたという事実は、この時期のライデン大学がどのような役割を帯びて日本語教育を実施していたかを如実に物語っている。

一九三〇年代の中頃にはオランダ領東インドでも植民地政府によって日本語教育が実施されるようになった。一九三五年一〇月一七日付で在バタヴィア日本総領事館は東京の外務本省に対して、「ファン・デル・プール退役陸軍大佐（W. van der Poel）は昨年半ば現職を去りて日本を視察の上本国への帰途蘭領印度総督府の招請を受け総督官房附として日蘭会商に於ける連絡官として勤務中の処今般政府主催日本語及日本事情講習の主任たる命を受けたり」（JACAR:B04011408500）と報告している。

この植民地政府主催による「日本語及日本事情講習」会は、「陸海軍将校及行政官吏の一部に日本語の基礎知識を授くる」ことを目的として開講されたものであり（外務省一九三九：一二〇～一二一）、受講者は「軍人、官吏の希望者中から選抜せられた者」（松宮一九四二：一九一）が大半を占めていた。ライデン大学の日本語学習者が「海軍士官及蘭印政府の官吏」だったのと同様に、オランダ領東インド植民地政府が主催した「日本語及日本事情講習」会は「陸海軍将校及行政官吏」を対象として開講されていたのであり、この時期にオランダ政府が日本語教育に求めていたことのひとつが「国防」であったことは否定できない。

しかし、当時の日本政府はそのような認識を欠いていた。前記の植民地政府主催による「日本語及日本事情講習」会の開催を、在バタヴィア日本総領事館は次のように評価していた。

ファン・デル・プール大佐は予てより日蘭親善、対日認識の増進の為努力するの意向を表明し居りたる処、総督府としても蘭領印度日本間関係の重要性に鑑み将来に資せんが為今回の講習を開催することとなりたるものと思考せらる。（JACAR:B04011408500）

そして、日本の外務省は「当領政府に於て適宜日本語講習の為之を利用せられん事を希望する」として、オランダ領東インド植民地政府に対して日本語学習用のレコード三〇枚を寄贈するのである（JACAR:B04011408500）。日本政府はオランダ側の意図を見抜くことができていなかったと言えるだろう。

このような日本政府の認識不足は、ライデン大学の日本語教育についても当てはまる。日本の外務省は一九三八年一月に『日和（蘭印を含む）文化関係（附蘭国内に於ける日本文化の宣伝に関する調書）』という報告書をまとめている。この報告書には、オランダに対して日本文化を「宣伝普及せしむる」ことの必要性について、次のように記されている。

両国の関係は近来日本の通商上の発展に伴ひ蘭領東印度が日本にとり重要なる意義を帯びて来た事により益々密接となり、日蘭両国民の相互理解の必要を感ぜしむる。即ち和蘭は蘭領東印度と云ふ厖大な殖民地を東洋に有して居るが、自分の力で此の宝庫を防禦すること不可能なる地位に在り。自然日本に対し脅威を感ずることもあるべく。従って和蘭人が日本の為すことに神経を尖し易いことは了解に難くない。一方日本にとっては和蘭人が日本人の為すことを一々疑惑の眼を以て見る様では通商上の発展を期することも困難となるは自明の理であり、和蘭人をして日本を理解せしむることの必要は和蘭が欧州の一国である理由以外に東洋に殖民地を有する国であることより当然の事と云ひ得る。

日本及日本人を理解せしむる為には日本の政治的立場と云ふものを宣伝することも必要であらうが、日本の文化を外国に宣伝普及せしむることは日本に親しみを感ぜしむる所以であり必要なことである。

(JACAR:B04011408500)

そして、このような観点から日本の外務省は、「和蘭人をして日本を理解せしむる」ために、ライデン大学の日本語教育を支援することが適切であるとした。

「ライデン」大学及び「ユトレヒト」大学の文科には日本語の講座がある。「ユトレヒト」大学の講座は「ピアソン」教授が無給で受持って居たが、今年同教授が日本に関する政治問題から延て学生及学校当局と衝突し辞任してからは後任者なく目下講義はないので、事実上「ライデン」大学のみに日本語及日本文学の講座があるわけである。「ライデン」大学では「ラーデル」教授の下に目下十三名の学生が日本語及び日本文学を研究して居るが、文部当局が此の講座の為に支出する金額は同教授の俸給及び図書購入費年額二百盾に過ぎない。日本文化を普及せしめる捷徑として日本政府が同講座の図書購入費を補助するとか学生の優秀者に年々賞品を贈るとか又教授学生等の訪日旅行を奨励することは適当なる事であらう。其の他日蘭学生交換、交換教授等も文化宣伝に資すること勿論である。

現在廃止となって居る「ユトレヒト」大学の講座の復活乃至「アムステルダム」大学に日本語講座を新設せしむることは日本政府が教授の俸給其の他の資金を負担すれば難事ではない。現に伊太利政府は「ユトレヒト」大学の伊語講座新設の為に資金を出して居るのである。但日本語講座を増設すれば日本語の学習者が増加すると云ふことは断言出来ない。即ち学生の尠いのは結局将来の就職問題が重要であるからで、日本語を学んで将来日本語教授を志す者、通訳官を志す者乃至蘭印、支那、日本等に於て適当な職を得んとする者に限られて居るので、単なる趣味の為に日本語を学ぶ者は稀だと云ふ事である。夫れ故他に日本語講座を新設しても学生の増すことは余り望み得ないのであるから現在の「ライデン」大学の講座を充実

せしむる事の方が適当ではないかと考へらる。（JACAR:B04011408500）

日本政府は、この時期のオランダ政府がライデン大学の日本語教育に求めていたことのひとつが「国防」であったことを認識できていなかったとすることができるだろう。日本政府はオランダで「日本語の学習者が増加」することを「日本及日本人」に対する理解の増進という観点から歓迎していたが、オランダ政府が日本語教育に何を求めているかという点にまでは思いが及ばなかったようである。

一九四〇年、オランダ本国はドイツに占領された。また、オランダ領東インドは一九四二年二月に日本軍の侵攻を受け、その軍政下に置かれることになった。かねてよりオランダ政府が危惧していた日本の軍事的な「南進」が現実のものとなったのである。

## 四．昭和時代後期〜平成時代

第二次世界大戦後も、ライデン大学では日本語教育が続けられた。終戦直後から一九五〇年代にかけての時期には学生数が「どん底の状態」にあったようだが、「六〇年代後半から次第に増加し、八〇年代に入ってからは爆発的に増加」した（ボート一九九四：一四八）。また、オランダでは一九八〇年代の中頃から日本語教育を実施する高等教育機関の数が増えていった。

一方、戦後期の日本では、東京外国語学校を前身とする東京外国語大学がオランダ語教育をリードした。しかし、同大学のオランダ語教育はインドネシア語教育あるいはインドネシア研究の基盤としてのオランダ語教育であり、オランダ研究の一環として実施されたものではなかった。

また、長崎県内の状況に眼を転ずるならば、すでに一九二〇年代からオランダ語教育を実施していた長崎高商は、一九四九年の学制改革によって設立された長崎大学の経済学部となった。しかし、その長崎大学をはじめとする長崎県内の教育機関で、戦後、オランダ語教育が行われることは、長い間なかった。オランダ語教育は長崎の地で再び長い眠りについたのである。

## おわりに

主として一九七〇年代以降、日本ではいくつかの国立大学や私立大学でオランダ語教育が実施されるようになった。その数は必ずしも多くなかったが、北海道大学から九州大学まで、地域的には日本全国に及んだ。また、東京の日蘭学会は一九七五年にオランダ語講座を開設した。同じ一九七五年には大阪のベルギーフランドル交流センターもオランダ語教育を開始している。しかし、オランダと四〇〇年にわたって交流してきた長崎では、半世紀以上もオランダ語教育が中断されたままだった。

かかる状況が変化したのは二〇〇七年のことである。それは、長崎大学が文部科学省に申請した教育プロジェクト「現代『出島』発の国際人養成と長崎蘭学事始」が、同省の「現代的教育ニーズ取組支援プログラム」(現代GP)に採択され、長崎大学に「オランダの言語」という科目が設置されたからである。二〇〇七年度の場合、この科目の履修者数は約一五名だった(Grave 2008:1)。その後、長崎大学は多文化社会学部を設置(二〇一四年に)することになるが、同学部には「オランダ特別コース」も設けられ、また、正規科目としてオランダ語の教育が実施されることになった。

このように、長崎ではオランダ語教育が二一世紀の初頭に復活した。この長崎の地で三度目となるオランダ語教育が、今後どのように進展していくのか注目したい。

【第二章註】

(1) 阿蘭陀通詞は、本木家・志筑家・楢林家など約三〇家あった。

(2) ただし、徳川幕府がオランダ商館員の日本語学習を実際に禁止していたのかという問題については、松方冬子が次のように述べている。

オランダ側には日本語の通詞はいなかった。商館員の中には密かに日本語に通じていた者もいたと思われる。しかし、公的にはオランダ人は日本語が使えなかった。したがって、通訳や翻訳過程での情報操作は日本側で通詞たちによってのみ可能であった。

幕府が公式にオランダ人の日本語学習を禁止したことはない。だが、通詞や長崎の人々はオランダ人との独占的な関係によって得ている利益を失うことを恐れていた。そこで、オランダ人の日本語習得を阻止していたのである。

通詞は、オランダとの貿易が存続しなければ生計が成り立たなかった。また、通詞自身もオランダ人がもってくる私貿易品の販売の斡旋をしたりして利益を得ており、ある種の商売を行っていた。だから、自分たちの生活を守るためにも、長崎でのオランダ貿易を存続させようと情報を操作することがあったのである。（松方二〇一〇：一九七）

(3) 語学伝習所は、英語伝習所、英語所（または英語稽古所）、語学所、洋学所とめまぐるしく改称した後、一八六五年に済美館となった。

(4) 広運館には洋学局のほか本学局と漢学局が置かれた。

(5) その後、広運館は、広運学校、長崎外国語学校、長崎英語学校と改称した。同校は一八七七年に政府直轄学校としてはいったん廃止されたが、翌年の一八七八年に県立学校として再設置された。

(6) 公立学校としては、一九〇一年に大阪高等商業学校が設立されている。

(7) 山口高等商業学校の設立当初における第二外国語科目は「韓語」と「清語」のみだった。

(8) ただし、長崎高商が一九一七年に設置した海外貿易科では、その設置当初よりオランダ語が第二外国語科目のひとつに指定されていた（瓊林会編（一九七五）三七三頁を参照）。なお、同科におけるオランダ語以外の第二外国語科目は、中国語、ロシア語、マレー語、ポルトガル語の四言語だった。ポルトガル語はマカオとの貿易が意識されていたのだろうか。

(9) 長崎高商は、オランダ語と同時にスペイン語も第二外国語科目に指定している。また、一九三〇年からはマレー語を選択することも可能にした。

(10) 瓊林会編（一九七五）によれば、オランダ語担当の日本人教官は二名いたようである。すなわち、大崎東平（在職期間は一九二三年四月から一九二九年一一月まで）と岡田文夫（在職期間は一九三〇年三月から一九四五年八月まで）の二名であるが、いずれもオランダ語のほかに、マレー語の教育も担当していた。

(11) このことは、長崎以外の地域におけるオランダ語教育についても言えることである。たとえば、東京では一九一五年に設立された「南洋協会」が一九一七年から一般社会人を対象としてオランダ語講習会を開催していたが、このオランダ語講習会が、オランダ本国との交流を目的として設立された「日蘭協会」（一九一二年設立）によってではなく、「南洋協会」によって実施されていたという事実は、当時の日本ではオランダ本国との交流のためにオランダ語教育が必要とされていたというよりも、その植民地であるところのオランダ領東インドとの交流のためにオランダ語教育が必要とされていたという事情を如実に物語っている。

# 第三章　オーストラリアの日本語教育を日本の新聞はどのように報道してきたか

## ―その一〇〇年の変遷―

# はじめに

オーストラリアの公的機関における日本語教育は、第一次世界大戦中に始まった。すなわち、それまで日本の中学校や高等学校で英語教育に従事するとともに、日本近世史に関する書籍も著わしていた日本研究者のジェームズ・マードック（James Murdoch）がオーストラリア政府に招聘されて、一九一七年に陸軍士官学校とシドニー大学で日本語教育を開始したのが、その嚆矢である。そして、同国における日本語学習者の数は、それから一〇〇年後の二〇一八年には約四〇万人に達し、オーストラリアは、日本語学習者数の多さという点で、世界第四位に位置することになった。

このように、今日では世界有数の日本語学習人口を抱えるに至ったオーストラリアの日本語教育には、一〇〇年ほどの歴史があるのだが、この間、日本の新聞社もオーストラリアの日本語教育に関心を示し、その状況を折に触れて報道してきた。

本章では、日本の新聞社はオーストラリアの日本語教育に関し、何に関心を示したのか、また何を報道し、何を報道してこなかったのかを分析する。そして、それによってオーストラリアの日本語教育事情を報じた日本の新聞記事には、どのような特徴があったのかを明らかにするとともに、日本の新聞読者は何を知ることができ、また何を知ることができなかったのかを考えたい。

なお、分析対象としたのは、発行部数が現在日本最大の読売新聞と同第二位の朝日新聞、およびそれらの前身紙（ただし、いずれも東京版）の一九〇〇年から二〇一〇年までの紙面である。[1]

## 一・一九〇〇年代～一九一〇年代

一九〇五年三月二日の読売新聞は、「神戸駐在濠洲貿易事務官」が、オーストラリアの「学生をして日本語学の研究（筆者註：「日本語学習」の意）を為さしめんとの目的」から、「東洋語学校の設立」をオーストラリア政府に「建議」したと報じている。この記事に見られる「神戸駐在濠洲貿易事務官」とは、ニューサウスウェールズ州政府が神戸市に常駐せしめていた通商代表のことであり、彼が「建議」した先も、オーストラリア政府ではなく、ニューサウスウェールズ州政府ではなかったかと考えられるのだが、管見の限り、オーストラリアの日本語教育に関連する記事が日本の新聞紙上に掲載されたのは、これを嚆矢とする。

結果的には、この「建議」によってニューサウスウェールズ州に「東洋語学校」が設立されることはなかった。しかし、当時のニューサウスウェールズ州では、一九〇五年に州政府の鉱山・農業省が同州工業会議所に対してアジア語教育の振興を勧奨したり、一九〇八年には州証券取引所の理事長が、オーストラリアの商業教育にアジア語とアジア文化に関する学習を取り入れるべきだと提言したりしている。また、一九一〇年にはニューサウスウェールズ州総督が同州商業会議所の会合において、アジア語教育を商業教育の一部に取り入れることの必要性を貿易上の観点から説いている。これらは、いずれもニューサウスウェールズ州と「日本を含むアジア諸国とのさらなる貿易拡大を目的」（嶋津二〇〇八a：九）としたものであり、神戸駐在通商代表の「建議」も、おそらくは、そのような政策意図の下になされたものではなかったかと考えることができる。

二〇世紀の初頭は、オーストラリアが日本に対して軍事的な脅威を抱くようになった時期でもある。オーストラリアがいつ頃から日本に対して軍事的脅威を抱くようになったのかについては諸説があるが、日露戦争における日本の勝利を契機とすると捉えるのが一般的である。ただし、それより一〇年前の日清戦争における日本の勝利を契機とするという見方もある。いずれにせよ、一九世紀から二〇世紀への転換期、すなわち一九〇一年の連邦誕生の時期と前後して、オーストラリアでは対日警戒心が醸成されはじめたと言うことができる（嶋津二〇〇四：三七～三八）。

第一次世界大戦中、日本とオーストラリアは一九一一年に締結された第三次日英同盟協約に基づいて軍事的に同盟関係にあり、たとえば日本海軍の巡洋艦がオーストラリア軍の輸送を護衛するなどした。しかし、一九一四年一〇月の日本によるドイツ領太平洋諸島の占拠（第一次世界大戦後は国際連盟からの委託による統治）は、戦前からの対日警戒心に新たな要素を付け加えることになった。それは、ニューギニア南部を領有していた（そして、第一次世界大戦後は北部の旧ドイツ領ニューギニアも国際連盟からの委託統治領として支配することになった）オーストラリアと日本が赤道附近でその実質的な国境を接するようになったからである。このため、オーストラリアの対日警戒心はさらに高まることになる（嶋津二〇〇四：三八）。

このような対日警戒心と、それに伴う国防上の理由から、前述のように、オーストラリア政府はジェームス・マードックを一九一七年に招聘して、陸軍士官学校とシドニー大学で日本語教育を開始する。また、その予備教育として、中等教育機関のフォート・ストリート・ハイスクールでも、マードックの監督下に日本語教育が始まる。さらにオーストラリア政府は、メルボルン大学に対して、日本語教育の開始を要請する（嶋津二〇〇八a：三六）。

これらの教育機関における日本語教育の開始、あるいはそれに向けての準備状況については、日本の新聞紙上でも報道された。たとえば陸軍士官学校とシドニー大学の状況については、一九一七年八月二六日の読売新聞が在シドニー日本総領事からの情報を基に「濠洲と邦語」と題して、またメルボルン大学の状況については、一九一六年七月一五日の朝日新聞がロイター通信のロンドン発の外電を基に「濠洲大学日本語教授」と題して、それぞれ報じている。しかし、いずれの紙面においても、これらの教育機関に日本語教育が導入されるようになった（あるいは、導入されようとしている）背景に、オーストラリアの対日警戒心と国防上の理由があったことについては触れていない。おそらくは、気づかなかったのであろう。

前述のとおり、当時、日本とオーストラリアは軍事的に同盟関係にあった。したがって、日本の新聞社（あるいは日本政府も含めた日本側）がオーストラリア側の意図に気づかなかったのは、無理のないことではある。[2]しかし、ここで留意すべきは、前述の読売新聞（一九一七年八月二六日）の記事に、「開戦後濠洲人の日本語研究熱漸く昂まり」という表現が用いられていることである。この「日本語研究熱」（筆者註：「日本語学習熱」の意）という言葉を最初に用いたのが、当該記事の基になった情報を読売新聞社に提供した在シドニー日本総領事だったのか、それとも同社の記者だったのかは判然としないが、いずれにせよ、「熱」（日本語研究熱）という（その背後にある意図や理由ではなく）現象そのものに着目する表現を使用することによって、結果的に読売新聞は、当時のオーストラリアで日本語教育が開始、あるいはそれに向けての準備作業が進められていたのは、あたかも自然発生的に「昂ま」った「日本語研究熱」（日本語学習熱）なるものを受けてであるかのような印象を読者に与えてしまっていたと言わざるをえない。ちなみに、この「日本語研究熱」（日本語学習熱）あるいはそれに類する表現（たとえば、「日本語熱」「日本語ブーム」など）は、オーストラリアの日本語教育事情を紹介する際に、その後一〇〇年近くにわたって日本の新聞社が使い続けた表現である（後述）。

一九二〇年一二月二七日の読売新聞には、英文学者でジャーナリストでもあった本田増次郎が「マードック翁の憂慮と楽観―日濠関係・思想問題等に就いて―」と題する一文を寄稿している。そこには、シドニー大学とフォート・ストリート・ハイスクールで日本語教育が開始された理由について、次のように記されている。

ヂェームス・マードック翁は今濠洲のシドニイ大学で東洋文化の講座を占めて居る。世界大戦中日本の海軍が濠洲の将卒を欧州へ護送した関係上、さし当り濠洲人が日本語を学んで英語を解せざる我が海兵などに歓迎感謝の誠意を通ずるやうにしたい、も一つ踏み込んで日本人の文化思想を諒解して善隣の交りを深うさせたいと云ふので、先づ日本通のマ翁を聘して新講座を与へそれから二三の日本教師を聘して中学校で邦語を教へる事にしたのだ。[3]

本田の原稿では、オーストラリアの教育機関が日本語教育を開始した意図が、「英語を解せざる我が海兵などに歓迎感謝の誠意を通ずる」ようにしたいことと、「日本人の文化思想を諒解して善隣の交りを深うさせたい」ことの二点に集約されている。かかる集約も、当時の情勢からすれば、やむをえないことではあったろうが、結果論として言えば、本田の文章も、オーストラリアで日本語教育が開始された背景に、対日警戒心と国防上の理由があったことに触れることはなかった。[4]

## 二．一九二〇年代～一九四〇年代

陸軍士官学校、シドニー大学、メルボルン大学では、一九二〇年代も日本語教育が継続された。[5] しかし、一九二二年にワシントン海軍軍縮条約が締結されたことで、オーストラリアの対日警戒心が一時的に緩んだこともあり、同国では日本語教育を新規に開始する教育機関が見られなくなる。そして、そのような理由ゆえか、一九二〇年代には読売新聞の紙面からも朝日新聞の紙面からも、オーストラリアの日本語教育事情を紹介する記事が消える。

それが、一九三〇年代の後半期になると、にわかに増加する。その理由としては、一九三五年にヴィクトリア州政府がマックロバートソン・ガールズ・ハイスクールに日本語土曜講座（公開講座）を設置したこと、また、同じ一九三五年にヴィクトリア州の3LO放送局がラジオによる日本語学習番組の放送を開始したこと、そして、日本政府が一九三五年に親善使節団をオーストラリアに派遣したことが契機となって、その翌年の一九三六年にヴィクトリア州政府が同州の中等教育修了試験への日本語科目の導入を決定したことなど（嶋津二〇〇八a：六〇～六三）が挙げられる。

このような動向、すなわち「一般中等学校とか国営放送局によって日本語の普及が企画されたこと」（読売新聞一九三六年三月三〇日）を背景に、オーストラリアの日本語教育事情が、一九三〇年代の後半期には、再び日本の新聞紙上で取りあげられるようになる。

ただし、かかる状況が生じた背景には、オーストラリア側の動向だけでなく、日本側の動向も関係していたと言うことができる。それは、「文化の国際的進運に資し、特に我国及び東方文化の顕揚に力を致さんことを期す」（国際文化振興会一九三四：四）ため、一九三四年に財団法人国際文化振興会（今日の国際交流基金の前身）が日本政府によって設立されたことである。

国際文化振興会は、その「国際文化事業」の一環として、「日本語の海外普及」（国際文化振興会一九三七b：一）事業も実施した。また、同会は対豪事業を強化するため、一九三五年にメルボルン在住の稲垣蒙志《もうし》という人物を「在濠連絡事務員」（国際文化振興会一九三五：八）に任命した。彼は一九一九年からメルボルン大学で日本語教育に従事し、また、一九三五年以降はマックロバートソン・ガールズ・ハイスクールの日本語土曜講座と3LO放送局のラジオ日本語講座の主任講師も務めていた（嶋津二〇〇八a：五九～六三）。

国際文化振興会が稲垣を「在濠連絡事務員」に任命した翌年の一九三六年に、ヴィクトリア州政府は同州の中等教育修了試験に日本語科目を導入することを決定している。これを受けて国際文化振興会は、イタリア系オーストラリア人のピーター・ラソー（Peter Russo）という人物を、「濠洲の中等学校に於ける日本語教授に対する材料の供給其他連絡事務」（国際文化振興会一九三五：一）担当の嘱託として採用した。ラソーは、メルボルン大学在学中に稲垣から日本語を習い、一九三〇年代には東京商科大学（現在の一橋大学）で英語教育に従事していた。また、彼は日本政府が一九三五年に派遣した訪豪親善使節団に団長付のアドバイザーとして参加してもいる（嶋津二〇〇四：一二三〜一三一）。

これらの人事的措置によって、オーストラリアの日本語教育事情に関しては、メルボルンの稲垣から東京の国際文化振興会本部に勤務するラソーの下へ、そして国際文化振興会から日本の報道機関へ情報が伝わるルートが整備された。そして、このルートを通じて日本に入ってきた情報は、「日本語熱」あるいは「日本語研究熱」（日本語学習熱）という類の表現とともに、日本の読者に発信されることになる。すなわち、「濠洲日本語熱」（朝日新聞一九三六年一一月一〇日）、「日本語熱の盛んな濠洲」（朝日新聞一九三六年一二月二一日）、「濠洲では最近日本語研究熱が素晴らしい勢ひで知識階級及び学生間に流行」（朝日新聞一九三七年二月八日）、「濠洲の日本語熱」（朝日新聞一九三八年一月二七日）等の表現とともに発信された。

しかし、当時のオーストラリアで「日本語熱」なるものが高まっていたと言えるほど、本当に多くの人々が日本語の学習を始めていたのか、あるいは日本語を学んでいたのかという点については疑問がある。たとえば、一九三八年に来日した稲垣は朝日新聞の取材に対して、一九三七年度におけるメルボルン大学日本語講座の受講者数を四二名と述べているが（朝日新聞一九三八年二月七日）、実際は一八名であり、この一八名という数字はメルボルン大学が日本語教育を開始した一九一九年当時の学習者数（一三名）と大差がない（嶋津二〇〇八b：九〇）。また、ラジオ日本語講座の受講者数についても、一九三六年一一月一〇日の朝日新聞は、「約三千人の熱心な聴講者」がいると紹介しているが、オーストラリア国立公文書館に保存されている文書によれば、実際は四〇〇名程度だったという（嶋津二〇〇八b：九二）。

したがって、当時のオーストラリアで「日本語熱」が高まっていたと言えるほど、日本語学習者数が本当に増加していたのかという点については、疑問符を付さざるをえないのであるが、日本の新聞社は、稲垣やその関係者から発信された情報をもとに、そしてその実態を検証することなく、オーストラリアでは「日本語熱」が高まっているという「嬉しい便り」（読売新聞一九三六年三月三〇日）や「快ニュース」（朝日新聞一九三七年二月八日）を報道し続けた。そして、かかる姿勢は日豪開戦の直前まで続く。一九四一年九月七日の朝日新聞は、「濠洲で親日の話題によくなる日本語熱は、この戦時下にも少しも冷めてはゐない」と報じている。

その三か月後の一九四一年一二月、日豪両国は開戦に至る。これに伴い、在豪の日本人・日系人は、その約九七％が「敵国人」として日本人収容所に抑留されることになった。前述の稲垣蒙志も、オーストラリア政府による対日宣戦布告の当日、ヴィクトリア州のタチュラ収容所に連行されている（嶋津二〇〇四：二八五）。

戦前戦中期におけるオーストラリアの日本語教育に関する日本の新聞記事は、管見の限り、このタチュラ収容所における「日本語」教育を報じたそれで終わる。

タチュラ収容所には、成人だけでなく、「木曜島、ダーウィン方面」から移送されてきた「英語しか話せない「濠洲の第二世」や、「フランス語しか話せ」ない「ニューカレドニヤからの子供たち」も抑留されていたのだが、一九四二年二月、これらの「満六歳から十五歳までの男女の子供」たちと、「全然日本語の分からぬ濠洲生れの娘さん達数名を入れて約五十人」を対象に、日本人抑留者の有志が「日本語学校を開校」した（朝日新聞一九四二年一〇月八日）。朝日新聞社のメルボルン特派員だった黒住征士（彼もタチュラ収容所に抑留されていた）は、日豪間の抑留者交換によって一九四二年八月に帰国した直後の同年一〇月八日に、朝日新聞紙上で、この「日本語学校」について紹介している。

むろん、このタチュラ収容所の「日本語学校」では、朝日新聞がそれまで報じてきた、たとえばメルボルン大学やマックロバートソン・ガールズ・ハイスクールでの日本語教育、あるいは3LO放送局による日本語教育とは異なり、日本語が「外国語」（Foreign Language）としてではなく、「国語」（National Language）あるいは「継承語」（Heritage Language）として教えられた。また、それはオーストラリア側の意志や発意によって開始された日本語教育ではなかった。すなわち、「濠洲の日本語熱」とは全く無関係の日本語教育だったのであり、当然のことながら、この記事では「日本語熱」あるいはそれに類する表現は用いられていない。

## 三. 一九六〇年代～一九七〇年代

第二次世界大戦の終戦直後も、オーストラリアではシドニー大学や戦時中に開校した空軍日本語学校などで日本語教育が実施されていた。また、中等教育課程においても、ニューサウスウェールズ州のフォート・ストリート・ハイスクールが一九四六年に日本語教育を再開しているのだが、読売新聞と朝日新聞がオーストラリアの日本語教育について再び報道するようになるのは、一九六〇年代に入ってからである。

この一九六〇年代には、すでに戦前期に日本語教育を実施していたメルボルン大学とクィーンズランド大学[6]が日本語教育を再開したほか、オーストラリア国立大学やモナシュ大学も日本語教育を開始した。また、一部の州では中等教育課程でも日本語教育が実施されるようになった。これらは、一九五七年に日豪通商協定が締結されたことや、一九六七年に日本がオーストラリアにとって最大の輸出相手国になったことなど、両国間の経済交流が深化したことを受けて、「オーストラリア政府が日本語教育に力をいれて」(朝日新聞一九七二年六月一三日)いたことが、その背景としてあるのだが、この一九六〇年代にも、朝日新聞と読売新聞がオーストラリアの日本語教育事情を報道する際には、一九一〇年代および一九三〇～一九四〇年代の場合と同様に、「日本語熱」や「日本語学習熱」という類の表現を多用した。すなわち、「日本語熱のもりあがっているオーストラリア」(読売新聞一九六七年三月七日)、「豪州に高まる日本語熱」(朝日新聞一九六九年八月二一日)、「オーストラリアの日本語熱」(読売新聞一九六七年八月二二日)等の表現が用いられた。

この傾向は一九七〇年代に入ってからも変わらなかった。同年代においても、「日本語熱が高まっているオーストラリア」(読売新聞一九七二年五月一〇日)、「オーストラリア人の日本語学習熱」(朝日新聞一九七四年六月二四日)、「豪で高まる日本語熱」(朝日新聞一九七六年一月六日)、「世界一の日本語熱のオーストラリア」(朝日新聞一九七八年一月二二日)、「豪の日本語熱」(朝日新聞一九七八年九月一八日)という、すでに一九一〇年代から馴染みのある表現が多用されている。

しかし、この時代に一九一〇年代あるいは一九三〇～一九四〇年代の「日本語熱」のことが顧みられたり、言及されたりすることはなかった。たとえば、オーストラリアにおける日本語教育の歴史に関しては、「人口当たりの「日本語使い」では米国を上回る世界一の日本語熱のオーストラリアだが、まだ数年の実績」しかない（朝日新聞一九七八年一月二一日）として、戦前期にもオーストラリアでは日本語教育が実施されていたこと、さらには日本の新聞社が、当時、「濠洲の日本語熱」という類の表現を多用して、その状況を報道していたことが、完全に忘れ去られている。

ただし、一九七〇年代の新聞記事には、この「日本語熱」なるものに関連して、それまでの時代の記事とは異なる点も見られた。それは、オーストラリアの「日本語熱」の背景にある問題点や課題も指摘されるようになったことである。

そのひとつは、オーストラリアでは「日本語ブーム」いう言葉に象徴されるように、「対日関心が異常に高まっている」のに対して、「わが国にとってオーストラリアは単に資源の買い付け先に過ぎないかも」しれず、「この「片思い」の日豪関係を「相思相愛」に変えるにはどうしたらいいのか」という課題である（朝日新聞一九七二年六月一三日）。

もうひとつは、オーストラリアの「日本語熱」をいかに維持していくかという課題である。

当時、「オーストラリア政府が日本語教育に力を入れて」いたのは、「貿易促進という経済上の理由」からだったのに対し、日本政府は、その「動機はどうであれ、日本語教育の普及が両国間の理解を深めるのに役立つはずであり好ましいことだ」と受けとめていたのであるが（朝日新聞一九七二年六月一三日）、日本の新聞社も日本政府と同様の見地に立っていたようで、日豪間の「理解を深める」という観点から、いかにオーストラリアの「日本語熱」を維持していくかという課題を取りあげるようになる。

この課題に関しては、まず「これほど日本語熱が高まっている時に、教える側の体制がよく整っていない」(朝日新聞一九七一年三月三日)という問題点が指摘されている。なかでも「先生の質」(朝日新聞一九七二年六月一三日)の問題が取りあげられた。すなわち、「大学で一年間日本語を学べば高校で日本語を教えられるという安直さ」(朝日新聞一九七二年六月一三日)が見られるという問題点である。また、「日本語教育のやり方」が「まちまちで、標準教科書や、標準的な教授法といったもの」が存在しないという問題点も指摘されている(朝日新聞一九七六年一月六日)。

これらの点に関しては、当時、たとえばオーストラリア国立大学教授のアンソニー・アルフォンソ(Anthony Alfonso)が日本語教科書を制作していたことや、日豪両国の経済界が中心となって設置した「日豪経済委員会」と「豪日経済委員会」が、日本人教師のオーストラリア派遣事業と日本語を専攻するオーストラリア人大学生に対する日本留学奨学金の供与事業を実施していたことなども、朝日新聞の紙面では触れられている。(7) すなわち、「日本語熱」を維持していくための取り組みの現状についても報じられていたのだが、その一方で、「日本語熱」が「下がり始めてきた」(朝日新聞一九七九年一一月一日)と認識されるようになった一九七〇年代の後半期には、「教える側の体制」や「先生の質」の問題だけではなく、日本語学習者自身の問題や彼らを取り巻く社会環境などの問題も指摘されるようになる。

このうち、まず日本語学習者自身の問題点としては、「豪州人とて日本語を自由自在に使えるようになるのは至難のはずである」にもかかわらず、「少し手ほどきをすれば、すぐに日本語が上手になるといった感覚」のオーストラリア人が多いという問題点が指摘されている(朝日新聞一九七九年一一月一日)。そして、この「外国語としての日本語に対する認識のギャップが、当初は日本に純粋な関心を持ち、日本を知りたい一心で日本語を学び始めた豪州人を失望させるという結果を生んでいる」(朝日新聞一九七九年一一月一日)と報じられた。

一方、彼らを取り巻く社会環境の点では、とくに「就職難」の問題が取りあげられている。この問題に関しては、一九七〇年代の前半期にも、「大学で日本語を学んでも、就職先は政府関係機関に限られている」（朝日新聞一九七二年六月一三日）と報じられていたのだが、一九七〇年代の後半期には、「高校から大学まで日本語を勉強しても、就職口がない」という問題が、「六〇年代後半から、日本語学習熱」が高まったオーストラリアで、そして「人口比にすると世界で最も日本語学習熱が高いオーストラリア」で、その「日本語学習熱」に対する「冷や水」になっていると報道されるようになる（朝日新聞一九七九年九月二日）。

この「就職難」という問題の最大の原因は、「日本語学科卒の学生を優遇していない」企業の側に、なかでもオーストラリア「進出日本企業」にあるとされている。しかし、それと同時に、前述した日本語学習者自身の問題や「教える側の体制」の問題、すなわち「日本語をやれば就職に有利」という「豪側のイージーな期待や教育指導にも原因」があると報じられている（朝日新聞一九七九年九月二日）。

一九七二年に日本政府は、海外諸国の対日理解をさらに促進する目的から、それまでの国際文化振興会を発展的に解消し、国際交流基金を設立した。同基金は、その「国際文化交流事業」（一九七二年法律第四八号「国際交流基金法」第一条）の一環として、海外に対する「日本語の普及」（同法第二三条）事業も実施した。また、オーストラリア政府は一九七六年に豪日交流基金（The Australia-Japan Foundation）を設立したが、この豪日交流基金も設立当初は、オーストラリアにおける対日理解の促進を目的として、その日本語教育を援助した（嶋津二〇〇八a：一三九）。

このように、オーストラリアで「日本語熱」が「下がり始めてきた」と認識されるようになった一九七〇年代の後半期は、日豪両国政府がオーストラリアの日本語教育を支援するための体制を整えつつあった時期でもあった。このため、「日本語ブームが始まって十年たつ」オーストラリアにおける「日本語ばなれをくいとめ、長続きさせるため」の方策として、たとえば、それまでの日本語学習者が「その後も、日本語学習を続けているか、これから学習効果をあげるにはどうしたらよいのか、という分析や展望」を、国際交流基金や豪日交流基金に求める論調も、日本の新聞紙上には見られるようになった（朝日新聞一九七八年九月一八日）。また、「日本語普及の目的」として、オーストラリアで「少数の日本専門家を育てるのか、できる限り多くの豪州人に日本を少しでも知ってもらいたいのか、焦点をはっきり定めるべきだと思う」（朝日新聞一九七九年一一月一日）との見解も示されるようになった。さらには、オーストラリアに日本語教育を「真に定着させる」という観点から、「日本語「熱」をさま」す必要性も指摘されるようになる（朝日新聞一九七九年九月二七日）。これは、このまま何もしないでいると、「日本語熱」が「下がり始めてきた」状況の中で、オーストラリアは日本語教育が定着しないまま終わってしまうのではないかという危機感から生まれたものである。

国際交流基金による「海外日本語教育機関調査」の結果によれば、オーストラリアの日本語学習者数は、統計上、一九七〇年代後半から次の一九八〇年代前半にかけての時期にも、一貫して増え続けている。[8] しかし、統計という客観的な指標よりも「日本語熱」という感覚的なものが優先されたためか、あるいは、その「日本語熱」なるものの低下には報道するだけの価値がないと判断されたためか、オーストラリアで「日本語熱」が「下がり始めてきた」と認識されるようになった一九七〇年代後半期の次の時代、すなわち一九八〇年代前半期には、オーストラリアの日本語教育事情を紹介する記事が、朝日新聞の紙面からも読売新聞の紙面からも消える。したがって、当然のことながら、「日本語熱」という類の表現も見られなくなる。

それが復活するのは一九八〇年代の末頃である。すなわち、日本がバブル経済の時代に入り、対豪投資額や日本人のオーストラリア観光客が増加した時期である。

## 四．一九八〇年代

一九八〇年代の後半期に、オーストラリアでは日本語学習者数が急増した。国際交流基金が数年ごとに実施している「海外日本語教育機関調査」の結果によれば、一九八四年に二万一四三〇名だった日本語学習者数は、六年後の一九九〇年には三倍弱の六万二〇二三名にまで増加している。

そのような状況の中で、日本の新聞社は、一九八〇年代の末頃から再びオーストラリアの日本語教育事情を報道するようになるのだが、その際には、一九一〇年代および一九三〇～一九四〇年代、さらには一九六〇～一九七〇年代の場合と同様、「日本語熱」（朝日新聞一九八八年二月一日）あるいは「日本語学習熱」（朝日新聞一九八八年一月二五日）という類の表現を、またもや多用することになった。

たしかに、オーストラリアでは一九八〇年代の後半期に日本語を学ぶ大学生や中高生の数が増加し、その現象はオーストラリアで「Tsunami」とも呼ばれた（嶋津二〇〇八a：一七六）。しかし、その背景には各種の言語政策、すなわち、多文化主義の立場から日本語も含めた「英語以外の言語」（LOTE：Languages Other Than English）の教育を、あるいは、とくに経済上の観点からアジア語に特化して、その教育を促進しようとした言語政策の存在があった。それらの言語政策の代表的なものとしては、前者の例として、一九八七年に社会言語学者のジョゼフ・ロビアンコ（Joseph Lo Bianco）が連邦議会に提出した報告書『言語に関する国家政策』(National Policy on Languages）を、後者の例としては、一九八八年に連邦政府の諮問機関であるアジア教育審議会が当時の雇用教育訓練省に提出した報告書『オーストラリアにおけるアジア教育のための国家戦略』（A National Strategy for the Study of Asia in Australia）を挙げることができる。

国際交流基金による「海外日本語教育機関調査」の結果によれば、一九八〇年代後半期のオーストラリアで、日本語学習者数が最も増加したのは初等中等教育課程においてである。また、一九八〇年代から今日まで、オーストラリアの日本語学習者は、一貫してその九〇％以上を初等中等教育課程の学習者が占めている。たしかに、高等教育課程や学校外教育分野の場合は、就職や昇給・昇進等のために、日本語（当時はバブル経済の只中にあった日本の言語であるところの日本語）を自らの意志に基づいて自発的に学ぼうとした人々も多かったであろうことが推測されるが、初等中等教育課程は、高等教育課程や学校外教育分野に比べて、教育行政の強い影響下にある。また、当時はどの言語をＬＯＴＥ科目としてカリキュラムに導入するかが、実際にそのＬＯＴＥを学ぶことになる生徒たちの希望に基づいてというよりは、学校長の裁量によって決められるケースが多かった。それらのことを勘案するならば、一九八〇年代の後半期にオーストラリアで見られた、日本語学習者数の急増という現象は、自らの意志に基づいて自発的に日本語を学ぼうとした人々の増加によって自然発生的に生まれたものというよりは、日本語教育を含めたＬＯＴＥ教育全体、またはアジア語に特化してその教育の振興を図ろうとしたオーストラリア政府の政策的な意向を背景に生まれたものと捉える方が妥当だろう。

この政府の意向が働いていたという点に関しては、たとえば一九八八年四月一日の読売新聞が、オーストラリアで日本語学習者数が増加した背景として、「自然発生的増加だけでなく、政府主導の日本語教育」があったこと、すなわち、オーストラリア政府が「言語政策を見直した際、今後拡大させる外国語としてまず日本語を挙げた」ことを報じている。しかし、同紙の関心は、「政府主導の日本語教育」あるいは「言語政策」よりも、日本語は「就職に有利」と考える人々が増加したこと、換言すれば、日本語学習者数の「自然発生的増加」に向けられている。そして、その「自然発生的増加」をもたらしたところの認識、すなわち日本語は「就職に有利」という認識、あるいは「多分にムード的なところ」がある「日本語学習の動機、意欲」は、いずれ減退し、現在の「日本語ブーム」は、一過性のものに終わるのではないかと危惧している。

同様の危惧、すなわちオーストラリアの「日本語ブーム」は一過性のものに終わってしまうのではないかという危惧の念は、一九八八年四月一九日の朝日新聞にも共有されている。しかし、同紙の場合は、読売新聞の場合と違って、オーストラリアの「多分にムード的」な「日本語学習の動機」に焦点を合わせるよりも、オーストラリアの「いまの日本語熱は、日本の経済力から引きおこされた従属的なものであって決して、日本語自体の魅力や日本文化の国際性から生じたものではない」、あるいは「日本語が運搬する文化がいま国際的に魅力あるものとして経済的商品よりも吸引力をもっているとは思えない」として、日本文化の国際性または国際的な価値に疑問を呈している。

一九八〇年代後半期のオーストラリアでは、とくに初等中等教育課程で、なかでも中等教育課程で日本語学習者数が増加した。前述のように、初等教育課程と中等教育課程は、高等教育課程や学校外教育分野に比べて、教育行政の強い影響下にあるので、中等教育課程で日本語学習者数が増加した背景には、高等教育課程や学校外教育分野以上に、政府の言語政策が強く作用していたと言うことができる。しかし、その中等教育課程に焦点を合わせてオーストラリアの日本語教育事情を報道する際にも、読売新聞と朝日新聞は、「中高生の日本語熱」（読売新聞一九八八年六月八日）あるいは「中高生に「日本語」熱」（朝日新聞一九八九年六月六日）という類の表現を用いた。すなわち、日本語学習者数が「自然発生的」に増加したかのように報じたのだが、それと同時に、「中高生の日本語熱というオーストラリア的特徴は、すそ野の拡大ではあるが、単純に喜んでいられない問題を抱えている」として、（a）中等教育課程で日本語を学んだ生徒がいずれ進学することになる高等教育機関で日本語教員が不足していること、（b）中等教育課程と高等教育課程の接続が必ずしも良好ではないこと、（c）「中高校で何年か「役に立つ日本語」を学んでも、実際にいかせる人はほんのわずかでしかない」こと、（d）「日本語優先で、日本文化が忘れ去られていること」等の問題点を指摘している（読売新聞一九八八年六月八日）。

## 五．一九九〇年代

一九九〇年代にも、オーストラリアでは日本語学習者数が急増した。国際交流基金の「海外日本語教育機関調査」の結果によれば、一九九〇年に六万二〇二三名だったオーストラリアの日本語学習者数は、三年後の一九九三年には三倍弱の一七万九二四一名に、そして一九九八年には、その一・七倍の三〇万七七六〇名に増加している。

その増加の背景にも、オーストラリアの各種言語政策、すなわち、多文化主義の観点からＬＯＴＥ教育の振興を、あるいはとくに経済的な観点からアジア語に特化して、その教育の振興を図ろうとした言語政策の存在があった。それらの代表的なものとしては、前者の例として、一九九一年に連邦政府がまとめた報告書『オーストラリアの言語―オーストラリア言語・リテラシー政策―』(Australia's Language, The Australian Language and Literacy Policy)を、後者の例としては、一九九四年にオーストラリア政府審議会が発表した報告書『アジアの諸言語とオーストラリアの経済的将来』(Asian Languages and Australia's Economic Future)を挙げることができる。

しかし、この時代にも日本の新聞社の関心は、言語政策より「日本語熱」や「日本語学習熱」にあった。一九九〇年代に入ってからも、日本の新聞紙上では、「オーストラリアで日本語学習熱が高まっている」(読売新聞一九九一年六月一一日)、あるいは「日本語学習ブームに沸くオーストラリア」(読売新聞一九九六年二月一三日)という類の表現が多用されたのだが、それと同時に、一九九〇年代には、その「日本語学習熱」を終わらせないようにするための施策の発動を、日本政府やその関連機関であるところの国際交流基金に求める論調が強くなってくる。(9)

一九九〇年代は、日本のバブル経済崩壊、中国経済の台頭、経済のグローバル化と情報通信技術の発達に伴う英語のより一層の国際語化などの現象が見られた時代でもあった。このため、「就職に有利」という「多分にムード的なところ」から発生した、オーストラリアの「日本語学習熱」は、やがて冷めるのではないかと危惧されるようになり、その危惧の念から、日本の新聞社は日本政府や国際交流基金に対して、そうならないための対応を求めるようになる。

ただし、かかる対応を日本の新聞社が求めるようになった背景としては、この時期に「日本語の普及」を任務としている国際交流基金が、オーストラリアの日本語教育を支援するための体制を急速に整えつつあったという事情も考えることができる。すなわち、同基金は一九八九年に日本語海外普及事業の専門機関として「日本語国際センター」を埼玉県浦和市（当時）に設立するとともに、その二年後の一九九一年にはオーストラリアに対する「日本語の普及」を任務とする「シドニー日本語センター」を開設している。また、一九九七年にはオーストラリアを含む海外の日本語学習者に訪日学習の機会を提供するための「関西国際センター」を大阪府泉南郡田尻町に設立した（嶋津二〇一〇：七四〜七六）。

このように、一九八〇年代の末から一九九〇年代後半にかけての時期に国際交流基金は、オーストラリアの日本語教育を支援するための体制を急速に整えつつあった。日本の新聞社がオーストラリアの「日本語学習熱」を終わらせないようにするための施策の発動を日本政府や国際交流基金に対して求めるようになったのは、その要望が単なる夢物語に終わらず、実際に実現するかもしれないという状況が現実に整いつつあった（あるいは、整いつつあると認識された）からだと言うことができるだろう。

一九九〇年代の後半期には、オーストラリアの言語政策を取りあげた記事も、日本の新聞紙上には見られるようになった。すなわち、一九八〇年代に「労働党政権下で多文化主義が始まり、その柱のひとつとして多言語教育が掲げられた」（朝日新聞一九九七年六月三〇日）ことや、「九〇年代に入ると学校の言語教育にアジアの言語を優先的に導入した」（朝日新聞一九九八年一月二一日）こと等を伝える記事が見られた。しかし、これらの記事は日本語教育に焦点を合わせたものではなく、オーストラリアの言語政策と日本の「小学校での外国語教育の導入」の現況を対比したり（朝日新聞一九九七年六月三〇日）、オーストラリア経済の現状を伝えたり（朝日新聞一九九八年一月二一日）する記事だった。すなわち、オーストラリアにおける日本語教育の状況を同国の言語政策との関連において報じた記事ではないのである。そして、言語政策との関連に焦点を当ててオーストラリアの日本語教育事情を紹介した記事は、二〇世紀が終わるまで、朝日新聞にも読売新聞にも登場することがなく、同国の日本語教育事情が報道される時には、あいかわらず「日本語学習熱」あるいはそれに類する表現、換言すれば、日本語学習者数が自然発生的に増加したかのような印象を読者に与えかねない表現が用いられ続けた。

## 六．二〇〇〇年代

国際交流基金の「海外日本語教育機関調査」の結果によれば、オーストラリアの日本語学習者数は二〇〇三年に三八万一九五四名と過去最高を記録した。しかし、二〇〇六年には三六万六一六五名に減り、そして二〇〇九年には二〇〇三年比で約二八％マイナスの二七万五七一〇名にまで減少した。

そのような事情からか、二一世紀に入ると朝日新聞と読売新聞の紙面から、オーストラリアの日本語教育事情を「日本語学習熱」あるいはそれに類する表現を使って報道する記事が消える。いや、より正確に言うならば、オーストラリアの日本語教育事情を報じる記事そのものが消えるのである。日本の新聞社は、オーストラリアにおける「日本語学習熱」の高まりには関心を示したものの、その低下には関心を寄せなかったと言うことができる。これは、たとえば国際交流基金による「海外日本語教育機関調査」の結果に関しての報道記事など、海外全体の日本語教育事情を報じた記事におけるオーストラリアの扱いにおいても同様である。

二〇〇七年一一月、国際交流基金は前年の二〇〇六年に実施した「海外日本語教育機関調査」の結果を発表した。それによると、海外の日本語学習者数は約二九八万人で、過去最高を記録したのであるが、前述のように、オーストラリアの日本語学習者数は約三七万人で、前回調査（二〇〇三年）と比較して四・一％減少した。オーストラリアの日本語学習者数が減少したのは、国際交流基金が一九七〇年代に統計をとりはじめてから初めてのことだった。しかし、この「海外日本語教育機関調査」の結果については、朝日新聞も読売新聞も、「日本語を学ぶ外国人が世界各地で着実に増えている」（朝日新聞二〇〇七年一一月一七日）ことや、その総数が「二〇〇三年度の前回調査より六二万人増え」たこと、そして、日本政府の目標（海外の日本語学習者数を二〇一〇年までに約三〇〇万人に増加させるという経済財政諮問会議が二〇〇六年に設定した目標）を「早くもクリアした」（読売新聞二〇〇七年一一月一七日）ことには触れているものの、オーストラリアの日本語学習者数が減少したことは報じていない。

このように、日本の新聞社は、オーストラリアにおける日本語学習者数の減少に関心を示さなかったのであるが、それに対して、同じ時期に日本語学習者数が減少した米国（約一四万人→約一二万人）については、その事実を報道するとともに、その背景として、「アメリカの教員資格を持つ日本語教師の不足や、日本語に代わり中国語への関心が高まっていること」（読売新聞二〇〇七年一一月一七日）があると分析している。

二〇〇九年に実施された「海外日本語教育機関調査」では、オーストラリアの日本語学習者数がさらに減少したことが判明した。しかも、三年前（二〇〇六年）に比べて二四・七％減の約二八万人にまで減少したのである。

この調査の結果は、二〇一〇年七月に記者発表された。しかし、朝日新聞も読売新聞も、この調査結果について紙面を割くことはなく、結果的にはオーストラリアで日本語学習者数が二五％近く減少したことについても、報道されることがなかった。日本の新聞社は、オーストラリアで「日本語学習熱」が高まっていると認識した時には、それを盛んに報道したが、一方で、その「日本語学習熱」が低下したと認識した時には、オーストラリアの日本語教育事情そのものを報じることをしなかったのである。日本の新聞社は、「日本語学習熱」が高まっていないオーストラリアの日本語教育事情に、報道するだけの価値を認めなかったようだ。(10)

## おわりに

本章では、朝日新聞および読売新聞（ならびに両紙の前身紙）はオーストラリアの日本語教育に関し、何に関心を示したのか、また何を報道し、何を報道してこなかったのかを分析した。その結果、オーストラリアの日本語教育事情は、過去一〇〇年間、「日本語学習熱」が「下がり始めてきた」と認識されるようになった一九七〇年代後半の一時期を除けば、「日本語学習熱」という現象が高まっていると認識された時期にのみ、そして、かかる表現を多用して報道されてきたことを明らかにした。逆の言い方をすれば、「日本語学習熱」が高まっていると認識されなかった時期には、オーストラリアの日本語教育事情が報道されることは、ほとんどなかったのである。

しかし、この「日本語学習熱」なるものは、たとえば日本語学習者数などの統計とは異なり、客観的な指標ではなく、「感覚的で漠然とした」ものであり、「高いと「認識」すれば高くなるし、低いと「認識」すれば低くなるような、その内実や中身の検証を許さない言葉」である（嶋津二〇〇八b：二〇六）。また、あたかも日本語学習者数が自然発生的に増加しているかのような印象を与えかねない表現でもあると言うことができるだろう。このため、たとえばオーストラリアにおける日本語学習者増加の背景に、同国政府の何らかの意図や政策が存在していた（あるいは、存在している）ことを見えなくさせてしまう。そのオーストラリア政府の意図や政策は、この一〇〇年の間に、日本に対する警戒心や国防上の理由に基づくものから、多文化主義や日本との経済交流の深化を目指したものに変化してきたが、それらの意図や政策が「日本語学習熱」という表現が用いられることで、読者には見えなくなってしまう。

たしかに、これまで紹介してきた記事の中にも、「オーストラリア政府が日本語教育に力を入れているのは、貿易促進という経済上の理由からである」と報じた記事（朝日新聞一九七二年六月一三日）や、日本語学習者増加の要因として「政府主導の日本語教育」や「言語政策」があることに触れた記事（読売新聞一九八八年四月一日）も存在した。しかし、これらの記事も、たとえば「日本語ブーム」という表現を用いることで、あたかも日本語学習者数が自然発生的に増加しているかのような印象を読者に与えてしまっていたと言わざるをえない。

オーストラリアの公的機関における日本語教育の開始から一〇〇年が経過した。この一〇〇年の間に世界有数の日本語学習人口を抱えるに至ったオーストラリアの日本語教育事情を今後も報道し続けるのであれば、日本の新聞社は、その現状と背景に対する新聞読者の理解の深化という観点からも、そろそろ「日本語学習熱」のような「感覚的で漠然とした」表現を用いずに、また、その高低にとらわれることなく、同国の日本語教育事情を報道すべきなのではないだろうか。

**【備考】**

本章で引用または言及した新聞記事は次の通り。

［朝日新聞］

一九一六年七月一五日（朝刊四面）「濠洲大学日本語教授」

一九三六年九月一七日（夕刊二面）「日本語今や世界的、新時代語へ躍進、考案された混血のテキスト、濠洲でラヂオ講座」

一九三六年一一月一〇日（朝刊一一面）「濠洲日本語熱の標本、手筋誇って来朝」
一九三六年一二月二一日（朝刊一一面）「拡がる日本語戦線、二十ケ国に波及」
一九三七年二月八日（朝刊一一面）「桃太郎の気焔、濠洲で日本語の試験」
一九三八年一月二七日（朝刊一一面）「日濠文化の父」
一九四一年九月七日（朝刊二面）「戦時下濠洲通信（下）」
一九四二年一〇月八日（朝刊二面）「濠洲に抑留されて、迫る皇軍の跫音、幽居半歳の日本語学校」
一九六九年八月二一日（夕刊一〇面）「豪州に高まる日本語熱」
一九七一年二月三日（朝刊六面）「南十字星の大陸オーストラリア―重視される日本語」
一九七二年六月一三日（朝刊六面）「日豪新時代①―日本語ブーム」
一九七四年六月二四日（朝刊一一面）「日本語講座を増設―オーストラリア」
一九七六年一月六日（朝刊一〇面）「豪で高まる日本語熱」
一九七六年六月一一日（夕刊一面）「今日の問題―豪州の日本語教育」
一九七八年一月二一日（夕刊八面）「モテます日本語―豪の大学」
一九七八年九月一八日（夕刊五面）「豪の日本語熱―驚くばかりに「がんばる」、長続きするよう協力を」
一九七九年九月二日（朝刊二二面）「日本語学習熱に「冷や水」―オーストラリア」
一九七九年一一月一日（朝刊六面）「曲がり角の日本語教育―オーストラリア―普及の焦点定めよ」
一九八八年一月二五日（朝刊五面）「社説・三世紀目のオーストラリア」
一九八八年二月一日（朝刊七面）「建国二〇〇年―転換期のオーストラリア―対日観」
一九八八年四月一九日（夕刊七面）「日本語商品考」
一九九七年六月三〇日（朝刊八面）「半数が多言語教育導入―「移民国家」豪州の小学校」

一九九八年一月二一日（夕刊二面）「オーストラリア―旅行者減嘆く「一員」、九八アジア新春模様」
二〇〇七年一一月一七日（朝刊二二面）「日本語学ぶ外国人、二九八万人」

［読売新聞］
一九〇五年三月二日（朝刊五面）「濠洲東洋語学校の設立」
一九一七年八月二六日（朝刊三面）「濠洲と邦語」
一九二〇年一二月二七日（朝刊二面）「マードック翁の憂慮と楽観―日濠関係・思想問題等に就いて―」（本田増次郎）
一九三六年三月三〇日（朝刊七面）「海外の旅にも堂々日本語の時代だ―濠洲から嬉しい便り」
一九六七年三月七日（朝刊一三面）「日本語熱のオーストラリア―先生が勉強に来日」
一九六七年八月二二日（夕刊三面）「オーストラリアの日本語熱」
一九七二年五月一〇日（朝刊九面）「日本語訓練コース―参加者はきわめて熱心」
一九八八年四月一一日（夕刊七面）「オセアニアの転進」
一九八八年六月八日（夕刊五面）「豪の中高生に広がる日本語熱」
一九九一年六月一一日（夕刊九面）「豪シドニーに「日本語センター」―学習人口六万、比率では世界一」
一九九五年三月四日（朝刊一面）「海外で日本語熱」
一九九五年三月六日（朝刊三面）「社説・日本語学習にもっと支援を」
一九九六年二月一三日（夕刊五面）「丸山真男に傾倒する豪州の日本研究家―リッキ・カーステンさん」
二〇〇七年一一月一七日（朝刊三面）「社説・日本語の普及―外国人が学ぶための総合施策を」

**【第三章註】**

（1）記事の抽出に当たっては、読売新聞社の記事データベース「ヨミダス歴史館」と朝日新聞社の「聞蔵Ⅱビジュアル」を利用し、「オーストラリア」「オーストレリヤ」「濠洲」「豪州」という単語と、「日本語」「日語」「邦語」「国語」あるいは「言語政策」「多文化」「アジア語」という単語の組み合わせで検索した。

（2）いつごろ日本側がオーストラリア側の当時の意図に気づいたのかは、必ずしも明確ではない。ただし、管見の限りにおいて言えば、遅くとも第二次世界大戦中の一九四三年には気づいていたようだ。同年に日本で出版された書籍には、次のように記述されている。「我が国の目ざましい発展振り、殊に工業力の躍進には非常に脅威し、濠洲の態度は対日感情に希望と恐怖心との二つがごっちゃになって現はれ、こゝで再び表面的な親善を以て接して来たが腹では将来の敵であるとして、その用意から、陸軍の諸学校においては、日本の武士道研究や国力の情勢等を内偵せしむる準備を命じ、こしゃくにも日本の目をカムフラジーすべく科目中に東洋科なるものを設け、専ら日本語や歴史を教授した」（井上一九四三：二〇六）。

（3）一九一八年に鹿児島高等農林学校（現在の鹿児島大学農学部）教授の小出満二と東京外国語学校（現在の東京外国語大学）卒業生の宮田峯一の二名がマードックの推薦でオーストラリアに渡り、シドニー大学とフォート・ストリート・ハイスクールで日本語教育に従事した（嶋津二〇〇四：八四～八八）。

（4）オーストラリア赴任に際して、マードックがオーストラリア政府からどのような説明を受けていたのかは明らかでない。ただし、彼は国防省の資金負担により一九一八年一〇月から一九一九年三月まで日本に滞在しているが、その間、マードックはオーストラリア陸軍情報部長あての書簡を、そのオフィスではなく、陸軍情報部長の自宅あてに（しかも、同人の配偶者の旧姓を受取人として）送っている。これは日本側の注意を引かないようにするための措置だったようだが（Meaney 1996:14）、かかる措置をとっていたことからすると、マードックも自分がオーストラリアに招聘されたのが国防上の理由からであることを知っていたか、あるいは少なくとも薄々とは感じていたのかもしれない。

（5）フォート・ストリート・ハイスクールにおける日本語教育は、一九二七年に中止された（嶋津二〇〇四：九〇）。

（6）戦前期のクィーンズランド大学では、国際文化振興会の支援で渡豪した清田龍之介によって、一九三八年から一九四一年まで、日本語教育が実施されていた（嶋津二〇〇四：一七〇～一八〇）。

（7）たとえば、朝日新聞一九七六年一月六日、朝日新聞一九七六年六月一一日を参照。

(8) 国際交流基金の「海外日本語教育機関調査」の結果によれば、一九七〇年代から一九八〇年代前半にかけての時期におけるオーストラリアの日本語学習者数は、一九七四年が六四七五名、一九七九年が七五三五名、一九八四年が二万一四三〇名である。

(9) たとえば、読売新聞一九九五年三月四日、読売新聞一九九五年三月六日を参照。

(10) その理由としては、二〇〇〇年代においても約七〇年前の一九三〇年代の場合と同様、オーストラリアにおける「日本語学習熱」の高まりというニュースが、多くの日本人にとって、「嬉しい便り」（読売新聞一九三六年三月三〇日）や「快ニュース」（朝日新聞一九三七年二月八日）であったため（あるいは、そのように日本の新聞社が認識したため）、日本の新聞社にとっては、同国の日本語教育事情そのものを報道することより、「日本語学習熱」の高まりという「嬉しい便り」を報道することのほうに主眼が置かれていたからではないかと想像することができる。

# 第四章　戦前戦中期にオーストラリアで制作された日本語教科書

## ―とくに、その意図せざる「結果」について―

## はじめに

オーストラリアの公教育機関における日本語教育は、一九一〇年代に開始された。すなわち、一九一七年に陸軍士官学校とシドニー大学がそれぞれ日本語講座を開講したのが、その嚆矢である。しかし、オーストラリアの日本語学習者のために日本語教科書が制作・公刊されるようになったのは、それより約二〇年遅れて一九三〇年代の後半期に入ってからである。

この日豪開戦を間近に控えた一九三〇年代の後半期から、一九四五年八月の終戦までの時期において、オーストラリアの学習者のために制作・公刊された日本語教科書の実態については、これまで必ずしも明らかでなかった。しかし、筆者は、この時期に少なくとも三種の教科書が制作・公刊されていたことを確認した。本章では、それらの中身と社会的位相について考察する。とくに、これらの教科書が制作者の意図とは全く無関係に社会に対してもたらした(あるいは、もたらしたかもしれないと想像できる)「結果」について考えたい。

## 一．日本語教科書の制作者

戦前戦中期(1)においてオーストラリアの日本語学習者のために制作・公刊された日本語教科書のうち、筆者がその現物の存在を確認しえたのは、次の三種である。

①稲垣蒙志(一九三八～一九四〇)『日本語讀本』巻一～巻三(教文館)
②稲垣蒙志、ヘンリー・トレイナー(一九三九)『東洋學』(オーストラリア放送協会)
③ピーター・ラソー(一九四二)『日本口語』(ロバートソン・アンド・マレンズ社)

ここではまず、これらの教科書の制作者について概観する。

はじめに、①の『日本語讀本』と②の『東洋學』であるが、これらのうち、前者の『日本語讀本』は稲垣蒙志という人物が、また後者の『東洋學』は、その稲垣と彼から日本語を学んだヘンリー・トレイナー（Henry Traynor）という人物が制作した教科書である。

稲垣蒙志は一八八三年に静岡県で生まれた。そして、一九〇六年頃におそらくは真珠貝を採取する移住労働者としてオーストラリアに渡り、その後の経緯は不明ながら、一九一九年にメルボルン大学がオーストラリア政府からの国防上の要請に基づいて日本語教育を開始した時、その日本語講師のひとりとなった（嶋津二〇〇四：一八三〜一八四）。彼は、一九二一年から一九四一年までの二〇年間、同大学で唯一の日本語講師だったのだが、一九四一年一二月の日豪開戦後は、「敵国人」としてヴィクトリア州タチュラの日本人収容所に抑留されることになる。この抑留は戦後まで続いた（嶋津二〇〇四：一九七）。

稲垣は、メルボルン大学で日本語講師を務めるとともに、一九三六年には財団法人国際文化振興会の「在濠連絡事務員」に任命された（国際文化振興会一九三五：八）。同会は、「文化の国際的進運に資し、特に我国及び東方文化の顕揚に力を致さんことを期す」（国際文化振興会一九三四：四）ため、一九三四年に実質的には日本政府によって設立された財団であり、今日の国際交流基金の前身に当たるが、国際文化振興会は、その「国際文化事業」の一環として、「日本語の海外普及」（国際文化振興会一九三七a：一）事業も実施した。

稲垣は、一九三八年に日本へ一時帰国する。それは、国際文化振興会が東京で開催した「英帝国諸領」に対する「対外文化工作に関する協議会」に出席するためだったのだが、その一時帰国の際に、彼はそれまでに書きためた教科書用の原稿を国際文化振興会の関係者に示し、結果的に同会の斡旋を受けて、それを国際文化振興会の販売代理店を務めていた教文館から、『日本語讀本』（英語名はLanguage Text of Nippon）として出版する（嶋津二〇〇四：一五一）。「巻一」は一九三八年、「巻二」は一九三九年、「巻三」は一九四〇年に、それぞれ出版されている。

この『日本語讀本』は、教室内での使用を前提としていた。それに対して、前記②の『東洋學』は、ラジオ日本語講座の教科書として制作されたものである。

ヴィクトリア州の3LOラジオ局は、その通信教育学校（Correspondence School）において、一九三五年に日本語と日本史の夏期講座を開講したが、一九三六年にはそれを通年の初級日本語講座に変更し、一九三九年までの四年間、毎週水曜日（当初は金曜日）に「Early Stages in Japanese」という二〇分間（年によっては三〇分間）の日本語講座を放送した。(2) その講座主任を務めたのは稲垣である。この「Early Stages in Japanese」で用いられた教科書のうち、筆者が現物の存在を確認しえたのは、一九三九年放送分のための、表紙に『東洋學』（英語名は Oriental Studies）という標題が付された教科書である。一九三六年から一九三八年までの放送分においても、この『東洋學』という教科書が用いられていたのかは、断定することができないのだが、一九三六年一二月二一日に発行された『朝日新聞』（東京版）には、一九三九年版の『東洋學』に掲載されているのと同一の文章が、「昨今日本語熱の盛んな濠洲がラヂオで日本語講座を開設した時のテキストの一部」（朝日新聞社一九三六b：一一）として、写真で紹介されているので、その放送開始当初から、『東洋學』が使用されていたものと推測することができる。なお、このラジオ日本語講座の教科書には、これまで何度か触れてきたように、『東洋學』というタイトルが付せられているのだが、中身は日本語教科書である。前述のように、一九三五年には日本語のほか日本史に関する講座も放送されていたので、その名残りで『東洋學』という標題が付せられたのであろうか。

この『東洋學』と前述の『日本語讀本』は、いずれも日豪開戦前に公刊された。それに対して、③の『日本口語』（英語名は Spoken Japanese Simplifed）は、開戦後の一九四三年に刊行された。制作者はピーター・ラソー（Peter Russo）という人物である。

ラソーは、イタリアからオーストラリアに移住してきた両親の下、一九〇八年に生まれた。中等教育をヴィクトリア州のバララットで終えた後、メルボルン大学に進学し、そこでイタリア語と日本語を学んだ。日本語を教えたのは前記の稲垣蒙志である。そして、一九三〇年に奨学金を得て、ロンドン、パリ、ローマ、ベルリンの各大学で言語学と文学を専攻した後、ラソー自身の言葉によれば、「奨学金授与の条件に基づき、日本に渡り、一年間勉学を続けたが、日本に対する関心と愛着が深まったため、奨学金の支給期間が終了した後も滞在延長の手続き」（NAA:C443,J20）をとり、東京商科大学（現在の一橋大学）に勤務することになった。同大学では英語教育に従事したが、一九三五年には国際文化振興会から要請を受け、オーストラリアに一時帰国し、そこで合計二五回の講演を行った。また、その直後には、日本政府がオーストラリアに派遣した親善使節団に、団長付の顧問として参加した。

この親善使節団の訪豪が契機となって、ヴィクトリア州政府はその中等教育修了試験への日本語科目の導入を一九三六年に決定する。そして、かかる決定を「日本語の海外普及」の観点から支援するため、国際文化振興会はオーストラリアから日本に戻ったラソーを、「濠洲の中等学校に於ける日本語教授に対する材料の供給其他連絡事務」担当の嘱託として採用した（国際文化振興会一九三五：一）。外国人が同会のスタッフに採用されたのは、彼が最初である。

国際文化振興会に採用されたラソーは、その後、同会の様々な対豪事業に従事する。[3] しかし、戦雲がたれこめる中、一九四一年三月には東京商科大学と国際文化振興会を退職し、オーストラリアに帰国する。帰国後、ラソーはヴィクトリア州の新聞社に極東担当の記者として勤めたのであるが、同時に彼は、オーストラリアの捜査当局によって、その行動が厳重に監視されることにもなった。その理由のひとつは、ラソーがオーストラリアの捜査当局から「日本のプロパガンダ機関」（NAA:A367/1,C73350）と見なされていたところの国際文化振興会に勤務した経歴を有するため、「親日家」あるいは日本政府の「諜報員」との疑いをかけられていたことにある（NAA:BP242/1,Q24136）。彼が『日本口語』を制作・公刊したのは、そのような時期である。

以上、戦前戦中期にオーストラリアで制作された三種の日本語教科書に関し、その制作者を見てきた。次節からはそれぞれの内容と社会的位相について考察するが、あらかじめ断っておくならば、これらの教科書は、今日の日本語教育学の観点からのみならず、一九三〇〜一九四〇年代に日本や欧米諸国で制作された、ヨーロッパ語母語話者のための各種日本語教科書との比較においても、その内容面で特筆すべき視点や手法が見られるわけではない。このため、これらの教科書が今日ではその存在すら忘れ去られていることも、故なしとはしないのだが、しかし、前記三種の教科書は、そのいずれもが、制作者の意図とは全く無関係の「結果」を日豪双方の社会に対してもたらすことになった（あるいは、もたらしたかもしれないと想像できる）点で、われわれに多くの示唆を与えてくれる。

次節からは、この点を中心に、前記三種の教科書を考察したい。

## 二．『日本語讀本』

この『日本語讀本』という教科書の存在については、すでに嶋津（二〇〇四）が紹介している。しかし、その内容面については触れていない。このため、ここであらためて同書の概要を紹介するならば、まず、その制作意図について執筆者の稲垣本人は、オーストラリアの「学生が日本語を早く習得するのを助ける」（NAA:A367/1,C73350）ことにあると述べている。

この教科書は、「巻一」から「巻三」までの三冊で構成されている。「巻一」では初めに文字（カタカナ・ひらがな）が取りあげられているのだが、そこでは、とくに文字を構成する線や点の書き方に注意が払われている。そして、文字の書き方と発音を習った後は、ひたすら語彙とその品詞名を学ぶことが求められている。この方向性は「巻二」でも変わらず、たとえば動詞であれば、それぞれの動詞の「現在」（〜マス・〜マセン）、「過去」（〜マシタ・〜マセンデシタ）、「未来」（〜マセゥ・〜マセンデセゥ）の形（いずれも稲垣の分類による）を、学習者はそれらの動詞が用いられる場面やコンテクストを提示されることなく、一途に学ぶことになる。例文（単文レベル）が登場するのは、「巻二」もようやく後半に入ってからである。

このように、稲垣蒙志の『日本語讀本』は、今日の視点からすると、違和感を覚えざるをえないような構成になっているのだが、それは同時代の人々にとっても同じだったようである。ありていに言えば、当時、『日本語讀本』は高く評価されることがなかったのである。たとえば、稲垣の教え子であるピーター・ラソーは、「オーストラリアの学生に日本語を教える」という「目的にこの教科書はかなっているか」との質問に対し、「それは学生次第だ」と回答している（NAA:A367/1,C73350）。また、稲垣が勤務していたメルボルン大学の関係者は、一九四〇年三月に発表した「オーストラリアの日本語教育」（The Study of Japanese in Australia）と題する論説において、稲垣の教科書を名指しこそしなかったものの、「外国語の教科書」には、「単元ごとに特定の充分に吟味された語彙のリストが備えられていなければならない」し、「それに続く読文」には「同じ単語を何度も繰り返し登場させる必要がある」にも関わらず、現在の日本語教科書には、そのような連関性と一貫性が欠如しているとして、『日本語讀本』の構成を暗に批判した（Chisholm, Hunt 1940:75–76）。

このように、『日本語讀本』は同時代の人々から高く評価されることがなかった。実際、この教科書は稲垣が関係していた教育機関以外では使われることがなく、一九四〇年代に入ってからも、オーストラリアの「諸学校で使用してゐる教科書としては、（筆者註：日本の）小学読本が主」であり、「特に読本の不備等について、訴へて来る声」が、オーストラリアの日本語教育関係者から国際文化振興会に対して多く寄せられていた（国際文化振興会一九四一：二二）。

しかし、『日本語讀本』に対する批判は、単なる教科書批判にとどまらなかった。それは、制作者である稲垣の教育能力に対する批判に発展することになった。すなわち、「稲垣の教育方法は全くみすぼらしいもの」であり、「稲垣の教育活動が全く役にたたなかったことは、彼の愚かさを想起させずにはいない」とされたのである（NAA:A367/1,C73350）。さらには、稲垣の「愚かさ」は「意図的」なものと断じられ、とくにオーストラリア政府の関係者から彼は、「その教育活動において意図的にオーストラリアの日本語学習を妨害」しているとまで見なされるようになる（NAA:A367/1,C73350）。

その批判の矛先は、国際文化振興会にも向けられることになった。なぜなら、『日本語讀本』の出版は同会の斡旋によって実現したものだったからである。オーストラリア政府の関係者は、「オーストラリアの日本語教育を妨害することは日本の国策の一部かもしれない」（NAA:A367/1,C73350）と考えるまでになる。

前述のように、この時期に国際文化振興会は、その「国際文化事業」の一環として、「日本語の海外普及」事業を実施していた。同会はオーストラリアに対しても、教材・教具の寄贈や日本語講師の紹介・斡旋等の事業を通じて日本語の普及を図っており（嶋津二〇〇四：一二三〜一八〇）、『日本語讀本』の出版を教文館に斡旋したのも、そのために他ならなかったのだが、皮肉なことに、オーストラリア政府の関係者から国際文化振興会は、「日本の国策の一部」として「オーストラリアの日本語学習を妨害」しているのではないかとまで疑われることになったのである。

しかし、「オーストラリアの日本語学習を妨害」することは日本の「国策の一部かもしれない」と、オーストラリアの政府関係者から疑われたということは、日本語教育がオーストラリアにとって「国策」の観点から重要であると、当時、彼らに認識されていたことを、逆に証明する。

一九世紀末における日清戦争の結果、日本は台湾を領有し、南へ勢力を拡大した。また、第一次世界大戦後、国際連盟は太平洋の旧ドイツ領島嶼地域について、その赤道以北の統治を日本政府に、赤道以南の統治をオーストラリア政府に、それぞれ委任したが、それによって日豪両国は、結果的に赤道をはさんでその実質的な国境を接することになった。このため、オーストラリアでは次第に対日警戒感が高まっていく。一九一〇年代にオーストラリアの教育機関（陸軍士官学校・シドニー大学・メルボルン大学）で日本語教育が開始されたのも、このような対日警戒感からである。かかる警戒感は、一九二二年におけるワシントン海軍軍縮条約の締結によって一時的に弱まるのだが、一九三一年に「満洲事変」が、そして一九三七年に「上海事変」が勃発すると、再び大きくなる。稲垣が『日本語讀本』の「巻一」を発行した一九三八年に、オーストラリア政府の国防大臣は、「国防会議に対して、陸軍における日本語教育施策および有事における日本語通訳者確保の問題について再検討する」（NAA:A816,44/301/9）ことを命じている。

この命令を受けて設けられたタスクフォースは、『日本語讀本』の「巻三」が出版された一九四〇年に、オーストラリアで最初の成文化された日本語教育政策である『軍における日本語教育』（Study of Japanese Language in Services）と題する政策報告書をまとめている。その報告書は、日本語能力を有する人材の確保という観点で、現在のオーストラリアは「不安な状況」にあるが、「日本との間に戦争が起こった場合には、さらに重大な事態をもたらすであろう」として、オーストラリアの日本語教育を抜本的に改善・拡充することを求めた（NAA:A816,44/301/9）。

すなわち、一九三〇年代の後半期から一九四〇年にかけての時期に、オーストラリアの政府関係者は、国防という「国策」上の観点から日本語教育を重視していたのであり、オーストラリアで質の低い日本語教育が行われることは、また、必ずしも良質とは言えない日本語教科書が制作・公刊されることは、彼らにとって、「意図的にオーストラリアの日本語学習を妨害」する行為に他ならなかったのである。また、かかる日本語教科書の出版を斡旋した国際文化振興会の「日本語の海外普及」事業も、そのような「妨害」行為以外の何物でもないと認識されることになったのである。

前述のように、稲垣蒙志が制作した『日本語讀本』は、同時代の人々からも高く評価されることがなかった。このため、今日ではその存在すらほとんど忘れ去られているのであるが、しかし、高く評価されることがなかったからこそ、あるいは必ずしも良質の教科書ではなかったからこそ、稲垣の『日本語讀本』は、当時のオーストラリアで日本語教育がどのような視線で見られていたかという点に関する貴重な記録を、その制作者の意図とは全く無関係に、「結果」として今日に残したと言うことができるだろう。

## 三.『東洋學』

前述のように、『東洋學』はラジオ日本語講座の教科書として制作されたものである。ヴィクトリア州の3LOラジオ局が運営していた通信教育学校は、一九三六年から一九三九年まで毎週水曜日(当初は金曜日)に、「あらゆる年齢および職業の聴取者」(『東洋學』二頁)を対象として、「Early Stages in Japanese」という初級日本語講座を放送していたのであるが、『東洋學』はその教科書として制作された。制作者は、稲垣蒙志とヘンリー・トレイナーの二人である。この二人のうちトレーナーは、メルボルン大学で稲垣から日本語を習った人物だが、その経歴等はよくわからない。

ラジオ日本語講座の教科書『東洋學』は、一九三九年放送分の場合、一〇〇〇冊が発行された。価格は一冊六ペンスである。ちなみに、「Early Stages in Japanese」の録音テープは、3LOラジオ局の後身である「774ABC」放送局にも、また同局を傘下に持つオーストラリア放送協会(Australian Broadcasting Corporation)にも保管されていないようで、現在までのところ、その存在が確認できていない。このため、「Early Stages in Japanese」の様子をうかがうことのできる資料は、現時点では、この『東洋學』しかない。

『東洋學』は、「会話」(Conversation)、「文法・筆記」(Grammar and Writing)、「読解」(Reading)の三部門から構成されている。このうち「会話」の部では、「挨拶」「天気」「時間」「訪問」「買物」「旅行」「外国語」

の各話題あるいは各場面で使用されるであろう単文単位の日本語表現を、英語のそれと対照しながら紹介している。また「文法・筆記」の部では、文字として、カタカナ、ひらがな、漢字一八〇字を提示するとともに、文法項目として、とくに格助詞と存在動詞に焦点を当てて解説している。さらに「読解」の部には、合計三五の文章が収録されている。それらの文章で用いられている語彙や文型は、今日の基準に当てはめるならば、日本語能力試験N5レベルである。

『東洋學』には「宿題」（Home Exercises）の頁もあり、そこには「OoKII KIGA ARIMASU」から「SONO KOTOHA WARUKU ARIMASU」まで一八〇の単文が掲載されている。これらの単文は、「毎週六文が宿題である」とされ、また、「この宿題をして通信教育学校に郵送すれば、無料で直してもらえる」ことにもなっていたのだが（『東洋學』二頁）、その「宿題」の内容としては、これらのローマ字表記の文を英訳することが求められていたのか、それとも日本語の文字に置き換えることが求められていたのかは、不明である。

不明という点でいえば、このラジオ日本語講座と、その教科書であるところの『東洋學』が、当時のオーストラリア社会において、どのように受けとめられていたのかという点も、よくわからない。しかし、ウィラード・プライス（Willard Price）という人物は、「オーストラリアは日本の南進の直接的な対象のひとつである」（Price 1938:262）との観点から、『触手を伸ばす日本』（Japan Reaches Out）という単行本を著し、同書を一九三八年にメルボルンの出版社から発行しているが、そこで彼は、このラジオ日本語講座の存在を国際文化振興会が歓迎していることを根拠に、日本の将来的な「南進」の姿として、日本人が大量にオーストラリアに移住してくることはないにしても、「日本的な思想や考え方」（Japanese ideas）は「南進」してくるであろうし、また「国際文化振興会の活動は結実するであろう」としている（Price 1938:263）。前節で見たように、一九三〇年代の後半期にオーストラリア政府の関係者は、主として国防上の観点から日本語教育を重視していたのであるが、その一方で、このプライスのように、オーストラリアで日本語教育が実施されることを、日本の「南進」と捉える者も存在したのである。

プライスが触れているように、このラジオ日本語講座の存在を、国際文化振興会は「日本語の海外普及」という観点から歓迎した。また、同会とその「在濠連絡事務員」を務めていた稲垣蒙志は、かかるラジオ日本語講座の存在を、日本国内や在豪日本人社会に向けて発信するようにもなる（嶋津二〇〇八：七〇〜七一）。そして、その情報発信を通じて、オーストラリアはラジオでも多くの人々が日本語を学んでいるほど「日本語学習熱」が高いという印象を、結果的に広めることに貢献した。[4] 日豪開戦の直前にオーストラリアは、「世界中で、濠洲ほど日本語研究熱[5]の盛んな国は、先づ無いといっても過言ではなからう」（松永一九四二：二六二）とまで言われるようになる。

稲垣蒙志からラジオ日本語講座の存在を教えられた人物のひとりに、鶴見祐輔がいる。今日では広報外交（Public Diplomacy）の「先駆者」（上品二〇一一：二一）としても評価されている彼は、一九三七年に国際文化振興会からオーストラリアに派遣された際に、同会の「在濠連絡事務員」を務めていた稲垣蒙志と面談しているが（鶴見日記一九三七年九月六日）、おそらくはこの時にラジオ日本語講座の存在を知ったのであろう。鶴見は帰国後、このラジオ日本語講座の存在を根拠のひとつとして、オーストラリアでは「日本語学習熱」が「勃興し始めた」とするとともに（鶴見一九三七：三三）、この「非常に愉快な発見」（鶴見一九三八b：一〇）に関し、講演活動や執筆活動を通じて語りつづけることになる。[6]

鶴見によれば、当時は中国との戦争が本格化し、日本が「世界に悪く言はれて」（鶴見一九三七：五五）いた時期である。日本が「悪く言はれて」いたのはオーストラリアも例外ではなかった。そのオーストラリアで、また「日本人の移民を全然拒絶して排日的であり、最近も通商問題で日本に楯突く、実にけしからぬ」（鶴見一九三七：一八）存在であるところのオーストラリアで、「日本語学習熱」が「勃興し始めた」というのは、当時の日本人、すなわち「悪く言はれ」たり、「拒絶」の対象とされたり、「楯突」かれたりしていた当時の日本人にとっては、ある種のナショナリズムを駆り立てられるものがあったのではなかったかと想像することができる。また、だからこそ、それは鶴見にとって、「非常に愉快な発見」でもあったのだろう。

鶴見がオーストラリアにおける「日本語学習熱」の「勃興」という「非常に愉快な発見」をすることができた理由のひとつは、稲垣が中心となって運営していたラジオ日本語講座の存在を滞豪中に「発見」したことにある。もっとも、このラジオ日本語講座に関しては、鶴見の「発見」を待つまでもなく、すでに一九三六年の段階で『朝日新聞』が、稲垣から国際文化振興会に送られた報告書に基づいて、「関税戦で喧しい濠洲が皮肉にも欧米各大学の日本語講座より一歩進んだ世界最初の「日本語講座」を国立放送局より連絡放送し、異常な好評を博してゐる」（朝日新聞社一九三六a：二）と報道している。また、そのオーストラリアにおける日本語の「研究熱」（朝日新聞社一九三六a：二）の高さを紹介する記事においては、かかるラジオ日本語講座のために「特別考案」された「片仮名と英語交じりのテキスト」（朝日新聞社一九三六a：二）、すなわち『東洋學』の「文法・筆記」と「読解」の頁の一部が写真で紹介されており、「世界最初」[7]のラジオ日本語講座の教科書である同書は、オーストラリアにおける日本語の「研究熱」、すなわち「日本語学習熱」の高さを象徴する教科書として扱われている。

この「Early Stages in Japanese」の「異常な好評」ぶりについては、稲垣自身も語っている。一九三八年二月に国際文化振興会の招聘で来日した彼は、英字新聞『Japan Times & Mail』の取材に対して、ラジオ日本語講座の聴取者数は、「最初の実験放送が終わる前までに六八人となり、それが本放送の第一週目には一六〇人に増加し、第三週目には五〇〇人に達した」（Japan Times & Mail 1938:3）と述べている。

しかし、オーストラリア国立公文書館に保存されている文書によれば、稲垣はヴィクトリア州教育省の関係者から、「誠実さに欠けると見なされて」いた。なぜなら、「稲垣は合計で二五〇〇人もの人々が彼のラジオ講座で日本語を学んだと主張」していたが、「実際は四〇〇人程度」だったからである。そして、「ラジオ日本語講座の一回当たりの聴取者数は平均して約八〇人であり、一九三九年にＡＢＣ（筆者註：３ＬＯラジオ局の経営母体だったオーストラリア放送協会のこと）がその放送を終了するまで、聴取者数が九〇人を超えることはなかった」という（NAA:A367/1,C73350）。

もし、このオーストラリア国立公文書館に保存されている文書の記述が正しいとしたら、稲垣が『Japan Times & Mail』の取材に対して述べた情報は、誇張されたものだったと言わざるを得ないし、当時のオーストラリアで「日本語学習熱」が本当に「勃興」していたのかという点も、怪しくなってくる。また、『朝日新聞』は稲垣に、「濠洲の日本語熱の恩人」（朝日新聞社一九三八：一一）という称号を与えているのだが、これにも疑問符を付けざるを得なくなる。

しかし、日本において稲垣のラジオ日本語講座とその教科書である『東洋學』は、オーストラリアにおける「日本語の研究熱は世界一」（松永一九四二：二六二）という言説の根拠となった。また、その象徴的な存在にもなった。さらに、『東洋學』は「日本語の研究熱」が「世界一」であるところのオーストラリアの日本語教育を代表するかのような教科書になったことから、そのオーストラリアという枠を超え、結果的には、「難解の日本語が世界を舞台に堂々と進出する目覚ましさ」（朝日新聞社一九三六ｂ：一一）を象徴する存在にもなる。一九三六年一二月二一日の『朝日新聞』は、外務省が実施した「外国において外国人に日本文化並に日本語を教授する学校団体」に関する調査の結果を報道しているが、その「躍進日本」の「輝かしい姿」を紹介する記事において、しかも写真で紹介されている唯一の日本語教科書は、「昨今日本語熱の盛んな濠洲がラヂオで日本語講座を開設した時のテキスト」（朝日新聞社一九三六ｂ：一一）との説明文が付されている『東洋學』である。

## 四・『日本口語』

『日本口語』は、一九四三年にヴィクトリア州のロバートソン・アンド・マレンズ社（Robertson & Mullens）から発行された。制作者は、前述のとおりピーター・ラソーである。発行部数はわからない。

この教科書は、発音と文法に関する解説や例文のほか、「英日語彙表」（English-Japanese Vocabulary）から構成されている。このうち発音の部では母音の無声化が、また、文法の部では助詞「*ga*」と「*wa*」の違いが扱われているほか、「日本語の動詞は二種類に大別される」（『日本口語』一二頁）として、いわゆる第二グループの動詞を「Class 1」、第一グループの動詞を「Class 2」に分類するとともに、今日の日本語教育ではテ形として扱われることが多い文法項目を動名詞形（Gerund Form）として取りあげ、そこでは「Class 1」と「Class 2」に含まれる動詞と「*suru*」という動詞の動名詞形の作り方（「Class 2」に含まれる動詞の音便化の規則を含む）にも触れている。これらは、いずれも稲垣蒙志が制作した教科書には見られなかった項目であり、彼の教科書に比べれば、ラソーの『日本口語』は、そこで扱われている項目が、格段に今日の日本語教科書のそれに近いと言うことができる。

しかし、この『日本口語』の特徴は「英日語彙表」にある。すなわち、「より恵まれた旅行者たちが必要とするであろう語彙や表現」（『日本口語』三頁）以外のそれらも収めた「英日語彙表」に、この教科書の特徴がある。

一九四一年一二月の日豪開戦に伴い、在豪の日本人・日系人は、その約九七％が「敵国人」として日本人収容所に抑留されることになった。前述の稲垣蒙志も、オーストラリア政府による対日宣戦布告の当日、ヴィクトリア州のタチュラ収容所に連行されている。したがって、『日本口語』が出版された一九四三年の時点で、一般のオーストラリア人が日本人と日本語の「口語」で意思の疎通を図るような場面は、オーストラリア国内にはほとんど存在せず、もしそのような場面があるとしたら、それは「恵まれ」ない「旅行者」として滞在しなければならない太平洋上の島々、すなわち日本軍との戦闘の場にほぼ限られていた。この教科書を制作した意図について、ラソーは次のように述べている。

この本は、たとえば「*Ugoku-to korosu-zo!*」(If you move you're a dead man!)、「*Te age!*」(Hands up!)、「*Kōsan yo!*」(Surrender!)、「*rakkasan-hei*」(paratroops) などの表現や語彙を収録しているが、これは敵の日本兵がいかにしばしば生半可な英語 (smattering of English) を用いて、事態を混乱させてしまうかを知っている我が軍の関係者なら、その必要性について、あらためて私がここで説明するまでもなく認識していることだろう。

また、太平洋戦争の開戦以来、日本はその支配下に置いた地域の人々に日本語の学習を強制している。このため、日本軍の占領地域に進軍する場合には、自分の要求を現地の人々に理解させる上でも、簡単な日本語を知っていることは有利に働くのである。(『日本口語』三頁)

このように、この『日本口語』は、戦場で日本兵と意思の疎通を図るための、また日本軍の占領地域で「日本語の学習を強制」された人々に、自分の要求を理解させるための日本語の「口語」の習得を目的として制作された。このため、同書の「英日語彙表」には、ラソーが例示した「*Ugoku-to korosu-zo!*」「*Te age!*」「*Kōsan yo!*」のほか、「*Ugokuna!*」(Don't move) や「*Koe wo tateru to korosu zo!*」(If you cry out you're a dead man!) などの表現が見られる。

これらの表現は、前記のように「英日語彙表」の中に収録されている。すなわち、はじめに英語の表現が、そしてそれに続けて対応する日本語の表現が書かれている。したがって、「*Ugoku-to korosu-zo!*」や「*Te age!*」などの表現を用いるのはオーストラリア兵であることが前提になっていると言うことができる。すなわち、日本兵が話した日本語表現を理解することではなく、日本兵に自分の意思を日本語で伝えることが前提になっていると言えるのだが、その場合、「*Kōsan yo!*」という表現は、どのような意思を日本兵に伝達しようとした表現だったのだろうか。換言すれば、日本兵に「降参しろ」と呼びかけているのか、それとも自分が「降参する」という意志表示なのか。

この『日本口語』の文法解説の項においては、「命令」(Imperative) に関する表現として、「Class 1」と「Class 2」の動詞の連用形または動名詞形に「*nasai*」「*kudasai*」「*kure*」を付した表現が紹介されている（『日本口語』一六～一七頁)。また、「*akeru*」という動詞を例にした活用表には、「*ake-ro*」と「*ake-yo*」という表現が載せられているのだが（『日本口語』一九頁)、「*suru*」という動詞、あるいは「特定の名詞または副詞化した形容詞に *suru* を付加した動詞」(『日本口語』五〇頁) に関しては、その動名詞形が「*shite*」であることは紹介されているものの、他の活用形は、いわゆる命令形も含めて全く提示されていない。ラソーは「*Kōsan yo!*」の英語対応表現として「Surrender!」と記しているので、おそらく彼は、「*Kōsan yo!*」という表現を、「降参しろ」あるいは「降参せよ」の意味で用いたのではないかと考えられる。また、前記のように『日本口語』には「*ake-yo*」という表現が登場するので、同書で日本語を学んだ人々の中には、その類推から「*Kōsan yo!*」という表現を、「*Kōsan*」という「特定の名詞」に「*suru* を付加した動詞」の命令形として理解した者も存在したのではないかと想像できる。しかし、当時の日本兵たちは「*Kōsan yo!*」という表現を命令形として理解しただろうか。むしろ、相手が「降参」を宣言したものと理解したのではないか。

その当否を検証するため、筆者は従軍経験のある日本語母語話者八名に対し、戦争当時に戻って敵兵から、「*Kōsan shiro*」「*Kōsan seyo*」「*Kōsan yo*」「*Kōsan suru*」と言われた場合のそれぞれについて、それらの表現をどのように解釈した可能性があるかについて尋ねてみた(8)。その結果、それらがどのような口調で言われたものであったとしても、前の二つは「敵兵から降伏を勧告された」、後の二つは「敵兵が降伏を宣言した」と八名全員が解釈した。

　このことから考えるならば、ラソーは「Surrender!」の日本語対応表現として、「*Kōsan shiro*」あるいは「*Kōsan seyo*」という表現を掲載すべきだったと言うことができるだろう。[9] また、文法解説の項においては、動詞「*suru*」の活用形、なかでも「恵まれ」ない「旅行者」たちの場合には使う可能性が大きかったであろう、いわゆる命令形（と禁止形）を、「英日語彙表」の中身と相応させる形で丁寧に説明すべきではなかったか。それとも、彼は「降参する」の命令形を「降参よ」と理解していたのだろうか。この「*Kōsan yo!*」という表現は、『日本口語』の中に二回登場するので、これを単なる誤植と考えることはむずかしい。

　このラソーが制作した『日本口語』が、当時、どのように使われたのかは判然としない。オーストラリア国防省は、一九四二年に設置された連合国軍翻訳通訳隊（Allied Translator and Interpreter Section）に日本語ができる人材を供給するため、翌一九四三年に「空軍日本語学校」（RAAF Japanese Language School）を開校するのだが、同校では米軍の勧奨により長沼直兄《なおえ》の『標準日本語讀本』が使用された。また、他の軍関係の学校でもラソーの『日本口語』が使用された形跡は見あたらない。したがって、この二シリング六ペンスで市販された教科書は、オーストラリア兵あるいはその志願者が、主として自学自習のために購入したのではないかと想像できるのだが、彼らが戦場で、降伏の勧告とその諾否の回答という、おそらくは極度の緊張を強いられるであろう場面に直面させられた時、この教科書の「英日語彙表」に基づいて、「降参せよ」の意味で「*Kōsan yo!*」という表現を用いることはなかったか。また、それによって誤解が生じ、オーストラリア兵または日本兵、あるいはその両者の生命に関わる深刻な「結果」をもたらすことはなかったか。

　『日本口語』は、「敵の日本兵がいかにしばしば生半可な英語を用いて、事態を混乱させてしまうか」という現状を憂いたひとりの人間によって、主として英語母語話者が戦場で必要とするであろう（あるいは、必要とするかもしれない）日本語の「口語」を習得するための教科書として制作された。また、そこで扱われている項目は、前述のように、稲垣蒙志が制作した教科書に比べれば、はるかに今日の日本語教科書のそれに近いと言える。しかし、この教科書に登場する「*Kōsan yo!*」という「生半可」な日本語表現によって、文字どおり致命的に「事態を混乱させてしまう」ような「結果」も生んだのではなかったかという可能性に思い至る時、筆者は戦慄せざるを得ない。

## おわりに

以上、戦前戦中期にオーストラリアで制作された三種の日本語教科書に関し、その中身と社会的位相を考察してきた。とくに、それらの教科書が制作者の意図とは全く無関係にもたらした（あるいは、もたらしたかもしれないと想像できる）「結果」について見てきた。

まず、稲垣蒙志が制作した『日本語讀本』に関しては、その質が同時代の人々から高く評価されることがなく、結果的に彼はオーストラリアの政府関係者から、「その教育活動において意図的にオーストラリアの日本語学習を妨害した」と見なされることになった。また、同書の出版は国際文化振興会が斡旋したものであったことから、「オーストラリアの日本語学習を妨害」することは、日本の「国策の一部かもしれない」とまで疑われる「結果」をもたらした。

ラジオ日本語講座「Early Stages in Japanese」の教科書として制作された『東洋學』は、そのラジオ日本語講座とともに、オーストラリアでは「日本語学習熱」が高まっているという言説の根拠となった。また、その「日本語学習熱」の高さを象徴する存在にもなった。当時は、「満洲事変」や「上海事変」の勃発によってオーストラリアでも日本が「悪く言はれて」いたので、また、オーストラリアは「日本人の移民を全然拒絶して排日的であり、最近も通商問題で日本に楯突く、実にけしからぬ」国と認識されていたから尚更のこと、そのオーストラリアで「日本語学習熱」が高まっているという情報には、当時の日本人にとって、ある種のナショナリズムを駆り立てられるものがあったのではないかと想像することができる。

ピーター・ラソーの『日本口語』は、「敵の日本兵」が戦場で「しばしば生半可な英語を用いて、事態を混乱させてしまう」ことから、そのような状況を避けるために、オーストラリア兵が日本兵に対して日本語で自分の意思を伝達できるようになることを、その目的のひとつとして制作された。しかし、この教科書には、戦場における降伏の勧告とその諾否の回答という、おそらくは極度の緊張を強いられるであろう場面において用いるには、あまりにも「生半可」な表現が見られた。その表現が日豪双方の兵士たちにもたらしたかもしれない「結果」については、それを想像するだけで、筆者は慄然とせざるを得ない。

しかし、これらは、いずれも教科書制作者の意図とは全く無関係の「結果」であると考えられる。なぜなら、自身の教育活動に対する評価を貶めることを目的に、さらには、日本は海外の日本語教育を「国策」として「妨害」しているとの認識を広めることを目的に、日本語教科書を制作する者は存在しないだろうし、また、自分が日本語教育に従事している国や地域では「日本語学習熱」が高揚しているという情報を日本に向けて発信するために、そして、それによって日本人のナショナリズムを駆り立てるために、日本語教科書を制作する者もいないだろうと考えられるからである。ましてや、日本語学習者の生命を危険にさらす目的から教科書を作る者は、存在しないだろう。

しかし、戦前戦中期にオーストラリアで制作された日本語教科書を観察するとき、日本語教科書というものが制作者の意図とは全く無関係に、そして教育現場の枠を超え、社会に様々な影響を与える場合もありうるということを、われわれは教えられるのである。

**【第四章註】**

(1) 本章では、一九四一年一二月における日豪開戦の前までを「戦前」、その一九四一年一二月から一九四五年八月の終戦までの時期を「戦中」と呼ぶ。

(2) 一九三九年版の『東洋學』には毎週「水曜日に放送」と記されているが、一九三六年分の放送に関しては、朝日新聞社（一九三六a）に「金曜日」放送と書かれている。

(3) 詳細については、嶋津（二〇〇四）一三一〜一三六頁を参照。

(4) たとえば、鶴見（一九三八a）、松永（一九四二）を参照。

(5) 一九三〇年代から一九四〇年代初頭にかけての時期に、海外への日本語普及との関連で書かれた文書には、「日本語研究」あるいは「日本語の研究」という表現がしばしば見られるが、それらのほとんどは「日本語学」ではなく、「日本語学習」の意味で用いられている。したがって、ここでの「日本語研究熱」は「日本語学習熱」を意味する。また、本章で引用する文章の中の「研究熱」という表現も、すべて「学習熱」の意味で用いられている。

(6) たとえば、鶴見（一九三七）、鶴見（一九三八a）、鶴見（一九三八b）を参照。

(7) この「世界最初」という表現には疑問がある。ただし、神崎（一九三六）は「Early Stages in Japanese」に関し、「満洲を除けば、外国の放送局が正式に日本語を取り上げた、恐らく最初の試みであるにちがひない」（七頁）としている。また、Murray (2004) はオーストラリアを、「ラジオによる日本語教育を実施した英語圏で最初の国」（一七七頁）と位置づけている。

(8) 二〇一二年四月〜六月に、当時八八歳から九二歳までの男性八名に対して、「*Kōsan shiro*」「*Kōsan seyo*」「*Kōsan yo*」「*Kōsan suru*」という四つの表現を、それぞれ別の紙に書いてランダムに示した上で、これらの表現を戦争当時に戻って、敵兵から「強い口調」「普通の口調」「弱い口調」で言われた場合のそれぞれについて、それらを「敵兵から降伏を勧告された」「敵兵が降伏を宣言した」「その他」のいずれの意味で解釈した可能性があるかについて口頭で質問した。彼らの出身地は、東京都（東京府）三名、神奈川県二名、山梨県一名、福島県一名、旧樺太一名である。

(9) 一九三〇年代から一九五〇年代にかけての時期に英語で書かれた日本語文法書では、動詞「する」の命令形として、「せよ」のみ（たとえば、Matsumiya 1935）、あるいは「しろ」と「せよ」の両方（たとえば、Army Language School 1951）を提示するのが一般的だった。

# 第五章　鶴見祐輔と一九三〇年代のオーストラリアにおける日本語教育

## ―「日本語熱」の発見とその戦中戦後への影響―

# はじめに

鶴見祐輔（一八八五～一九七三）は、戦前戦中期[1]に衆議院議員を、そして戦後期には参議院議員を務めた政治家である。また彼は、戦前期に米国で五〇〇回以上の講演活動を行うなど、今日では「広報外交」（Public Diplomacy）の先駆者としても評価されている（上品二〇一一：二一）。

その鶴見祐輔は一九三七年に渡豪し、オーストラリアにおける日本語教育の状況について、「ひとつのうれしい発見」をすることになった。本章では、その「うれしい発見」とはどのようなものであったのか、また、どのような経緯でそれを発見したのかを分析するとともに、その発見は、戦中戦後期における彼の政治的主張の中に、どのように取り入れられていったのかを考察する。そして、その分析と考察を通じて、ひとりの日本語教師が政治家の言動に及ぼした影響について考えたい。

## 一．鶴見祐輔の渡豪

鶴見祐輔は、一八八五年に群馬県で生まれた。東京帝国大学法科大学を卒業後、高等文官試験に合格し、内閣拓殖局や鉄道省に勤務した。一九二二年には鉄道省運輸局総務課長を退官し、衆議院議員総選挙に立候補したが、落選。しかし、このころから彼は、たびたび米国に渡るようになる。そして、講演や新聞への寄稿を通じ、こんにち言うところの「広報外交」と関わるようになる。また、一九二五年からは太平洋問題調査会（The Institute of Pacific Relations）の国際会議、すなわち太平洋会議（Pacific Conference）に日本代表として毎回出席するようにもなる。

その鶴見は、一九三七年七月に渡豪している。当時、彼は岩手県選出の衆議院議員だった。彼が渡豪したのは、オーストラリア教育研究協議会（The Australian Council for Education Research）が同年八月にメルボルンで開催することになった国際教育会議に日本代表として出席するためだった。この国際会議に教育問題の専門家というわけではない鶴見が出席することになった理由について、上品（二〇一一）は、「国際会議の場に慣れていたためであり、また専門分野外のテーマでもある程度語れる人物として評価されていたためであろう」（二六七頁）としている。

鶴見の渡豪に際しては、財団法人国際文化振興会が「金三千円を補助」（国際文化振興会編一九三七ｂ：五五八）している。同会は、「文化の国際的進運に資し、特に我国及び東方文化の顕揚に力を致さんことを期す」（国際文化振興会一九三四：四）ために、実質的には日本政府が一九三四年に設立した財団であるが、この国際文化振興会は鶴見に対して、日本の現状や外交政策に関する「講演行脚」（日濠協会・日本新西蘭協会編一九八〇：三五）を依頼した。

この期待に応えて、鶴見はオーストラリア国内でたびたび講演をした。オーストラリア放送協会（ABC: Australian Broadcasting Commission）のラジオ番組でも講演をしたが、その中で彼は、オーストラリアの日本に対する「貿易の完全な自由化」や「日本の文化に対する理解と政治的な協力関係」を訴えている（Tsurumi 1937:11）。

鶴見は、もともと渡豪にあまり積極的ではなかったという。それは彼が、「濠洲は日本に対して或る疑を持ち乃至は恐怖を感じて居るのではなからうかと云ふ心持」（鶴見一九三七：二）を抱いていたからであり、また、「今まで濠洲人は、日本人の移民を全然拒絶して排日的であり、最近も通商問題で日本に楯突く、実にけしからぬと考へて居った」（鶴見一九三七：一八）からだった。

しかし、その鶴見はオーストラリアで「ひとつのうれしい発見」をすることになった。その発見とは、「日本語教育の状況に関してのもの」だった（Tsurumi 1937:11）。彼はＡＢＣのラジオ番組で次のように述べている（原文英語）。

オーストラリアではいくつかの中等教育機関や大学で日本語が教えられています。また、ラジオでも日本語が教えられています。日本語クラスを運営している幾人かの方々は、日本人の手助けは全く受けていないとのことでした。私が知っている限り、世界の国々の中でオーストラリアほど日本語教育を大規模に、しかも真剣に実施している国はありません。

私は人生のほぼ半分を費やして世界中を旅し、日本に関する知識を深めてもらおうと、そして東洋と西洋の相互理解をより良いものにしようと、私なりの方法で努めてきました。しかし、西洋の国々では日本に関する知識が欠如していることに、いつも驚かされてきました。われわれが西洋のことをよく知っているのに対し、西洋には東洋についての知識が全くないのです。たしかに、西洋は科学と産業の両面で著しい発展をし、東洋はそれを必死になって学ぼうとしてきたという経緯があります。しかし、西洋は東洋からほんのわずかしか学んできていないということが忘れられているように思われます。

言語を知らなければ、他の民族を完全に理解することはできません。言語は単なる伝達手段ではありません。それはその民族の魂が宿っている所です。他の民族の精神を感じとることは、その言語を学ぶことでしか実現しません。

民族間の相互理解を阻むもののひとつに、言語という障壁があります。日本は西洋の国々について知識を得ようと努めてきました。私はオーストラリアにおける日本語教育の先駆者たちに深く頭を垂れるものであります。

東洋と西洋の新たな接触という面で、オーストラリアがその若々しい活力で西洋の国々をリードすることになるのではないかと想像するのはとても愉快なことです。運命によってオーストラリアはその理想的な立場に置かれています。あなた方の国家政策をその方向に転じることによって、オーストラリアは日本を、北半球に位置するはなはだ古い国を、その太平洋との関係という点で助けてくれることができるのです。（Tsurumi 1937:11）

鶴見は、オーストラリアが「日本語教育を大規模に、しかも真剣に実施している国」であることを発見したのが、よほど「うれしかった」らしく、帰国後、日本外交協会の例会で次のような講演をしている。

世界中で濠洲だけであると思ふが、中学校で正科として日本語を教へて居る。ベルリンあたりのやうに大学生や大学卒業生が習ふのならば兎も角、ヴィクトリア州では中学校で日本語を教へて、しかも大勢の生徒が習って居る。（中略）初めの年は日本語とフランス語を中学生の選択科目にしたところ、日本語を希望した者が四百人あって、しかも四年間習って居る。メルボルンを中心にしたヴィクトリア州では、毎週夜間、メルボルン大学で日本語の教授をして居る稲垣君の放送を聴きながら日本語を習って居る。（中略）

ブリスベーンでも今度日本語の先生が行って教へることになって居る。アデレードの町の如きは、日本人は全然ゐない所であるが、六十人ばかりの濠洲人が集まってお互いに独学で日本語の研究を始めた。（中略）

現在六百七十万の人口ではあるが、将来何かの変化でこの人口が倍の千四百万になり、或は二百年も経ったら一億になると云ふ大きな計算をして居る人もあるが、さうはならぬにしても、仮に三四千万の人口になり、しかも一人々々の富の程度は高いのであるから通商の相手としても大きいのであるが、その濠洲人の中で五六万の者が完全に日本語を話せると云ふことになれば、濠洲は本当に日本と因縁の深い国に

なるのではなからうかと感じた。（鶴見一九三七：三三～三八）

鶴見がオーストラリアの「勃興し始めた日本語熱」（鶴見一九三七：三三）について語ったのは、日本外交協会の例会においてだけではない。経済倶楽部の講演会においても、次のように語っている。

世界中を旅行しまして、日本語を中学校の正課として教へて居るのは濠洲だけであると思ふのであります。私濠洲に参りまして驚いたのは、例へばメルボルンのありますヴィクトリア州に参りますと、此処の中学校で教へて居る外国語は、仏蘭西語と日本語を選択科目にしてゐるが、而も日本語を習って居る生徒が四百人越して居ると云ふやうな工合であり、或は大学に於ては、メルボルン大学、シドニー大学、キャンベラー大学、ブリスベーン大学には日本学及び日本語の講座が開かれて居って、大勢の学生が習って居ることから見ましても、実に日本語熱と云ふものが濠洲で盛であります。さうして日本人の居ない所のアドレイドなどでは日本語を知らない濠洲人が集って、御互に日本語を独習して居る。本を買ひまして、発音はメルボルンから稲垣教授が放送して居るのに依って、後は本で日本語を一人の日本語の先生なしに稽古して居る。既に二年間只今三十五人の人が会を作って、日本語の先生の居ない所で日本語を習って居ります。（中略）是は只一時の気紛れで日本語を憶えやうと云ふのではなくして、日本文化を研究し、日本民族の心理を学びたいと云ふ切実な希望を以て日本語を研究して居るのであります。一事は万事、日本語の研究は盛なもので、二十年も斯うやって行くと、終ひには二万人の人が日本語が使へるやうになる。只今日本語の教師が足りないので、教師になると一月千四百円の収入が取れるのでありまして、けっして御遠慮は要りませぬ。御希望の方は御出で下さい。（鶴見一九三八b：二四～二七）

ここでも、鶴見はオーストラリアの「日本語熱」について語っているのだが、彼は講演活動においてだけでなく、執筆活動においても、オーストラリアの「日本語熱」を日本国内に向けて発信していくことになる。オーストラリアから帰国した翌年の一九三八年には、大日本雄弁会講談社発行の月刊誌『雄弁』の誌上において、次のように述べている。

濠洲に於て私の最も驚いたことはその熾烈なる日本語研究であった。凡そ世界を旅して私は未だ曾つて濠洲の如く日本語の研究の盛なる地を見たことはなかったのである。中学校に於て日本語が選択課目とされてゐるところは濠洲のみであらう。

メルボルン市のあるビクトリア州に於ては、中学生は外国語としてはフランス語か日本語かの一つを選択することになってゐる。そして日本語を選択してゐる者は四百人の多数に上ってゐると云ふことである。依って日本語熱の旺盛なるを知るべきである。又メルボルン大学の日本語教授稲垣氏は毎週ラヂオを以って日本語を放送して教授してゐるのである。濠洲の大学でもメルボルン大学、シドニー大学、カンベラ大学の三つに於ては、日本文化の研究講座があり、更に明年早々ブリスベーン大学にもその講座が開かれるのである。

甚だしきに至ってはアデレード市の如き一人の日本人も居らぬ町に於てすら三十五人の同志が集まって、半ば稲垣教授のラヂオに依り、半ばは印刷したる日本語の読本に依り、日本語研究の講習会を開いてゐるのである。私も同市滞在中此れに出席してその熱心なるに驚ろいたのである。（鶴見一九三八a：二三～二四）

ここでも鶴見は、オーストラリアの「旺盛」な「日本語熱」について語っている。

前述のように、渡豪する前の鶴見は、オーストラリアを「排日の国」と考えていた。しかし、彼が「濠洲に遊んで最も驚いたこと」は、「この濠洲が、甚だしく親日の国であったと云ふこと」だった（鶴見一九三八a：二一）。そして鶴見は、そのような「親日の気分が濠洲に生れた」理由として、（a）第一次世界大戦中に、日本海軍の巡洋艦『伊吹』がオーストラリア海軍に協力したこと、（b）日豪間の通商拡大、（c）「濠洲人が日益しに太平洋意識を得つゝある」ことの三点を挙げているのだが（鶴見一九三八a：二一〜二二）、同時に彼は、オーストラリアが「親日の国」であることの証拠として、「勃興し始めた日本語熱」や「旺盛」な「日本語熱」を挙げる。すなわち、オーストラリアが「親日」的であるということは、自分の単なる印象ではなく、事実であるとして、その証拠を「勃興し始めた日本語熱」や「旺盛」な「日本語熱」に求めるのである。

鶴見が渡豪した一九三七年七月から、彼がオーストラリアの「日本語熱」を日本国内に向けて発信しつづけた一九三八年にかけての時期は、日中戦争が本格化し、日本が「世界に悪く言はれて」（鶴見一九三七：五五）いた時期である。それだけに、オーストラリアが「親日の国」であるということ、そしてその証拠として、オーストラリアでは「日本語熱」が「旺盛」であるということは、鶴見のみならず、当時の多くの日本人にとって、「非常に愉快な発見」（鶴見一九三八b：一〇）だったのではないだろうか。鶴見自身も、かかる「非常に愉快な発見」の共有化を目指していたようで、たとえば経済倶楽部での講演において彼は、「日本語熱」を「親日」の証拠とした上で、「今日非常に濠洲に親日の気持ちがあると云ふことを御諒解戴きたい」（鶴見一九三八b：五四）と、繰り返し述べている。

## 二．オーストラリアの「日本語熱」

前節で見たように、鶴見はオーストラリアで「日本語熱」を発見した。しかし、当時のオーストラリアで、

「日本語熱」と呼べる現象が本当に「旺盛」だったのかという点については疑問がある。

たとえば、高等教育機関について見ると、たしかに当時のオーストラリアにおいては、鶴見が述べているように、「メルボルン大学、シドニー大学、カンベラ大学の三つ」に「日本文化の研究講座」があった。しかし、日本語教育を実施していたのは、シドニー大学とメルボルン大学だけであり、キャンベラ大学は日本語教育を実施していなかった[2]。また、メルボルン大学においては、日本語が正規科目として認められていなかった。さらに、シドニー大学とメルボルン大学が日本語教育を開始したのは、日本語学習を希望する学生が増えたからではなく、国防上の理由からである。すなわち、一九一四年一〇月の日本によるドイツ領太平洋諸島の占拠によって、日豪両国は赤道附近でその実質的な国境を接するようになり、オーストラリアでは日本の「南進」に対する警戒心が高まった。このため、日本という仮想敵国の実態やその意図を把握する必要から、オーストラリア政府（国防省）は、シドニー大学とメルボルン大学に対して日本語教育の開始を要請したのである[3]。すなわち、日本語教育あるいは日本語学習へのニーズを有していたのは、その言語を実際に学ぶことになる学生たちよりも、国防関係者だったと言うことができる。事実、一九三〇年代に入ってからも、日本語を学ぼうとする大学生の数はそれほど増えていない。たとえばメルボルン大学における日本語履修者の数は、一九一九年の日本語講座開設時で一三名、そして鶴見が渡豪し、「日本語熱」を発見したはずの一九三七年の段階でも、一八名に過ぎなかった（NAA:A816,44/301/9）。

また、中等教育課程の日本語教育に関しては、ニューサウスウェールズ州のハイスクールが、これもまた国防上の理由から、すでに一九一〇年代に日本語教育を開始している。鶴見が触れているヴィクトリア州においても、一九三〇年代には日本語教育が開始されているのだが、これも日本語学習を希望する生徒が増えたからではなく、鶴見が「メルボルン大学の日本語教授」として触れている稲垣蒙志という人物がヴィクトリア州政府に働きかけた結果である（Herald 1936:4）。稲垣の働きかけを受けて、同州政府は一九三五年、マックロバートソン・ガールズ・ハイスクール（MacRobertson Girls' High School）に日本語の土曜講座を設けた。

鶴見は、ヴィクトリア州で日本語を学ぶ「中学生」が「四百人の多数に上ってゐる」ことを根拠として、「日本語熱の旺盛なるを知るべきである」としている。しかし、たとえば一九三六年七月の時点でヴィクトリア州のハイスクールで日本語を学んでいた生徒の数は、全学年あわせても「四〇名から五〇名ほど」（Herald 1936:4）であり、鶴見が挙げた「四百人」の一割程度に過ぎなかった。すなわち、当時のオーストラリアでは、大学においてもハイスクールにおいても、日本語教育が開始されたのは、学生や生徒たちが日本語を学びたいと希望したからではなく、他者のニーズからだったのであり、また、実際に日本語を学んでいた学生・生徒の数はそれほど多くなく、当時のオーストラリアで、「日本語熱」と呼べる現象が本当に「旺盛」だったのかという点については、疑問が残るのである。

メルボルン大学の日本語教育を担当していたのも、マックロバートソン・ガールズ・ハイスクールの日本語教育を主導していたのも、前述の稲垣蒙志という人物である。また彼は、鶴見が「旺盛」な「日本語熱」の例証として挙げた「ラヂオ」による日本語講座の責任者でもあった。ヴィクトリア州の３ＬＯラジオ局は一九三四年から一九三九年まで、毎週水曜日（当初は金曜日）に「Early Stages in Japanese」という二〇分ほどの初級日本語講座を放送していたが、稲垣はその講座主任を務めていた。

鶴見は、南オーストラリア州の「一人の日本人も居らぬ町」で「三十五人の同志」が集まって、「日本語研究の講習会を開いてゐる」ことも、「日本語熱」の一例として挙げている。これは、一九三五年に同州のアデレードで設立された「日本語倶楽部」[4]（Japanese Language Club）のことであるが、これにも稲垣は、ラジオ日本語講座や教材提供等を通じて関わっていた。すなわち、鶴見がオーストラリアで「日本語熱」が「旺盛」であることの例として挙げたのは、そのほとんどが稲垣の関わっていた機関や倶楽部での日本語教育・日本語学習だったということになる。

稲垣は一八八三年に静岡県で生まれた。その後の経歴には不明な部分が多いが、一九〇六年頃に渡豪し、一九一九年にメルボルン大学が日本語講座を設置した時に、その講師のひとりとなった。一九二二年からは同大学で唯一の日本語講師だったのだが、メルボルン大学の日本語講座はシドニー大学の場合と異なり、卒業単位に結びつく正規科目ではなく、稲垣の報酬は日本語科目を選択した学生の受講料の九〇％（一〇％は大学が管理費として徴収）と定められていた。

その稲垣は、一九三六年に国際文化振興会の「在濠連絡事務員」（国際文化振興会一九三五：八）に任命された。そして、鶴見が同会の資金助成を得て一九三七年に渡豪した時、稲垣は国際文化振興会の「在濠連絡事務員」として、鶴見に面会した。鶴見の日記（一九三七年九月一四日の項）には、「稲垣氏来 listened to his talk on how he spread Japanese language in Victoria」[5]と記載されている。

おそらく、この時に鶴見はオーストラリアの「日本語熱」についての情報を得たのであろう。実際、鶴見がオーストラリアにおける「日本語熱」の例として挙げたのは、そのほとんどが稲垣の関わっていた機関や倶楽部での日本語教育・日本語学習についてだった。

しかし、帰国後の鶴見が「日本語熱」という表現を用いて、日本語を学びたいという人があたかも自然発生的に増えたかのように、講演会や雑誌の誌上で語っていたのに対して、稲垣が鶴見に語ったことは、「自分がいかに日本語普及を図ったか」（how he spread Japanese language）という内容であったことには留意する必要がある。すなわち、稲垣が鶴見に語ったのは、オーストラリア人が「親日的」だから「日本語熱」が「旺盛」になったということではなく、日本語普及にあたって自分が努めたことの、その内容についてだったのである。しかし、帰国後の鶴見は稲垣の努力を強調することよりも、オーストラリアではあたかも「日本語熱」が自然発生的に「旺盛」になったかのように語ることで、オーストラリアは「親日の国」であるとした[6]。

とはいえ、鶴見は稲垣の存在や彼の努力を完全に無視したわけではない。帰国後の講演活動や執筆活動で鶴見がオーストラリアの「旺盛」な「日本語熱」について語る時、彼は稲垣がラジオ日本語講座を担当していた事実にも触れている。

前述のように、鶴見が滞豪中に得た、オーストラリアの「日本語熱」に関する情報は、稲垣から得たものではなかったかと考えられる。しかし、その情報は、ヴィクトリア州のハイスクールにおける日本語学習者数に関する情報に見られるように、必ずしも正確なものではなかった。それどころか、なかには誇張が疑われるものさえある。

稲垣は国際文化振興会の「在濠連絡事務員」として、オーストラリアの日本語教育事情を日本に発信する立場にあった。前述の鶴見に対する情報提供はその一環だったのだが、稲垣が日本に発信した情報、とくに自分が関わっていた日本語教育に関する情報については、それを誇張して日本に発信していた節がある。

前述のように、稲垣はラジオ日本語講座も担当していた。このラジオ日本語講座に関して、一九三八年二月に国際文化振興会の招聘で来日した稲垣が英字新聞「Japan Times & Mail」の取材に対して語っているところによれば、その聴取者数は、「最初の実験放送週間が終わる前までに六八名となり、本放送の第一週目が終わる頃までには一六〇名に増加し、第三週が終わる時には五〇〇名に達した」(Japan Times & Mail 1938:3) というが、オーストラリア国立公文書館に保存されている文書によれば、稲垣はヴィクトリア州教育省の関係者から、「誠実さに欠けると見なされて」いた。なぜなら、「稲垣は累計で二五〇〇人もの人々が彼のラジオ講座で日本語を学んだと主張」していたが、「実際は四〇〇人程度」だったからである。そして、「ラジオ日本語講座の一回あたりの聴取者は平均して約八〇人であり、一九三九年にＡＢＣがその放送を終了するまで、聴取者数が九〇人を超えることはなかった」という (NAA:A367/1,C73350)。

もし、このオーストラリア国立公文書館に保存されている文書の記述が正しいとしたら、稲垣が「Japan Times & Mail」の取材に対して述べた情報は誇張されていたと言わざるを得ないし、彼はオーストラリアの日本語教育について、とりわけ自分が関係していた日本語教育について、誇張した情報を日本に向けて発信していたと考えざるを得ない。また、ラジオ日本語講座の聴取者数が稲垣の言うように「二五〇〇人」ではなく、「実際は四〇〇人程度」だったとしたら、帰国後の鶴見が述べていた、「現在でも日本語を本当に稽古して居る者が三四千人は居るであらう」という推定も成り立たなくなる。

稲垣は一九三六年に国際文化振興会の「在濠連絡事務員」となった後、同会を利用して、メルボルン大学における日本語科目の正規科目化を図ろうと考えていた節があるという（福島一九七九：三）。だとすれば、稲垣は国際文化振興会の関心をオーストラリアに向けるために、あるいは少なくとも自分の存在価値や役割を同会にアピールする目的から、オーストラリアの日本語教育事情をあえて誇張して発信していたとも考えることができる。換言すれば、稲垣は国際文化振興会に対して、あるいはオーストラリアで「広報外交」を展開するため同会の資金助成を受けて渡豪した鶴見祐輔に対して、オーストラリアの日本語教育事情および自己の存在意義に関する、たくみな「広報外交」を展開していたとも考えることができるのである。

この稲垣の「広報外交」は、ある程度までは成功したとも言える。国際文化振興会はメルボルン大学に対し、「そう遠くない将来において日本語が貴大学の文学部と商学部の正規科目に採用されますことを心より希望いたしております」（UMA:M.Inagaki Collection）という内容の書簡を送っている[7]。

## 三、戦中の鶴見祐輔とオーストラリア

オーストラリアから帰国した鶴見は、前述のように、オーストラリアの「日本語熱」について語り始めることになるのだが、それと同じ頃から、日本語教育や国語の問題についても、積極的に発言するようになった。また、国語協会の理事や日本語教科用図書調査会の委員にも就任した。

それまで鶴見は、主に英語を用いて「広報外交」を展開していた。しかし、一九三〇年代末期から一九四〇年代初頭にかけての時期には、次のような認識を示すようになる。

今日世界に彌浸する反日感情の烈しさといふものは、到底日本で想像もできない程のものであるが、その因って来るところを考へると、それは言葉が違ふといふことである。日本精神や日本文化は日本語と切っても切れないものであって、これを伝統の全然違ふ英語や仏蘭西語で話しても本当には解りっこないといふことである。（鶴見一九四〇：三五）

そして、この見解から鶴見は、「どうしても日本語を世界語にしなければならない」と考えるに至る。とくに「東亜」においては、「全東亜の人々が日本語を共通語とする時代を作ることでなければならない」としたのであるが、鶴見にとって、「現代の日本語は乱雑で難渋」なものだった（鶴見一九四〇：三五）。彼は、一九三九年一月二六日に開催された衆議院予算委員会の席上において、次のように述べている。

日本語が何故外国に拡がらないかと云ふことを考へて見ますと、只今現に世界で日本語を中学校の教育の随意科として教へて居るのは濠洲であるやうでありますが、全然縁のない外国人が日本語を学びます時に、皆共通して感じて居ります困難は、日本人の吾々の気の附かないことでありますが、日本語の中に、非常に大きな欠点があるのではないかと云うことであります。（衆議院編一九三九a：四六）

このように鶴見は、オーストラリアの日本語教育事情に触れながら、日本語の中には「非常に大きな欠点」があるとする。その欠点とは、日本語に「標準」がないこと、「語脈」や「用語」が「非常に混乱して居る」

こと等なのであるが（衆議院編一九三九a：四五）、「此の儘では私は日本語が世界語になれるとは思へない」（衆議院編一九三九a：四六）との見解から、鶴見は、「日本語を世界語にするためには、先づ日本語を整理し確定しなければならない」（鶴見一九三九a：三六）と主張することになる。

同様の主張を鶴見は、一九三九年二月六日開催の衆議院予算委員会（第二分科会）でも繰り返しているのだが、彼のこのような主張、すなわち、日本語を「世界語」あるいは「東亜」の「共通語」にすべきという主張、そして、その日本語普及の観点から「国語の整理」（衆議院編一九三九b：二四）が必要だという主張は、当時、日本語教育や国語の問題に関心を寄せていた人々の多くが唱えていたことであり[8]、鶴見に特有の意見というわけではない。むしろ鶴見に特徴的だったのは、「日本語を共通語」にすべき「東亜」の範囲にオーストラリアも含めて考えていたことである。その理由について、鶴見は次のように述べている。

> 東亜といふ文字を私は、普通より広く使ひたいと思ふ。支那大陸より南洋から濠洲までが、次第に日本語の普及する地域になるであらうと思ふ。現に濠洲に於ける日本語熱は、私は昭和十二年の夏旅行して見て初めて知ったのである。（鶴見一九四〇：三六）

このように鶴見は、「日本語熱」が見られることを理由として、オーストラリアも「日本語の普及する」であろう地域、すなわち「東亜」という範囲に含めて考えていた。しかし、その「東亜」とは彼にとって、単に「日本語の普及する」であろう地域にとどまるものではなく、前述のように、「日本語を共通語」としなければならない地域でもあった。したがって、鶴見はオーストラリアも「日本語を共通語」とすべき地域に含めて考えていたと言うことができるのであるが、その前提としての「東亜」、すなわち「日本語の普及する」であろう地域としての「東亜」に彼がオーストラリアを含めて考えるようになったのは、前掲の鶴見の発言からも明らかなとおり、同国に「日本語熱」が見られたという見解からである。むろん、この鶴見の思考の過程には無理があると言わざるを得ないし、そもそも当時のオーストラリアで「日本語熱」と呼べる現象が本当に発生していたのかという点については、前節で見たとおりである。

一九四一年一二月の開戦後、鶴見は日本語という言語を「東亜」の共通語としてだけでなく、「大東亜共栄圏に於ける共通語」（衆議院編一九四四：四八）としても考えるようになる。これも当時にあっては特異な見解というわけではないが、「東亜」の範囲にオーストラリアを含めて考えていた鶴見は、「大東亜共栄圏」にもオーストラリアは「包含されるべき」（鶴見一九四三：七）であると考えた。

当時、「東亜共栄圏といふ言葉は各人各様に解されて」（鶴見一九四三：六）おり、その範囲にオーストラリアを含めるべきか否かという問題については、様々な見解があった。また、日本政府と大本営は、一九四一年一一月に決定した帝国国策遂行要領において、オーストラリアに対しては軍事戦略上の価値しか認めていなかった。しかし、開戦後の一九四二年一月二二日に開催された衆議院本会議で首相の東條英機がオーストラリアに言及したことを鶴見は評価し（衆議院編一九四二：三五）、オーストラリアも「大東亜共栄圏」に含めて考えるべきだとした。それは彼が、「濠洲の如き日本内地の二十倍もある所に東京一市の人口しか居ないと云ふことは、考へやうに依っては是は日本民族の為に天が留保して置いて下さったと考へられる」（衆議院編一九四二：三七）と認識していたからである。そして、鶴見はこの認識から、オーストラリアへの「組織的集団移民」（鶴見一九四三：六）を主張するようになる。

このように、鶴見はオーストラリアの実質的な植民地化あるいは領有を唱えるようになったのであるが、かかる植民地化あるいは領有という観点からオーストラリアが「大東亜共栄圏」に「包含されるべき」であり、しかもその「大東亜共栄圏に於ける共通語」は日本語でなければならないとしたら、日本語は「大東亜共栄圏に於ける共通語」としてオーストラリアにも普及されなければならないことになる。しかし、それまでの時代、オーストラリアを実質的に植民地化する、あるいは領有するという観点から、同地への日本語普及を唱えた政治家や思想家は、管見の限りでは存在しない。

たしかに、それまでの時代も、オーストラリアを日本の支配下に置こうと考えた者たちはいた。鶴見がオーストラリアに滞在していた一九三七年八月に、二・二六事件に連座して処刑された北一輝は、そのひとりである。彼は、その著書『日本改造法案大綱』において、「日本は濠洲と極東西比利亜とを要求す」と述べている（北一九二八：二二八）。しかし、彼は日本語を「劣悪」な言語と認識していたから、日本が「近き将来に於て極東西比利亜濠洲等を其の主権下に置く」としても、「我自ら不便に苦しむ国語を比較的良好なる国語を有する欧人に強制する」ことは不可能であり、だからと言って、「主権国民が西比利亜に於て露語を語り濠洲に於て英語を語る」ことも不適切なので、共通語としてはエスペラントが好ましいと考えていた（北一九二八：七一～七三）。前述のように、鶴見もまた日本語は「非常に大きな欠点」があると認識していたのだが、北の場合と違って鶴見は、オーストラリアを含む「大東亜共栄圏に於ける共通語」として日本語を考えていた。彼の言説を遡るならば、鶴見がそのように考えたのは、オーストラリアも「次第に日本語の普及する地域になるであらう」という楽観的な見通しがあったからだと言うことができる。そして、なにゆえ鶴見の場合はこのように楽観的に考えることができたのかと言えば、彼の論理展開に従う限り、一九三七年の渡豪時に「日本語熱」を発見したことに、その理由を求めることができるのである。

## 四．戦後の鶴見祐輔とオーストラリア

戦時中、鶴見祐輔は翼賛政治会とその後身にあたる大日本政治会の役員を務めていた。このため終戦翌年の一九四六年から一九五〇年までの約五年間、公職から追放されることになったのだが、追放解除後の一九五三

年には参議院議員となり、翌年には鳩山一郎内閣の厚生大臣に就任した。大臣を退任した後、鶴見は参議院で主に予算委員会と外務委員会に所属したが、一九五七年一一月九日に開催された外務委員会においては、その年の七月に日豪両国首脳間で調印された通商協定の締結承認が議題となった。

この委員会では、通商協定に直接関係する議題のほかに、日本からの「技術移民とかあるいはさらに短期移民の問題」(9)についても議論された。しかし、この問題に関して鶴見は発言していない。彼が発言したのは、オーストラリアの「対日感情」(10)の問題についてだった。

戦後のオーストラリアは、戦前からの対日警戒心に加えて、戦時中のダーウィン空襲や戦争捕虜の扱い等に関する問題から、「日本に対する憎悪の念は決して簡単にぬぐい去ることはできな」(11)いという状況にあった。このため、日豪通商協定の締結承認をめぐる参議院外務委員会の議論においても、この「対日感情」の問題が扱われたのだが、これに関して鶴見は、二〇年前の訪豪時の経験を回顧し、次のように述べている。

私は戦前に参りまして非常に広く方々演説して歩いたのですが、発見したことは豪州人は非常に親日だということ。(中略)大体において豪州人は戦前において親日であるということで、私は自分の蒙を開いたのであります。(中略)ただ感じますことは、戦争後に、戦争中にあった日本の残虐行為に対するところから、戦争前にあった非常に親日的な国民的な感情がそこなわれているのではないかということを私は思うのです。私も豪州に行くまでは豪州人というのは非常に排日だと思って私も不愉快に思っておったのですが、行ってみますと非常に親日なんですね。(参議院編一九五七:四)

戦前期のオーストラリアが「親日的」だったことの証拠として、ここでも鶴見が持ち出すのは、「中国以外において豪州くらい日本語を熱心に研究していた国民はない」という認識である。そして、この認識の上に鶴見は、「日本側も、豪州人が排日だということの先入感を持たないで、豪州人自身は日本に対して非常に一般的に親日なんだ」と考えなければならないと主張するのであるが、それと同時に、オーストラリアにおける「排日の感情というのは戦前に比べて一時的じゃないか」、「つまり直し得るものじゃないか」とも考えた（参議院編一九五七：四）。

それでは、もともと「親日的な国民性を持っておる」（参議院編一九五七：五）オーストラリア人の「排日の感情」は、どのようにしたら「直し得る」のか。ここで鶴見が提唱するのは、日本語学習の振興である。彼は、戦前のオーストラリアにおいて、「日本に来る見込みのない普通の人」が「ラジオでほとんど毎週一回か二回日本語放送」を聴きながら日本語を学んでいたこと、そしてオーストラリアの「各村々、各町々に日本語研究会」があったことを例に挙げながら、「そういうような基礎が豪州にあるのですからそれをつちかっていかれたら」よいのではないかと、外務省に提案する（参議院編一九五七：五）。

戦前期の鶴見にとって、オーストラリアの「日本語熱」は同国が「親日の国」であることの証拠だった。この認識を鶴見は一九五〇年代に入ってからも持ち続けたのだが、オーストラリアの「非常に親日的な国民的な感情」は戦争によって、「そこなわれて」しまった。このため、彼はそれを「直」すべく、今度は日本側がオーストラリアの日本語教育・日本語学習を盛り上げていくことを提唱するのである。

## おわりに

鶴見祐輔は一九三七年に渡豪した時、オーストラリアでは「日本語熱」が「旺盛」であることを発見した。当時の鶴見は、この「日本語熱」をオーストラリアが「親日の国」であることの証拠としたのだが、やがて彼は、その「日本語熱」を根拠に、オーストラリアを「日本語を共通語」とすべき「東亜」の範囲に含めて考えるようになる。そして日豪開戦後は、日本からオーストラリアに「組織的集団移民」を行うべきであり、その観点から同地も「大東亜共栄圏」に「包含されるべき」だと唱えるようになったのだが、そのオーストラリアも含めた「大東亜共栄圏に於ける共通語」として鶴見が想定したのは日本語である。

戦後期の鶴見は、「戦争中にあった日本の残虐行為に対するところから、戦争前にあった非常に親日的な国民的な感情がそこなわれ」ることになったと考えた。しかし、戦後期においても、鶴見にとって一九三〇年代の「日本語熱」は、オーストラリア人がもともと「親日的な国民性を持っておる」ことの証拠であり続けた。このため、鶴見はオーストラリアの「排日の感情」は「直し得るもの」と考え、その目的から、オーストラリアにおける日本語学習の振興を外務省に対して求めていくことになる。

このように、鶴見は一九三七年の訪豪時から一九五七年の日豪通商協定締結までの二〇年間、オーストラリアでは「日本語熱」が高い（あるいは戦前期には「日本語熱」が高かった）という認識を一貫して持ち続けた。そして、その認識の上に日本の対オーストラリア政策の在り方を検討した。また、一九三〇年代と一九五〇年代には、「日本語熱」という概念と「親日」という概念とを結びつけて考えていた。むろん、ある国で日本語教育あるいは日本語学習が拡大することと、その国の人々が「親日」であるということとは直結するものでなく、かかる観点からすると、鶴見の論理は破綻していると言わざるをえないのだが、そのことは別としても、前述のように、一九三〇年代のオーストラリアで「日本語熱」と呼べる現象が本当に「旺盛」だったのかという点については疑問がある。また、滞豪中の鶴見が得たオーストラリアの日本語教育に関する情報は、誇張されたものではなかったかとも考えることができ、これらの観点からも鶴見の論理は成立しないのではないかと言うことができるのだが、その鶴見にオーストラリアの日本語教育に関する情報を提供した稲垣蒙志は、一九四一年一二月の日豪開戦に伴い、オーストラリアの公安当局によって「敵国人」（NAA:A367/1,C73350）として逮捕され、その後の約五年間をヴィクトリア州のタチュラ収容所で過ごすことになった。そして一九四七年一月に収容所から釈放され、日本に帰国したが、その後の彼の消息は不明である。しかし、ひとりの日本語教師がひとりの政治家に語った言葉は、前述のように、戦争中も、そして戦後も、その政治家によって、自論を展開する上での根拠として使われ続けた。
日本語教師は政治家に対して、いったいどのような発信をすべきなのだろうか。

**【第五章註】**

(1) 本章では、一九四一年一二月のオーストラリアによる対日宣戦布告までを「戦前」、その時点から一九四五年八月までの期間を「戦中」と呼ぶ。

(2) キャンベラ大学（Canberra University College）は、オーストラリア政府とメルボルン大学の協力によって一九三〇年に開学したが、一九六〇年にはオーストラリア国立大学に吸収されている。なお、鶴見が「ブリスベーン大学」と呼んでいるクィーンズランド大学が日本語講座を設置したのは、彼が帰国した翌年の一九三八年のことである。同年、国際文化振興会の推薦で渡豪した清田龍之介が同大学の現代語研修所（Institute of Modern Languages）で日本語教育を開始した。

(3) 詳細については、嶋津（二〇〇八ａ）八～四一頁を参照。

(4) 鶴見の日記によれば、彼は滞豪中の一九三七年九月六日に日本語倶楽部の会員五名と一時間ほど面談している（鶴見日記一九三七年九月六日の項を参照）。

(5) 鶴見日記（一九三七年九月一四日の項）。なお、鶴見の日記は日本語と英語を混ぜて記述されている。

(6) 「日本語熱」あるいはそれに類する表現の問題点については、嶋津（二〇〇八ｂ）を参照。

(7) ただし、メルボルン大学は国際文化振興会に対して、「財政的な障害」（UMA:M.Inagaki Collection）を理由に日本語の正規科目化は困難であると回答しており、結果的に戦前のメルボルン大学で日本語が正規科目に昇格することはなかった。

(8) たとえば、イ（一九九六）を参照。

(9) 一九五七年一一月九日開催の参議院外務委員会における政府委員（松本瀧藏・外務政務次官）の発言から引用（参議院編一九五七：四）。

(10) 註9と同じ。

(11) 註9と同じ。

# 第六章　中島敦の『山月記』と釘本久春

## ―はたして釘本は「袁傪《えんさん》」だったのか―

# はじめに

日本語教育学会という学会がある。外国語または第二言語としての日本語教育に関係する研究者や教師を中心に、約三〇〇〇名の会員を擁する大規模な学会である。

この日本語教育学会は、前身の「外国人のための日本語教育学会」が一九六二年に設立されたときから今日まで、『日本語教育』という機関誌を発行しているのだが、その『日本語教育』の第一二号（一九六八年一〇月発行）は、誌面の多くを、ひとりの会員のための追悼に割いている。追悼された人物は釘本久春。彼は当時、東京外国語大学の教授として同大学で留学生教育に従事するとともに、日本語教育学会で副会長を務めていた。

日本文学の研究者である島内景二によれば、「現在、「釘本久春」という名前は、知る人ぞ知るという存在に留まっている」という。そして島内は、釘本の名前を「知っている人の九十九パーセントは、熱烈な「中島敦ファン」だろう」としている（島内二〇〇九：七六〜七七）。たしかに今日では、多くの高校国語教科書にその小説『山月記』が掲載されている中島敦の「親友」（島内二〇〇九：七七）として、あるいは、中島の「死後、その作家としての顕彰の影の力となった」（川村一九九四：二七九）という点で[1]、釘本の名前は記憶されているケースが多く、日本語教育学会の約三〇〇〇名の会員の中でも、熱烈な「中島敦ファン」を除けば、釘本の名前を知っている人は多くないかもしれない。

しかし、日本語教育史に関心を持っている人の場合は別である。日本語教育史研究あるいは言語政策史研究の領域では、釘本の名前が言及されることが多い。ただし、それは「侵略的日本語教育のイデオローグの役を演じていた」（桜井一九九二：六〇）というように、否定的に紹介されるのが一般的である。

前述の島内景二は、『山月記』の登場人物のうち、主人公であり、「虎になった詩人」であるところの李徴は、中島敦その人がモデルではないかとしている。それに対して、李徴の旧友であり、「官僚としての地位を固めた」ところの袁傪のモデルは釘本久春ではなかったかとの仮説を打ち立てている。そして島内は、『山月記』には、「虎になった詩人である「李徴＝中島敦」が、官僚としての地位を固めた「袁傪＝釘本久春」へ向けて発した「遺書」としての性格もあった」との推論を述べている（島内二〇〇九：一〇五）。

これらの推論のうち、「李徴＝中島敦」という図式に対しては、筆者も異論がない。しかし、釘本の生涯を見たとき、「袁傪＝釘本久春」という図式には無理があるのではないか、むしろ釘本も李徴だったのではなかったかとの思いを強くする。すなわち、「李徴＝中島敦＋釘本久春」という図式ではなかったかとの印象を抱く。

本章においては、その図式を筆者が考えるに至った理由について記したい。

## 一．釘本久春

釘本久春は、一九〇八年に現在の東京都文京区に生まれた。群馬県立男子師範学校附属小学校・群馬県立前橋中学校を経て、一九二六年に第一高等学校（文科乙類）に進学。このときの同級生のひとりに中島敦がいた。釘本は一高では文芸部に所属し、同校発行の『校友会雑誌』に文学作品を投稿するようになるのだが、このように彼が「文学青年であることが、中島敦との出会いをもたらした」という（島内二〇〇九：八〇）。

一高を卒業後、釘本は東京帝国大学文学部に進学し、国文学を専攻する。当時の東京帝国大学国文学科は、「藤村作教授や久松潜一助教授の指導のもとで、「古典物語」の復権に意欲的に取り組んで」（島内二〇〇九：七二）いた。釘本の専門も中世歌論だった。

一九三二年に国文学科を卒業した釘本は、そのまま大学院に進学する。また、横浜の浅野綜合中学校に教諭として勤めることにもなる。担当科目は国語である。同時期には中島敦も同じ横浜の高等女学校に勤務している（担当科目は国語と英語）。

その後、釘本は一九三六年に中央大学予科の講師になる。彼の専門は藤原俊成と藤原定家を中心とする中世歌論だったのだが、このころの釘本は、自分の専門領域に関する論文を、『国語と国文学』や『国文学―解釈と鑑賞―』などの学術雑誌に数多く発表している。この時期までの彼は、国文学者としての「名を死後百年に遺そう」(『山月記』)と考えていたのではないかと思われる。

しかし、翌一九三七年の九月に釘本は応召し、近衛第二歩兵連隊に入営する。彼の一高時代からの友人である金沢謹(のちに国際学友会常務理事を務めた)の証言によれば、入営前夜に金沢は釘本から、「赤紙を受け取ってから現在までの心境を縷々話すからよく聞いておいてほしい」と言われたという。そして、釘本は「しんみりとした口調で、涙を浮かべながら、彼の心の動きを細々と話し」たのであるが、それに対して金沢は、「釘本君がやはり立派な文学者であったことに感動させられた」としている(金沢一九六八:六)。

釘本が入営した近衛歩兵第二連隊は大陸に出征し、彼は「一兵士として中支に転戦」(福田一九四一:六五)した。しかし、病気のため一九三八年七月には帰国し、翌一九三九年二月には召集解除となる。除隊後の釘本について、前述の金沢謹は次のように述べている。

病を得て除隊になってからの釘本君には、以前のような線の細さはなくなり、何かしら逞しいものが出て来たように思われた。私は出征するということが、人の人格をこれ程変えるものとは思わなかった。繊細さを内に秘めながらも、行動は大胆に意欲的になり、強引ささえ出てきたようであった。(金沢一九六八:七)

このように、金沢の証言によれば、釘本は兵役を経験することによって、「大胆に意欲的」で「強引さ」さえ厭わない行動をするようになった。その変化が、いかなる理由によるものだったのかは不明だが、釘本が入営する直前に、彼が卒業した東京帝国大学文学部国文学科では、まず一九三四年に助手の池田亀鑑が助教授に昇進、また一九三六年には教授の藤村作が退官し、同時に助教授の久松潜一が教授に昇進している。すなわち、釘本にとって、中世歌論の研究者として生きていくのに最適の職に就く道は、実質的に閉ざされることになったのである。

それまでの釘本は、官僚や経済人としての世俗的な「出世」よりも、前述のように、国文学者としての「名を死後百年に遺そう」と考えていたのではなかったかと思われる。また、だからこそ大学進学に際しては、法学部や経済学部ではなく、文学部に進学したのだろうが、その夢を実現するのに最も適した職への道は塞がれてしまった。その現実に直面したとき、釘本は何を考えただろうか。

兵役から戻った後の釘本は、「大胆」かつ「意欲的」な転進を図ることになる。召集解除後の一九三九年四月に、釘本は中央大学予科の教授に昇進するのだが、同科を一か月あまりで退職し、陸軍予科士官学校の教授となる。しかし、同校も半年足らずで退職し、九月には官界に移り、文部省の図書監修官になるとともに、高等官七等に叙せられることになる。高等官七等は武官の職階で言えば少尉レベルなので、つい最近まで「一兵士」に過ぎなかった釘本にしてみれば、短期間で異例の「出世」を遂げたことになるのだが、この高等官七等という等級は、高等文官試験に合格して官僚になった場合には、大卒後一～二年で叙せられる等級でもあったから[2]、「一高・帝大」という当時最高のエリート・コースを歩んできた釘本にしてみれば、また、高等官七等になった時点ですでに三一歳になっていた釘本にしてみれば、高等文官試験に合格して大学卒業後すぐに官界に進んだような同級生に比べて、後れをとったという思いもあったかもしれない。すなわち、官界での世俗的な出世よりも、国文学者としての「名を死後百年に遺そう」という、ある意味では非世俗的な栄達を目指して文学部に入学したであろう釘本にとっては、たとえば法学部に進学し、大学在学中に高等文官試験に合格したような、「彼が昔、鈍物として歯牙にもかけなかったその連中の下命を拝さなければならぬ」（『山月記』）ことに、「自尊心」を傷つけられることもあったのではないかと思われる。

釘本が就いた図書監修官の職は、日本の占領地域等に対する日本語普及のための教科書制作を担うポストである。一九三九年に文部省が設置した日本語教科用図書調査会の委員には久松潜一も就任していたので、おそらくは、この久松の推薦によって、釘本は図書監修官の職に就くことになったのではなかったかと思われるのだが、前述のように、彼の学歴からすれば、それは必ずしも島内が言うような「高位高官」（島内二〇〇九：一九〇）のポストというわけではなかったろう。

釘本は、文部省の図書監修官になって四年たった一九四三年の時点で、次のように述べている。

軍では身分が僕の知るところによれば一本ですね。海軍教授、陸軍教授で通ってゐる。ところが一般ではそれぞれの段階で違ってゐる。軍では陸大の教官だから偉いとか、士官学校の教官だからその次で、幼年学校は又その次だといふことはないでせう。これは実に考へなければいけないことぢゃないかと思ふ。国民学校教授、帝国大学訓導でよいぢゃないか。順序はどうでも教育といふものはそんなものではないと思ふ。（中略）功利主義で、大学の先生は偉いんだ、専門学校の先生は偉いんだ。中学校国民学校の先生はその次に偉いんだといふさういふ考へ方はいけないと思ふ。（中略）
実力ある者がその地位につく。それをちゃんと体系化するには相当骨が折れると思ふ。どうして優秀な官吏を得るかといふことになると実にむづかしい。高文だけで片づくわけがない。（日本語教育振興会編一九四三：五五～五六）

ここに見られる、「帝国大学訓導でよいぢゃないか」という発言、あるいは「高文だけで片づくわけがない」という発言の中に、学界では「帝国大学」教授への「出世」の道を実質的に閉ざされていた、そして官界では

「高文」（高等文官試験）に合格して「官吏」になったわけではない（すなわち「官吏」としての「出世」にも限界があった）自分自身へのやるせない思いを読みとることができるのではないだろうか。また、「実力ある者がその地位につく」という発言からは、自分自身を「実力ある者」と見なしていたことが読みとれよう。

## 二．中島敦と『山月記』

時間は少し遡るが、釘本が文部省の図書監修官に就任して二年たった一九四一年に、中島敦は横浜高等女学校を退職し、南洋に赴任する。これは中島の持病である喘息を心配した釘本の配慮によるものであり、中島は転地療養をかねつつ、南洋庁内務部地方課勤務の国語教科書編修書記としてパラオに赴任することになった。この赴任に際して、中島は『山月記』の原稿を友人に託している。

南洋群島は一九世紀末にドイツの保護領となったが、一九一四年の第一次世界大戦の勃発とほぼ同時に、日本の占領下に置かれた。そして、戦後処理を行うためのヴェルサイユ条約の発効によって、一九一九年からは日本が国際連盟の委託統治領として支配することになり(3)、在来住民である「島民」のための教育機関として公学校が設置され、公学校では日本語（あるいは「国語」と言ったほうが適切か）の教育も行われた。その教科書である『南洋群島国語教科書』の第五次編纂計画に加わるために、中島はパラオに赴任することになったのである。

ただし、この第五次編纂計画は結果的に頓挫する。その理由のひとつは、中島が日本に一時帰国していた一九四二年三月に持病の喘息が悪化し、パラオに戻ることができなかったことにある。

その一時帰国と前後して、『文学界』一九四二年二月号に『山月記』が発表される(4)。しかし、中島は同年一二月に死去する。享年三三歳だった。

『山月記』の成立時期は明確でない。ただし、上限が一九三九年三月で、下限が一九四一年六月とされている（木村一九七九：三五）。この時期は、釘本が兵役解除となってから、中央大学予科教授・陸軍予科士官学校教授を経て、文部省図書監修官に着任し、中島を南洋庁国語教科書編集書記の職に推薦した時期に相当する。すなわち、釘本が学界から官界に転身した時期に当たる。

島内は「袁傪＝釘本久春」の根拠として、「中島が横浜高等女学校の教師として鳴かず飛ばずだった時代に、釘本は文部省の役人となって、官界で活躍していた」（島内二〇〇九：七五）こと、あるいは釘本が「エリート官僚」（島内二〇〇九：一九八）だったことを挙げている。しかし、すでに見てきたように、三一歳で高等官七等というのは、「一高・帝大」という当時最高の学歴を有する者にとっては、必ずしも「エリート」というわけではなかった。それに釘本がほんらい目指していたのは、官界ではなく学界だったはずである。なぜなら、仮に釘本が若いときから官界での「出世」を目指していたとすれば、大学進学に際しては、文学部ではなく法学部か経済学部を選んだはずだし、また大学在学中に高等文官試験を受験していたに違いないからである。したがって、釘本の志は国文学研究にあり、学者としての「名を死後百年に遺そう」ということこそが、彼の本来の希望ではなかったかと思われるのだが、それを実現するのに最も適した職への道は、前述のように、すでに閉ざされていた。

中島が知っている釘本はここまでである。すなわち、国文学者としての「名を死後百年に遺そう」としたものの、それを実現するのに最適の職に就く目処はなく、このため「官吏としての職を奉ずる」（『山月記』）ことにしたのだが、そこでは「かつての同輩は既にはるか高位に進み、彼が昔、鈍物として歯牙にもかけなかった」（『山月記』）ような高等文官試験合格者の「下命を拝さねばならぬ」（『山月記』）状況にあった釘本である。

島内の言うように、たしかに李徴は「中島敦の分身」（島内二〇〇九：二一）だったろうと思われる。しかし、「袁傪＝釘本久春」という図式は果たして成り立つのか。中島の中では、釘本も李徴のモデルだったのではなかったか。中島は釘本の友人としての、釘本が国文学者としての「名を死後百年に遺そう」という夢を抱いていたことを知っていたのではないか。また、中島も東京帝国大学文学部国文学科の卒業生として、釘本がその夢を実現するのに最も適した職への道をすでに塞がれていたことを知っていたのではないか。さらには、「一高・帝大」という当時最高の学歴を有する者として、官界におけるエリート・コースとはいかなるコースなのか、また、高等文官試験に合格して官界に進んだわけではない釘本が、その官僚社会の中でどのような立場にあったかは、当然わかっていたはずではないか。

一方の釘本自身も、はじめて『山月記』を読んだとき、自分を袁傪よりも李徴と同一視したのではなかったか。一九四二年当時の釘本は官界において、島内が言うところの「立派な車」（島内二〇〇九：一九五）に乗れるような立場にはなかった。たしかに釘本の場合は、李徴と異なり、「己れの詩業に半ば絶望した」（『山月記』）わけではなかったろう。むしろ、前述のように自身を「実力ある者」と見なしていた節がある。また、李徴のように「一地方官吏」（『山月記』）ではなく、釘本は文部省という中央官庁の役人になったのだが、「下吏となって長く膝を俗悪な大官の前に屈するよりは、詩家（筆者註：釘本の場合は国文学者）としての名を死後百年に遺そう」（『山月記』）という本来の希望に最も適した職への道を絶たれ、「彼が昔、鈍物として歯牙にもかけなかったその連中の下命を拝さねばならぬ」（『山月記』）状況にあったことは、李徴と共通する。島内は袁傪について、「青雲の志」を遂げて「高位高官」に昇ったと述べているが（島内二〇〇九：一九〇）、釘本は袁傪とは違って、「高位高官」に昇ることを「青雲の志」とは位置づけていなかったろうし、また、当時の自分を「高位高官」に昇ったとも考えていなかったと思われる。むしろ、釘本は『山月記』を読んだとき、自分がいつ「虎」になってもおかしくないような状況に置かれていることを、中島に看破されたと思ったのではないだろうか。

## 三.『戦争と日本語』と『中世歌論の性格』

中島敦は一九四二年一二月に亡くなる。その半年前の六月に日本軍はミッドウェー海戦に敗れ、この一二月には、ガダルカナル島から撤退することも決めている。すなわち、日本が太平洋における制海権と制空権を失いつつあった時期に中島は他界したのだが、この時期に釘本は、文部省の図書監修官として、また、その立場から兼務することになった日本語教育振興会常任理事として、(5) 同会の機関誌『日本語』に、日本語教育・日本語普及に関する論文や随筆を精力的に発表するようになる。

それでは、釘本は日本語教育あるいは日本語普及という営みについて、どのように考えていたのだろうか。彼によれば、「異民族に対する日本語教育乃至は異民族に対する日本語の普及・浸透といふ事業」は、「我が国の対外文化活動いはゆる文化工作」の「根幹でなければならぬ」ものだった。それは、「日本語が東亜諸民族間に於ける共通語たるの事実」からだけではなく、「日本語普及・日本語教育の事業」は、「本来異民族に対し日本を具体的に理解せしめようとする行為であり、日本民族との深切(ママ)にして強靭な友情を成立せしめようとする行為」だからである。また、その行為によって「普及」されるべき日本語と「日本精神」の関係については、「日本語それ自身の把握を、日本精神の具体的な理解にあたって、もっとも有力な手がゝりとしなければならない」とした。そして、「日本語が日本的生活秩序・文化精神の最も直接的な具体的な表現である」からこそ、「日本語普及・日本語教育の事業」は、「文化工作の方法的領域に於いても最も中心的な位置を占め得る、また占めねばならない」と主張した(釘本一九四二:四〜九)。

このような「日本語教育」論あるいは「日本語普及」論の集大成とでも言うべき単著を、釘本は終戦の前年に出版している。すなわち、『戦争と日本語』(龍文書局)を一九四四年に発行している。同書は「独得の叙情的な文体」(河路二〇一一:一七四)で書かれていることに大きな特徴があるのだが、そこでは日本語普及が

「思想戦」と位置づけられている（釘本一九四四ａ：五三）。そして、この『戦争と日本語』を含めた一連の著作物によって、釘本は今日、日本語教育史研究の分野において、「侵略的日本語教育のイデオローグの役を演じていたといえるのではないだろうか」（桜井一九九二：六〇）と評されることになる。

しかし、『戦争と日本語』が出版されたのと同じ一九四四年に、釘本はもう一冊の単著を出版している。それは古今書院から発行された『中世歌論の性格』である。前述のように、それまでも釘本は、『国語と国文学』や『国文学―解釈と鑑賞―』などの雑誌に、国文学に関する研究論文を発表していたのだが、研究書の出版は、これが最初である。

この『中世歌論の性格』について、島内は「大変に優れた研究書である」（島内二〇〇九：八二）と評価している。しかし、釘本が戦時中の一九四四年にこの研究書を出版した最大の理由は、「執念」だったように筆者には思われてならない。

釘本は『中世歌論の性格』の中で、「藤原俊成が戦乱の時代を生きた芸術家として天才的だった理由を、死の到来を前にしても「詩への懐疑」を抱き続けた批判精神に求め」、さらに「矛盾をも容認する「聡明なる不徹底」が、俊成の真骨頂だ」とも評価している（島内二〇〇九：八二）。戦時下に生きた釘本にとっても、俊成と同様、死は意識せざるを得ないものだったろう。しかし、釘本の場合は、死を意識せざるを得ない時代においても、その図書監修官としての本務に対する「懐疑」は見られない。すなわち、「思想戦」としての日本語普及の意義を全く疑っていない。しかし、それと同時に、彼は国文学者としての「名を死後百年に遺そう」という「執念」を抱き続けていたのではなかったか。それが、戦時中に『中世歌論の性格』を出版した最大の理由ではないかと思われる。

『山月記』の中で李徴は袁傪に対し、自分の作品（詩）を後世に伝えてほしいと頼む。それは、「産を破り心を狂わせてまで自分が生涯それに執着したところのものを、一部なりとも後代に伝えないでは、死んでも死にきれない」（『山月記』）からだったのだが、釘本の場合も、死を意識したとき、文部省の図書監修官としての立場で執筆した『戦争と日本語』よりも、国文学者として書いた『中世歌論の性格』が後世に伝えられることを望んだのではないか。すなわち、官僚としてよりも、国文学者としての「名を死後百年に遺そう」としたのではないかと思われる。

## 四．戦後の釘本久春

一九四五年八月の終戦とともに、「思想戦」としての日本語普及も潰えた。このため、日本語普及のための教科書を編纂する図書監修官という職も廃されることになり、終戦二か月後の一九四五年一〇月に釘本は、文部省教科書局勤務という曖昧な立場に置かれることになる。しかし、その後も釘本は引き続き文部省に勤務し、教材研究課の国語調査室長を経て、一九四七年には教科書局国語課長に昇進する。(6)『山月記』が高校国語教科書に採用されるようになったのは、その四年後の一九五一年のことであるが、島内は「教科書の編修には多大の時間がかかる」ことから、『山月記』の採用に際しては、一九四七年から「国語課長を務めた釘本のサジェストが、教科書会社に対してなされたと考えるのが自然だろう」としている（島内二〇〇九：九九）。

釘本が課長を務めた国語課というセクションは、「国語・国字の調査研究並びに整理統一を図る目的」から、一九四〇年に当時の文部省図書局に設置された部署であるが、この「国語・国字の調査研究並びに整理統一の必要性が一般に認識され、問題の急速なる解決が要望されるやうになったのは、東亜に於ける日本語普及の問題を契機」としている（倉野一九四一：三〇）。すなわち、日本軍の占領地等に対する日本語普及が国家的な課題となったにもかかわらず、その普及すべき日本語の実体が「整理統一」されていないため、この整理されていない日本語そのものが、日本語教育あるいは日本語普及を進める上での障害になっていると認識されるようになったのである。

かかる「国語・国字」の「整理統一」の問題は、一九四六年に来日した米国教育使節団の勧告（日本語のローマ字表記化）を機に、戦後の日本において再び言語政策上の大きな課題となる。釘本は、その課題を担う国語課の責任者となったわけである。また、その「国語・国字」の「整理統一」のため、一九四八年には国立国語研究所が設立されることになるのだが、その設立を所管官庁（文部省）の主務課長として主導したのも、国語課長としての釘本である。

国語課長を二年ほど務めた後、釘本は文部省の調査普及局調査課長、文部大臣秘書官、大臣官房渉外ユネスコ課長を経て、一九五二年に日本ユネスコ国内委員会事務局次長に就任する。この次長級（審議官級）ポストが釘本の文部省における最後の職であり、結局のところ彼は、「高位高官」と言えるようなポスト、すなわち局長級や次官級のポストにまでは昇進することができなかった。

文部省を退官した釘本は、一九五五年に日本育英会に理事として「天下り」する。しかし一九六〇年には再び文部省に戻り、事務官として東京外国語大学事務局に勤務することになった。ただし、同時に文部教官（東京外国語大学教授）併任の辞令も受けた。これは国費学部留学生に対する予備教育が、それまでの一年制から三年制に変更され、東京外国語大学に文科系留学生のための三年制予備教育課程が設置されたためである。釘本は同大学で日本語教育ではなく、日本事情教育を担当したという（河路二〇〇九b：四二〇）。また、東京外国語大学附属日本語学校の初代校長を務めた高橋一夫の証言によれば、釘本が東京外国語大学に「初め、教官ではなく事務官として採用された」のは、「事務官なら教授会を通す必要がなかったから」であり、そのことが「外語（筆者註：東京外国語大学）の留学生課程の運営や学内における位置づけにおける妨げ」になったという（河路二〇〇九b：四一八）。

釘本は戦後も中世歌論の研究を続け、その分野の論文や著書を世に送り出し続けた。ただし、それらの多くが発行されたのは、東京外国語大学の教授になってからではなく、文部省に勤務していたときである。すなわち、彼の研究活動は、本務としてではなく、いわば「在野」の研究者としての営みだったと言える。前述のように、彼はその生涯を通じて、国文学者としての「名を死後百年に遺そう」としていた節が見られるのだが、国文学研究を本務とすることは最期までできなかった。釘本が東京外国語大学に移ってから執筆したのは、国文学の研究論文ではなく、日本語教育の政策や実践に関する論文が中心である。

## おわりに

釘本は日本語教育学会の設立に際しても主導的な役割を果たした。そのこともあってか、前述のように同学会は、その機関誌『日本語教育』の第一二号において、誌面の多くを釘本の追悼に割いているのだが[7]、そこに寄稿された追悼文を読むと、釘本の性格や行動スタイルが、彼の友人や知人たちによって（見方によっては追悼文という枠組にはふさわしくないほど）率直に語られている。すなわち、その「強い性格と信念のために他人と衝突することも少なくなかったようである」（小川一九六八：四）、「自分が良いとか正しいと思うことは他人も同じだと即断して押しつけるような感じを与えることがよくあった」（小川一九六八：五）、「あなた（筆者註：釘本）の気勢にへきえきしたり、たじろいだりしたこともありました」（関口一九六八：八）、「機関（筆者註：国立国語研究所）を設けるためには何物も犠牲にするような考え方、機関ができさえすれば実際上の施策の学問的裏付けができるような（筆者註：釘本の）考え方には賛成でなかった」（白石一九六八：一四）などの表現が見られる。前述のように、釘本の「人格」は召集解除後に変わったと、彼の友人である金沢は述べているが、その「強引ささえ出てきた」という釘本の性格は、戦後も続いたようである。

前述のように、こんにち釘本久春は、「知る人ぞ知るという存在に留まって」いる。それは、日本語教育史研究の分野における「侵略的日本語教育のイデオローグ」としての評価を別にすれば、中島敦の「親友」として、あるいは中島の小説『山月記』を高校国語教科書に採用するよう働きかけた者としてなのであるが、後者の働きかけについて言えば、これは釘本の中島に対する友情からだけではなく、李徴としての自分の若き日の姿を残しておきたいという希望もあったからではなかったかと思われる。また、それは島内景二が言うように、『山月記』には「既に青春期を過ぎてしまった大人たちの心も、激しくうずかせる何か」（島内二〇〇九：一九）があることから、それが釘本の心を突き動かした結果なのかもしれない。

今日、中島敦の『山月記』は、高等学校における「国語の教科書の定番」（島内二〇〇九：一八〜一九）になっている。

**【第六章註】**

(1) 釘本は、一九四九年度の毎日出版文化賞を受賞した『中島敦全集』（筑摩書房）の編集者のひとりでもあった。

(2) たとえば、釘本より二歳年下で、一九七八〜一九八〇年に内閣総理大臣を務めた大平正芳の場合は、高等文官試験に合格した後、大学卒業と同時に大蔵省（現在の財務省）に入ったが、入省一年後に高等官七等、二年後に高等官六等に叙せられている。

(3) 日本の国際連盟脱退が正式に発効した一九三五年以降も、南洋群島は日本の支配下に置かれていた。

(4) 発表時は『文字禍』とあわせて『古譚』という題名だった。

(5) 日本語教育振興会は、はじめ日語文化協会の中に設置された（一九四〇年）。その際、釘本は文部省図書監修官との兼職で同会常任委員に就任したが、同会が一九四一年に文部省の内部に再設置された持、その常任理事に就任した。

(6) 後述するように、国語課は一九四〇年に設置されたが、終戦直前の一九四五年七月に廃止され、「国語」の調査に関する事項は教学局教学課に移管された。それが終戦直後の一九四五年一〇月に教科書局教材研究課国語調査室として復活し、一九四七年には国語課に昇格した。釘本は、その戦後に復活した国語課の初代課長を務めた。

(7) 釘本は東京外国語大学在職中の一九六八年五月に病気のため六〇歳で死亡した。

# 第七章　敗者たちの海外言語普及

## ―敗戦後における日本とドイツの海外言語普及事業―

## はじめに

今日、ドイツは「対外文化政策」(Auswärtige Kulturpolitik)[1]の一環として、海外にドイツ語の普及を行っている。また、日本は「国際文化交流事業」の一環として、日本語の普及を行っている。この「対外文化政策」および「国際文化交流事業」という言葉は、当該国の政府あるいはその関連機関が海外諸国に対する文化的な施策あるいは文化交流を、何らかの政策実現のために行うことを意味するが、これらの「対外文化政策」あるいは「国際文化交流事業」(ただし、一九五〇年代までの日本では「国際文化事業」と呼ばれることが多かった)の一環としての言語普及という営みは、ドイツ[2]の場合は一九二〇年代に、また日本の場合は一九三〇年代に開始された。しかし、いずれの場合も一九四五年の敗戦によって一度、中断している。

本章では、第二次世界大戦に敗れたドイツと日本が、いかなる理由から、またどのような過程を経て、「対外文化政策」あるいは「国際文化交流事業」(国際文化事業)の一環としての言語普及活動を再開したのかを比較検討する。

### 一．ドイツにおける海外言語普及の開始

日本においてもドイツにおいても、海外言語普及という営みは、その支配下に編入した地域に対する言語政策の一環として始まった。すなわち日本の場合は、一九世紀の末期に日本列島以外の地域に住む日本語非母語話者の人々を対象に開始された。一八九五年に植民地とした台湾[3]がその嚆矢である。そして日本は、二〇世紀に入ると同じく植民地として併合した朝鮮半島にも日本語普及を行い、また租借地とした関東州や国際連盟からその統治を委任された南洋諸島、そして一九三〇年代以降は、いわゆる「満洲国」や中国大陸および東南ア

ジアの占領地などに対しても日本語普及を図った。

これらはたしかに現象面では類似する部分が多かったのだが、たとえば植民地に対する日本語普及が、内地延長主義に基づく「国語」教育として実施されたものであったのに対して、東南アジアの占領地に対するそれは、「大東亜共栄圏」の共通語としての「日本語」教育として実施されたものであったように、その位置づけを異としていた。しかし、いずれの場合も、日本がその実質的な支配下に編入した地域の人々を対象に、強制力をもって行った日本語普及であったことには変わりがない。

日本は、植民地に対する「国語」教育を実施するに当たり、ドイツの事例も参考にしようとした。一九一一年から二年間の予定でヨーロッパに留学した国語学者の保科孝一は、朝鮮総督府の要請を受け、滞欧中にドイツのポーランドに対する言語政策について調査している。

そのドイツでは、一九一〇年代の初頭に「対外文化政策」という言葉が用いられ始めた。たとえば歴史家のカール・ランプレヒト（Karl Lamprecht）は、保科が滞欧していた一九一二年に、『対外文化政策について』（Über auswärtige Kulturpolitik）と題する講演を行っている。また、この時代には、その「対外文化政策」の一環としてのドイツ語普及のさきがけとなる動きも見られた（Düwell 1976:123）。しかし、それが本格化するのは第一次世界大戦後のことである。

ドイツでは一九二三年の初頭ごろから、ひとつの文化機関を設立する構想が動き始めた。それは、「ドイツが第一次世界大戦に敗れたのは、自国の利益を国際社会にアピールすることに不器用で、ドイツは野蛮な国家だという認識とそれに基づく排除を敵国がすることを許していたからだという共通認識がドイツ全土にあった」（Michels 2001:14）からだという。すなわち、「外部に対する文化的な自己表出に失敗した」（Michels 2001:14-15）という認識があったからだとされている。

しかし、それだけでなく、「ドイツ人自身に強固な文化意識を与える」（Michels 2001:14）ことも、新しい文化機関の課題とされた。この課題は、一九世紀の後半期にようやく統一国家を形成したばかりのドイツにとって、そして敗戦によってその領土の一部を失うことになったドイツにとっては、とりわけ切実な課題だったと言うことができるだろう。国際文化論の専門家である川村陶子が指摘しているように、「文化交流政策は、自国を世界に提示する手段であるとともに、国内的にも、自国国民のナショナル・アイデンティティの形成や国民統合の手段となる」ものであり、「文化交流によって文化がつくられる」のであるが（川村一九九五：六〇）、ドイツの場合は、ヴェルサイユ条約の締結によって、それまでの領土の約一五％がドイツ本国から切り離され、ドイツ語母語話者の居住地域の一部が他国の支配下に置かれたことから、それらのドイツ本国から切り離された「在外ドイツ人」(Auslandsdeutsche) も含めた「ドイツ人自身に強固な文化意識を与える」ことが、新設されるべき文化機関の重要な課題とされた。なかでもドイツ語普及は、「言語は民族であり、民族は言語である」(Engel 1917:6) とするロマン主義的な言語観の伝統があるドイツでは、在外ドイツ人の「ドイツ性」(Deutschtum) を維持していくためにも、最優先で取り組まれなければならない課題だった。

このふたつの課題、すなわち「海外におけるドイツのイメージを改善することと、ドイツ人に統一的な文化意識を与えること」(Michels 2001:15) を目的として、一九二五年五月にミュンヘンで「ドイツ・アカデミー」(Deutsche Akademie) が設立された。

ドイツ・アカデミーは、その設立当初、前記ふたつの課題のうち後者を優先したようで、事業の多くは「在外ドイツ人」を対象としたものだった。しかし、一九三〇年代には海外の「非ドイツ人」(Nichtdeutsche) を対象とした事業も拡大されるようになり、とりわけ成年の外国人に対するドイツ語普及に重点が置かれた。しかし、戦間期を通じてドイツの「対外文化政策」は、「専ら外国民をのみ其の対象となすべきでなくて、在外自国人をも亦程誘掖するの責に任ずべき」(三枝一九三三：六七四) ものとされていた。

ドイツ・アカデミーは、一九三一年以降、外国でドイツ語学校を経営するようにもなった。また同アカデミーは、一八〜一九世紀の文学者、ヨハン・ヴォルフガング・フォン・ゲーテ（Johann Wolfgang von Goethe）の没後一〇〇年（一九三二年）を記念してフランクフルトのゲーテ協会が集めた寄付金の一部を譲渡されたのを機に、その言語普及部門の名称に「ゲーテ・インスティトゥート」（Goethe Institut）という表現を採用することになった。

一九三三年一月に国家社会主義ドイツ労働者党（NSDAP：Nationalsozialistische Deutsche Arbeiterpartei）が政権を掌握した後、川村（一九九八）によれば、ドイツ・アカデミーは「宣伝省の影響下に入り、占領地域におけるドイツ語普及などの分野でヒトラー政権の文化政策を直接遂行して」（川村一九九八：四七）いったという。[4]しかし、その一方で、たとえば一九四二年五月にミュンヘンのドイツ・アカデミー本部で開催された研究会において、宣伝省の代表が、ドイツ語の授業では総統のアドルフ・ヒトラー（Adolf Hitler）や宣伝大臣のヨーゼフ・ゲッベルス（Joseph Goebbels）の文献を使用すべきだとの見解を示したのに対し、ドイツ・アカデミーの関係者は、今までの経験と言語上の理由から、一九世紀の文学者たちの作品が教科書には最もふさわしいと述べたという（Michels 2001:20）。この逸話は、Michels（2001）が指摘するように、ドイツ・アカデミーがゲッベルスの率いる宣伝省のプロパガンダと一定の距離を保っていたことの証拠であると言うことができるが（Michels 2001:20）、それと同時に、現代ドイツ語の基盤を形成した[5]とされる一八〜一九世紀の文学者たち、すなわちドイツ・アカデミーがその言語普及部門の名称に名前を冠したゲーテや、彼と同じく古典主義の作家であるフリードリッヒ・フォン・シラー（Friedrich von Schiller）が、当時のドイツ語普及事業においていかに尊重されていたかを示してもいる。

ドイツ・アカデミーの事業規模はNSDAP政権下で急速に拡大した。同アカデミーが経営するドイツ語学校の数も増加し、その受講者数は一九三九年に七〇〇〇名、そして一九四二年には六万四〇〇〇名にまで増加した。しかし、戦局の悪化に伴い、一九四四年の秋にはほとんどの海外活動が停止された。そして、敗戦後の一九四五年一二月、占領軍（米軍）はドイツ・アカデミーに対して解散を命じるとともに、その後継組織の設立も認めなかった（Michels 2001:22）。

## 二．日本における海外言語普及の開始

日本の海外言語普及活動は、二〇世紀の初頭まで、日本がその実質的な支配下に編入した地域の住民に対するそれに限られていた。しかし、一九三〇年代には日本の支配下にない国や地域の人々を対象とした日本語普及事業も開始された。それは「国際文化事業」の一環として実施されたものである。

一九三四年、日本政府は「国際文化事業」の実施母体として財団法人国際文化振興会を設立した。同会が設立された一九三四年は、日本が国際連盟を脱退した翌年に当たる。また、一九二〇年代から一九三〇年代にかけての時期は、前述のドイツ・アカデミーの例に見られるように、ヨーロッパの国々で自国文化を海外に普及するための機関が相次いで設立されていた時期でもある。すなわち、「世界の文明諸国があらゆる方面に互りて、自国の文化を内外に顕揚し宣布する為めに広大の施設を整へ文化活動に努力して互に後れざらん」（国際文化振興会一九三四：一～二）としていた時期でもあったのであり、日本は国際連盟脱退に伴う国際的な孤立を避けるとともに、他国に伍して、「自国文化の品位価値を発揮し、他国民をして尊敬と共に親愛同情の念を催さしむる」（国際文化振興会一九三四：一）ことを主要目的として、「国際文化事業」を開始したと言うことができる。

ただし、この「国際文化事業」には対内的な目的もあった。それは、国際文化振興会の『設立趣意書』に、「文化の発揚は一国の品位を世界に宣布する為に必要なるのみならず、又国民の自覚を喚起して自信自重を加ふる所似の力ともなるべし」（国際文化振興会一九三四：一）と書かれているように、国民意識を涵養するこ

とだった。この点は、ドイツ・アカデミーの場合と同様であるが、後述するとおり、日本の「国際文化事業」が「在外自国人」に関心を寄せることはなかった。

「国際文化事業」を開始するに当たって、日本政府はヨーロッパ諸国の事例を調査している。その結果、ヨーロッパの国々では「自国の言語を諸外国に紹介」（三枝一九三一：一四）することが重視されていることを認識するに至った。このため国際文化振興会も、その「国際文化事業」の一環に、「日本語の海外普及」（国際文化振興会一九三七a：一）を含めることになった。また、外務省では「国際文化事業」の担当課として文化事業部第三課（のちに第二課）が一九三五年に設置されたが、同課は「日本語海外普及の仕事」（外務省一九三九：六）も所掌業務のひとつにした。

しかし、その「国際文化事業」の開始当初の時期においては、外務省も国際文化振興会も、「日本語海外普及」に本格的に取り組むことをしなかった。たとえば、国際文化振興会が一九三七年九月に開催した「日本語海外普及に関する協議会」の第一回会議の席上において、同会常務理事の黒田清は次のように述べている。

日本語を外国人に教へる、さういふ事を本会で考へましたのは、事実現在の欧米に於きまして非常に日本語研究熱が盛になって参りまして、本会に日本語の文典及び会話の本を送って貰ひたい、或は教授を派遣して欲しいといふ希望が非常に多いのでございます。それがなくても、これは非常に理想的過ぎるかも存じませんが、一国の文化宣伝の根本と致しましてやはり其国の国語を一語でも多く世界に弘めるといふことが根本ではないかといふことは前々から考へて居りましたのですけれども、唯だこちらから日本語を教へようと言っても中々日本語といふものは外国人には難かしい国語でございますからさう簡単には習ふ人も沢山はないだろうといふ考もございました。然し、最近の情勢では益々日本語研究熱といふものが強く要求されて居る様であります。さういふ意味から日本語を進んでこちらから教へるといふことをモッと積極的に考へなくちゃならないのではないかといふやうなことが此会が日本語教授といふ事に就きまして皆様の御意見を伺ひたいと思ひます一つの理由でございます。（国際文化振興会一九三七a：六〜七）

前述のように、日本政府はヨーロッパ諸国において「自国の言語を諸外国に紹介」することが重視されていることを認識していた。また、前記の引用文にあるように国際文化振興会も、「一国の文化宣伝の根本」として「日本語を外国人に教へる」ことが重要であると「前々から」認識していたのであるが、日本語は「外国人には難かしい国語」であるとの理由から、「日本語の海外普及」に本格的に取り組むことを躊躇していた。しかし、海外で「日本語研究熱」(6)が高まってきたので、「日本語を進んでこちらから教へるといふこと」、すなわち「日本語海外普及」に本格的に取り組むこととしたのである。すなわち国際文化振興会は、海外における「日本語研究熱」の高まりという外的な要因を受けて、「日本語海外普及」を本格化したと言うことができる。

また、前記の引用文で、「国際文化事業」の一環としての「日本語海外普及」が「日本語を外国人に教へる」こととされていることにも留意すべきだろう。すなわち、「日本語海外普及」の対象は、あくまでも「外国人」だったのである。

前述のように、ドイツの「対外文化政策」は「在外自国人」も対象としていた。また、そのことは日本政府も認識していた。たとえば、一九三〇年代の初頭に外務省で「国際文化事業」の開始準備を進めていた三枝茂智が一九三三年に出版した『極東外交論策』（斯文書院）には、ドイツ外務省の文化局長を務めたハンス・フライターク（Hans Freitag）が書いた『海外におけるドイツの文化政策について』（Über deutsche Kulturpolitik im Ausland）の全訳が掲載されているが、そこには、「対外文化政策は専ら外国民をのみ其の対象となすべきでなくて、在外自国人をも亦程誘掖するの責に任ずべき」ものと書かれている。当時のドイツが「在外自国人」をもその「対外文化事業」の対象としたのは、第一次世界大戦の敗戦によって、「如何なる国家の在外自国民の数よりも遥に多数」（三枝一九三三：六七三）の「在外自国人」を抱えることになったからである。ドイツ語普及は「在外自国人」、すなわち他国の支配下に置かれることになったドイツ「少数民族の国粋主義を擁護すること」（三枝一九三二：一二）にも貢献しなければならなかったのである。

しかし、日本の「国際文化事業」は「在外自国人」を対象としなかった。近代日本はその実質的な支配下に置いた地域だけでなく、他国の支配下にある地域にも、数多くの移住労働者を送り出してきた。また日本政府は彼らの子女に対する「国語」教育を支援することもあったのだが、それらの「在外自国人」は敗戦という事態によってそうなったためではないためか、「国際文化事業」の関係者にとっては関心の対象外だった。(7)「国際文化事業」も、またその一環としての「日本語海外普及」も、「在外自国人」を対象とすることはなく、あくまでも「外国人」のみを対象として実施されていた。

ただし、「外国人」に対する日本語普及とはいっても、それは単に意思伝達手段としての日本語の普及が目指されていたわけではない。なぜなら、「言葉の中には一国の国民性が潜んで居る」からである。このため、「外国人に日本語を普及させること」によって、彼らが「吾々と同じ精神を持ち、同じ国民性を持ち、同じ血を持ち、同じ心を持ち得る」ようになることが目指された（外務省一九三九：七〜八）。言語と「精神」あるいは「国民性」との密接な関連性の主張、さらには「血」というメタファーの使用は、一九世紀末にドイツで言語学を学んだ上田萬年《かずとし》が帰国後に、「日本語は日本人の精神的血液」（上田一八九七：一二）と述べたことを想起させずにはいないが、高田（二〇一一）によれば、この言語観を上田はドイツ留学中にヴィルヘルム・フォン・フンボルト（Wilhelm von Humboldt）の思想として学んだのではないかという。(8) そうであるならば、「国際文化事業」の一環としての日本語普及は、あくまでも「日本人」ではなく「外国人」を対象とした事業だったのだが、上田を介してドイツ・ロマン主義の影響を受けていたとも言うことができる。また、その言語観はドイツ・アカデミーのドイツ語普及事業と極めて近い位置にあったとすることもできるだろう。

一九四〇年代に入ると、外務省文化事業部の業務は興亜院と内閣情報局に分割された。また、国際文化振興会の監督官庁も外務省から内閣情報局に移行した。そして、同会の「日本語海外普及」は、その主な事業対象が日本の実質的な支配下にあった地域（およびその実質的な支配下に新たに編入された地域）へ振り向けられるようになった。すなわち、国際文化振興会も「平時に於ける国際文化事業のやうな生やさしいもの」（松宮一九四二：六二）ではない日本語普及事業の実施を求められるようになったのであり、「国際文化事業」の一環としての「日本語海外普及」、換言すれば、日本の実質的な支配下にない国や地域の人々を対象とした日本語普及事業は、ドイツなどヨーロッパの枢軸国に対するそれを除けば[9]、そのほとんどがわずか数年で終焉を迎えることになったのである。

## 三．敗戦後におけるドイツの海外言語普及

敗戦から約四年が経過した一九四九年二月、旧ドイツ・アカデミーの関係者が中心となって、新しい文化機関を設立するための研究会が、米軍占領下のヴィースバーデンで結成された。この「ヴィースバーデン作業サークル」（Wiesbadener Arbeitskreis）と呼ばれるグループは、新しい文化機関の設立とはいっても、実質的には旧ドイツ・アカデミーの再建を目指していたという（川村一九九八：三九）。すなわち、ドイツ・アカデミーという「ヴァイマル期の文化交流団体を再建し、精神文化の幅広い領域における国際的活動を促進することによって、敗戦後のドイツが世界に復帰し、再び発展できるための土台をつくることを構想」（川村一九九八：四三）していた。換言すれば、「文化交流を通した民族の復興」（川村一九九八：四三）を目指していたのであるが、この「ヴィースバーデン作業サークル」が活動していた一九四九年から一九五〇年にかけての時期は、ドイツ連邦共和国（西独）とドイツ民主共和国（東独）がそれぞれ成立するとともに、旧ドイツ国の東方国境

が実質的に確定し、ドイツ民族の複数国家への分属が決定的になった時期でもある。しかし、ヴィースバーデン作業サークルが新設すべき文化機関（あるいは再建すべきドイツ・アカデミー）の事業単位として考えていたのは、ドイツ連邦共和国ではなく、あくまでもドイツ民族だった。すなわち、同サークルが「文化交流」を通じて「復興」を目指していたのは、「連邦共和国（西側占領地区）に居住する人々だけではなく、少なくとも当時確定しつつあった東西ドイツの境界線を越えた全ドイツの人々を含み、さらに広くは第二次世界大戦後のドイツ領土外に居住するドイツ語話者をも包摂する可能性をもつ概念」（川村一九九八：四三～四四）としてのドイツ「民族」だったのである。言い換えれば、第一次世界大戦に敗れた時と同様に、国境の内外を問わず、全ての「ドイツ人自身に強固な文化意識を与える」ことが、第二次世界大戦後の場合も、「対外文化政策」における重要な課題のひとつにされたのである。そして、かかる観点からは（これもまたヴァイマル共和国の時代と同様に）ドイツ語普及事業が重視されることになった。

ヴィースバーデン作業サークルが目指していた、旧ドイツ・アカデミーの再建は、結果的に実現しなかった。しかし、同サークルや旧ドイツ・アカデミーの関係者も加わって、そして同アカデミーがその言語普及部門の名称に用いていた「ゲーテ・インスティトゥート」という表現を継承して、一九五一年、ミュンヘンで「海外におけるドイツ語の維持・育成のためのゲーテ・インスティトゥート」（Goethe-Institut zur Pflege der deutschen Sprache im Ausland）が設立された。

その設立当初の正式名称に見られるように、ゲーテ・インスティトゥートは、ドイツ語普及機関として創設された。同インスティトゥートの設立者のひとり、フランツ・ティアフェルダー（Franz Thierfelder）は、一九三七年までドイツ・アカデミーの事務総長を務めていた人物であるが、その彼によれば、「海外におけるドイツ語の維持と普及は、ドイツの対外文化・広報政策の中核を占めるもの」（Michels 2005:225）だった。

第二次世界大戦後の「対外文化政策」においてドイツ語普及が重視されたのには、ふたつの理由が考えられる。そのひとつは、前述のように、複数の国家に分断されることになった「ドイツ人自身に強固な文化意識を与える」ことであるが、もうひとつは、「文化国家」としてのドイツを対外的に（そして対内的にも）アピールするのに、ドイツ語が適していると考えられたためではなかったかと思われる。

ヴィースバーデン作業サークルが結成された一九四九年は、ゲーテの生誕二〇〇周年に当たる。当時はまだ戦後の混乱状態が続いていたのだが、ドイツ各地で彼の生誕記念祭が催された。三島（一九九一）によれば、その理由はゲーテこそが「その深い精神性と人格的完成によって、ドイツが決してフリードリヒ大王以来のプロイセン的ミリタリズムとビスマルクとヒトラーに（中略）尽きるものではないことを示し、良きドイツ、真のドイツ、純粋で精神的なドイツ、ナチスなどでも汚されることのできなかったドイツなるものを体現している」（三島一九九一：一九）と見なされていたからであるという。

二一世紀初頭にゲーテ・インスティトゥートの総裁を務めたヒルマー・ホフマン（Hilmar Hoffmann）によれば、「戦争とナチ支配のカタストローフ」の後に設立されたゲーテ・インスティトゥートに求められたことは、「新しく民主主義的なドイツ」、そしてその「芸術と文化における成果」を世界に発信することだった（Hoffmann 2001:7）。すなわち、ドイツ第三帝国とは異なる「民主国家」あるいは「文化国家」としてのドイツ（西独）を世界に発信することが求められたのであるが、その「文化国家としてのドイツ」（Deutschland als Kulturstaat）をアピールする上で、「良きドイツ」や「純粋で精神的なドイツ」を体現すると見なされたゲーテは最適だった。このため、敗戦後のドイツは、おおよそ一九六〇年代までの期間、第二帝国から第三帝国までの「ドイツ文化」ではなく、ゲーテの作品に代表される、一九世紀前半期までの「ドイツ文化」を表出することによって、自らが「文化国家」であることを対外的にアピールすることになるのだが、そのゲーテを含めた一九世紀古典主義の文学者たちは、現代ドイツ語の基盤を形成したとされている。すなわち現代ドイツ語も、ゲーテなど一九世紀文学者たちの作品なのである。したがって、その作品であるところのドイツ語を海外に普及することも、「文化国家」としてのドイツをアピールするのにふさわしいということになる。ゲーテを介することによって（あるいは彼の存在を持ち出すことによって）、ドイツ語普及事業は敗戦後も「対外文化政策」の中で最も重要な位置を占め続けることができたと言うことができるだろう。

## 四．敗戦後における日本の海外言語普及

一九四五年一〇月、国際文化振興会はその本部ビルを占領軍（米軍）に接収された。また、「連合軍の指令にもとずいて（ママ）政府補助金も打ち切られて、深刻な財源難に直面する」（国際文化振興会一九六四：三〇）ことになった。しかし、国際文化振興会の場合は、ドイツ・アカデミーの場合と異なり、占領軍から解散を命じられることはなかった。

敗戦直後の国際文化振興会は、「日本語海外普及」の復活を目論んでいたようである。一九四五年一〇月四日の朝日新聞によれば、国際文化振興会は、「新しい世界的視野に立って再出発する」（朝日新聞社一九四五：二）ための事業のひとつとして、「正しい日本語の普及」（朝日新聞社一九四五：二）を検討していたという。この「正しい日本語の普及」が、「正しい日本語」の普及を意味するのか、それとも日本語の「正しい普及」を意味するのかは不明だが、いずれにせよ、国際文化振興会は「日本語海外普及」の復活を、終戦直後の段階では目指していたようだ。

しかし、結果的には国際文化振興会が終戦直後の時期において日本語普及事業を再開することはなかった。敗戦後の国際文化振興会は、従来の「日本文化の対外宣揚といふ如き方針を更め、寧ろ海外文化の紹介等による日本国民の文化水準の向上、延て東西文化の融合といふ面に重点を置き、兼て進駐軍始め在日外国人が日本文化に興味を持ち、進んでこれを研究したいといふ向には之に応じて誘導協力する」（国際文化振興会

一九四六：三）ことになった。また、同会は一九四六年一月開催の理事会において、「米国その他外国文化の国内紹介に一層の努力を増し邁進する」（国際文化振興会一九六四：三一）と決定した。すなわち国際文化振興会は、「進駐軍始め在日外国人」を対象とした事業を別にすれば、日本文化の発信よりも「米国その他外国文化」の受信に事業の重点を置いたのである。このことは、占領下の日本がそこから脱して国際社会に復帰する上では、そして、その目的から日本が「文化国家」であることを対外的にアピールする上では、「日本文化」の発信よりも、「米国その他外国文化」を受信し、「日本国民の文化水準の向上」を図ることのほうが重要だと考えられていたという当時の事情を物語っている。

一九五二年におけるサンフランシスコ講和条約の発効に伴い、国際文化振興会に対する政府補助金の交付が復活し、同会は「体制の強化に向かって事態の進展が図られる運び」（岸一九七二：一）となった。しかし、日本の再独立後も国際文化振興会は日本語普及事業を再開しなかった。むしろ同会が重視したのは芸術交流事業である。国際文化振興会は芸術交流事業、とりわけ日本の伝統美術を海外に紹介する事業を、「当会対外文化活動の最も重要なる部門」（NAJ:3D-001-00）と位置づけた。これは、浅野（二〇一〇）が指摘するように、米国をはじめとする国際社会に対し、「平和という価値の受容を伝統的な「美」に込めてアピールすること」（浅野二〇一〇：五四）が求められていたからであろう。日本が「平和国家」であることをアピールする上では、伝統美術が最適と見なされていたと言うことができる。

サンフランシスコ講和条約が発効する前年の一九五一年に、日本政府は「外務省設置法」を改正し、「日本文化の海外への紹介その他各国との文化交流に関すること」（一九五一年法律第二八三号「外務省設置法」第四条）を外務省の所掌業務に含めている。また、「平和回復後における情報活動、さらには文化国家としての文化外交に備えて今から準備を固め、遺憾なからしめ」[10]るため、同省に情報文化局を設置した。

その外務省情報文化局は、一九五七年に「文化外交に関する懇談会」を開催している。この懇談会の席上において同局の局長は、「文化外交」を「わが国の政治・経済外交の地ならし、ないしは先導として最も重要である」と位置づけているのだが（DA-2:5-6）、その「文化外交」の「文化」の範囲として想定されていたのは、「美術、音楽、演劇、映画、建築、工芸、スポーツ、留学生」（DA-2:11-12）であり、「言語」（日本語普及）はそこに含まれていなかった。

このように国際文化振興会も外務省も、一九五〇年代までの時期、その「国際文化事業」あるいは「文化外交」の範疇において、日本語普及に無関心だった。この時期の日本が対外的な広報活動で最も重視していたことは、戦後の日本が「平和国家」「民主国家」「文化国家」であることをアピールすることだったのだが（DA-1:1）、その観点からすると、日本語普及は優先度の低い事業と見なされていたと言うことができる。

前述のように、戦前戦中期の「日本語海外普及」においては、日本語と日本の「精神」あるいは「国民性」との密接な関連性が主張されていた。しかし戦後期、とりわけ占領期には、その「精神」や「国民性」が「民主国家」にふさわしくないものとして、「反省」や「改造」の対象ともされた[11]。また、終戦に際して日本が受諾した「ポツダム宣言」第一〇条の、「日本国政府は日本国国民の間に於ける民主主義的傾向の復活強化に対する一切の障礙を除去すべし」という項目を根拠に、日本語の「改革」を求める意見も、占領軍の一部には存在した（文化庁二〇〇六：三五二）。すなわち、日本語（とくにその表記体系）は日本が「民主国家」に生まれ変わる上でふさわしくないという考え方すら、占領軍の中には見られたのである。さらには、たとえば志賀直哉のように、もし日本が「英語を国語に採用」していたなら、「日本の文化」は「今よりも遙かに進んでゐたであらう」し、「恐らく今度のやうな戦争は起つてゐなかつたらう」と考える者もあった（志賀一九四六：九四）。換言すれば、近代日本が「文化国家」あるいは「平和国家」でなかった一因を日本語そのものに求める論調も存在したのである。これらの状況を考え併せるならば、日本語普及は「民主国家」「文化国家」「平和国家」としての日本をアピールする上で、むしろマイナスになると認識されていたのではなかったかと考えることができる。この点は「文化国家としてのドイツ」を国際社会にアピールする上でもドイツ語普及を重視したドイツの場合とは対照的である。あるいは、日本の場合はゲーテのような存在を持ち出すことが（または見つけだすことが）できなかったとも言えようか。

このように、占領期から一九五〇年代にかけての時期、日本語普及事業は「国際文化事業」の範疇では実施されなかった。それに対して、戦後日本の日本語普及事業は「経済協力」の一環として始まった。すなわち、一九五〇年にセイロン（当時）のコロンボで開催された第一回英連邦外相会議でオーストラリア政府が提唱した、いわゆる「コロンボ計画」に、日本も一九五四年に援助国として加盟したことが、その契機となった。これによって、日本は「経済協力」対象国に対する日本語講師派遣事業を開始した。派遣主体となったのは社団法人アジア協会である。同協会は一九五八年にヴェトナムのサイゴン現代語学校に日本語講師一名を派遣している。その後、アジア協会および同協会の事業を継承して一九六二年に設立された海外技術協力事業団は、「コロンボ計画」による海外派遣日本語講師の数を増やすとともに、一九六〇年代の半ば以降は、「青年技術者派遣計画」や同計画を継承して開始された「青年海外協力隊」事業の一環としても、日本語講師を海外に派遣するようになった。

このように戦後期の日本語普及事業は、一九五〇年代の後半期に「経済協力」の一環として始まった。たしかに、そこには「文化外交」的あるいは「国際文化事業」的な要素も含まれてはいたのだが、その枠組はあくまでも「経済協力」だった。

しかし、東京オリンピックが開催された一九六四年頃から、日本語普及事業が、それまでのように「経済協力」の枠組においてだけでなく、「文化外交」あるいは「国際文化交流事業」（一九六〇年頃から外務省はそれまでの「国際文化事業」という表現に代えて、「国際文化交流事業」という表現を用いるようになった）の枠組においても実施されるようになった。

一九六五年に外務省は、海外の高等教育機関への日本研究講座寄贈事業を開始している。その寄贈対象は、タイのタマサート大学やインドのデリー大学など、東南アジアおよび南西アジアの教育機関に限られていたのだが、日本研究講座が寄贈された高等教育機関には、日本研究の専門家に加えて日本語講師も派遣された。この日本研究講座寄贈事業の目的は、「近年高まりつつあるわが国に対する関心を、単なる興味に終らせることなく、学問的追求にまで高めること」や、「諸外国の日本語習得者や日本研究者により一層の研究意欲をもたせること」に置かれており（外務省一九六六：三四二）、同事業は「文化外交」あるいは「国際文化交流事業」の一環として実施されていたと言うことができる。また、一九六九年から外務省は「国際文化交流事業」の枠組で、「在外公館又は外国における団体の日本語教育機関に、日本語教師を派遣する」（外務省一九七〇：三二〇）ようにもなった。

このように、一九六〇年代の中頃には日本語普及事業が「文化外交」あるいは「国際文化交流事業」の一環としても実施されるようになった。また、この頃から日本の外交活動において日本語普及事業が重視されるようになった。今日の外交青書の前身に当たる『わが外交の近況』は、一九六六年度版（一九六七年発行）で初めて「日本語普及事業」という章を設けている。

しかし、この一九六〇年代後半期の『わが外交の近況』には、日本政府が日本語普及事業を重視するようになった理由について、「先進諸国」が「いずれも膨大な予算と人員を使って自国語の普及に努めている」ことと、「海外における日本語学習熱」が「近年急速に高まってきた」ことが挙げられている（外務省一九六九：一三二）。すなわち、日本政府が日本語普及事業を重視するようになったのは、その何らかの政策的意図に基づいてというよりは、海外諸国政府の動向と海外における「日本語学習熱」[12]の高まりというふたつの外的な要因を受けての措置だったことがわかる。

外務省は一九七三年に『国際文化交流の現状と展望』という標題の冊子を発行している。そこにも、日本政府が日本語普及事業の重要性を認識するようになった理由として、前記の二点が挙げられている。原文は次のとおりである。

主要先進国は、自国語の普及を対外文化政策面で極めて重視しており、例えば英国はBritish Council、フランスはAlliance Francaise（ママ）、米国はU.S.I.A、また西独はGoethe Institutを通じ、それぞれ厖大な予算と機構と人員を擁しながら、世界のあらゆる地域で自国語の普及に努力している。ひるがえってわが国の海外向け自国語普及活動を見るとき、（中略）外国人の間に自国語を普及するため、組織的に事業を行なったことは戦争中の特殊な情況を除いてなく、第二次世界大戦後における諸外国の対日関心の高まりに伴う日本語学習熱の上昇気運にあらためて外国人のための日本語普及事業の必要性を認識するに至ったというのが偽らざる事実である。（外務省文化事業部一九七三：四四〜四五）

このように、日本が日本語普及事業を重視するようになったのは、「主要先進国」が「世界のあらゆる地域で自国語の普及に努力している」ことと、「諸外国の対日関心の高まりに伴う日本語学習熱の上昇気運」というふたつの外的な要因を受けての措置だった。すなわち、一九三〇年代の国際文化振興会の場合と同様のことが、戦後の高度経済成長期にも繰り返されたと言うことができるのである。

## おわりに

ドイツは、第一次世界大戦に敗れた後も、そして第二次世界大戦に敗れた後も、ドイツ語普及事業を「対外文化政策」の中で最も重視した。それは敗戦のたびに複数の国家に分断された「ドイツ人自身に強固な文化意識を与える」ことが重要視されたからである。

その「対外文化政策」に対して、日本の「国際文化交流事業」（国際文化事業）は「外国人」のみを対象として開始された。そして、その「国際文化交流事業」（国際文化事業）の一環に日本語普及事業も含まれるようになったのは、ヨーロッパ諸国が「自国の言語を諸外国に紹介」することを重視していたことを認識したからなのであるが、それを日本が本格的に実施するようになったのは、海外で「日本語研究熱」が高まってきたからである。同様のことは戦後の高度経済成長期にも繰り返され、一九六〇年代に日本政府は、欧米の「先進諸国」が「いずれも膨大な予算と人員を使って自国語の普及に努めている」ことと、海外における「日本語学習熱」の高まりという二つの外的な要因を受けて、日本語普及事業の実施を本格化することになった。

第二次世界大戦後のドイツと日本は、国際社会に復帰するために、自国が「民主国家」「平和国家」「文化国家」であることを対外的にアピールする必要があった。この観点から日本が重視したのは、占領期においては「米国その他外国文化」の受信、そして再独立後は芸術交流事業、とりわけ伝統的な「美」を対外的にアピールすることだった。かかる観点において日本語普及事業が重視されることはなく、むしろ忌避されていたのではなかったかとさえ想像することができる。この点は、「文化国家としてのドイツ」を国際社会にアピールする上でもドイツ語普及事業を重視していたと考えられるドイツの場合とは対照的である。

このように、ドイツがその「対外文化政策」においてドイツ語普及を一貫して重視してきたのに対して、日本の場合は、「国際文化事業」が開始された一九三〇年代から高度経済成長期の一九六〇年代中頃まで、「国際文化交流事業」（国際文化事業）の範疇においては日本語普及事業を重視してこなかった。それが重視されるようになったのは、一九六〇年代の中頃から一九七〇年代の前半期、すなわち、東京オリンピックが開催された頃から、「国際文化交流事業」および「日本語の普及」という表現が日本の法律の中で初めて採用された、そしてその法律（一九七二年法律第四八号「国際交流基金法」）に基づいて国際交流基金が設立された一九七〇年代前半期にかけてのことであると言うことができる。同基金は国際文化振興会を吸収する形で設立されたのだが、国際交流基金の日本語普及事業は、外務省と海外技術協力事業団の日本語普及事業、換言すれば当初は「経済協力」の範疇で実施されていた日本語普及事業を引き継ぐ形で開始されたものであり、それまで日本の「国際文化交流事業」（国際文化事業）の中核的な役割を担っていた国際文化振興会からは何も継承しなかった。なぜなら、同会は日本語普及事業をほとんど実施していなかったからである。[13]

このような歴史的経緯を振り返ってみるならば、そこからはドイツの「対外文化政策」と日本の「国際文化交流事業」（国際文化事業）の言語観や役割の共通点と相違点を読みとることができる。また、それらの政策や事業の一環として実施されてきた（そして今日も実施されている）言語普及という営みに何が期待されてきたか（あるいは期待されているか）という点も見てとることができるだろう。

**【第七章註】**

(1) ただし、二〇〇一年頃からは「対外文化・教育政策」（Auswärtige Kultur- und Bildungspolitik）という表現も使用されるようになったという（川村二〇〇三：二四七）。

(2) 本章で言う「ドイツ」とは、いわゆる「ドイツ第二帝国」「ヴァイマル共和国」「ドイツ第三帝国」時代の「ドイツ国」（Deutsches Reich）、および英米仏軍の占領時代を経て一九四九年に建国されたドイツ連邦共和国（Bundesrepublik Deutschland）を意味する。ソ連軍の占領地域および一九四九年から一九九〇年まで存在したドイツ民主共和国（Deutsche Demokratische Republik）については、本章では扱わない。

(3) この「日本列島」という表現の定義次第では、アイヌ語や琉球語（沖縄語）を母語とする人々への日本語普及という史実にも留意する必要がある。

(4) 当時のドイツ・アカデミーとNSDAPの関係については、Michels 2001 を参照。

(5)たとえば、ポーレンツ（一九七四：一四〇）を参照。

(6)一九三〇年代から一九四〇年代初頭にかけての時期に、海外への日本語普及との関連で書かれた文書には、「日本語研究」あるいは「日本語の研究」という表現がしばしば見られるが、そのほとんどは「日本語学」ではなく、「日本語学習」の意味で用いられている。したがって、ここでの「日本語研究熱」は「日本語学習熱」を意味する。

(7)たとえば、外務省文化事業部が「日本語海外普及」の現状を日本国内に向けて発信するために一九三九年に発行した『世界に伸び行く日本語』では、「在外自国人」に対する日本語普及の状況について、ほとんど触れられていない。

(8)高田（二〇一一）によれば、上田の「精神的血液」という表現は、ベルリン大学留学中にハイマン・シュタインタール（Heyman Steinthal）から直接的に学んだものではないかという。後者の著作には、「精神の血液」（das geistige Blut）という表現が見られる（高田二〇一一：一七五）。

(9)ドイツなどの枢軸国に対する日本語普及に関しては、小川（二〇一〇）を参照。

(10)一九五一年一一月一四日開催の衆議院内閣・外務委員会連合審査会における外務省政務局長（島津久大）の発言より引用。

(11)たとえば、時事研究会（一九四六）を参照。

(12)この「日本語学習熱」という表現の問題点については、嶋津（二〇〇八b）を参照。

(13)管見の限り、国際文化振興会が戦後期において日本語普及あるいはそれに関連する事業に関わったのは、同会の機関誌『国際文化』の一九七〇年一月号（第一八七号）で「日本語教育」を特集したことを除けば、一九六二年に開館した在ローマ日本文化会館（現在の国際交流基金ローマ日本文化会館）で日本語講座を開催していたことぐらいである。

# 第八章　戦前戦中期における文部省直轄学校の「特設予科」制度

## ―長崎高等商業学校を事例として―

## はじめに

近代日本における外国人留学生の受け入れは、一八八一年に福沢諭吉が朝鮮からの留学生を受け入れたのを嚆矢とする。その後、一八九六年には日清戦争に敗れた清国が官費留学生一三名を日本に派遣した。この清国留学生は嘉納治五郎が受け入れ、嘉納は一九〇二年に宏文学院（弘文学院）を設立し、留学生教育を本格化した。

清国からの留学生は日露戦争後に急増し、一九〇五年頃には私費留学生を含めて一万人近い留学生が日本で学んでいたという（多仁二〇〇六：二四）。このような状況に対して、留学生のための教育課程も数多く生まれ、私立学校では、早稲田大学が清国留学生部、明治大学が付属経緯学堂、法政大学が法政速成科を設置している。この時期、清国政府は留学生の送り出しに熱心だった。また、日本の私立学校も清国留学生の受け入れに積極的だった。しかし、日本政府は留学生の受け入れに必ずしも積極的だったわけではない。たしかに日本政府は一八九二年に「外国人留学生規程」を、そして一九〇一年には「文部省直轄学校外国人特別入学規程」を制定し、留学生を受け入れるための制度整備に努めてはいたが、後述する「特約五校」制度も清国政府からの要請で始まったことからも明らかなとおり、多分に受身的だった。

その日本政府が留学生の受け入れに本格的に取り組むようになったのは、いわゆる「対支文化事業」を一九二三年に開始してからである。同年制定された「対支文化事業特別会計法」に基づき、留学生に対する奨学金の支給や留学生予備教育機関の整備に国の資金が投入されるようになり、この制度は一九四五年の終戦時まで続いた。本章においては、「対支文化事業」の一環として文部省直轄学校に設置された留学生予備教育機関、すなわち「特設予科」における留学生教育の制度を、同科設置校のひとつである長崎高等商業学校を事例として考察したい。

## 一・特設予科設置以前の長崎高等商業学校における留学生受け入れ

### （一）第一期（清国留学生の受け入れ）

長崎高等商業学校（以下、「長崎高商」と言う）は、東京・神戸に次ぐ第三の官立高等商業学校として、一九〇五年三月二八日に設立された。設立当初は修業年限三年の本科のみを設置し、同年九月一日、第一期生として一一三名を迎え入れた。

長崎高商は、地理的あるいは歴史的に日本でも特異な位置にある長崎に置かれた高等商業学校であることを反映してか、「海外発展、特に清、韓、南洋方面に雄飛活躍すべき人材を緊急に養成する」（瓊林会編一九七五：一一）ことを目的としていた。このため、早くから朝鮮半島や大陸への修学旅行を実施している。また、これらの地域からの留学生の受け入れにも熱心で、開校翌年の一九〇六年三月には「外国人特別入学規程細則」を制定している。その内容は次のとおりである。

第一条　外国人にして本校に於て一般学則の規程に依らず所定の学科目中一科目若は数科目の教授を受けんことを願出る者あるときは本則に拠り之れが許否を定む

第二条　第一条の出願者は願書に外務省在外公館若は本邦所在の外国公館の紹介状及履歴書を添付し学校長に差出すべし

第三条　第一条の出願者の学力は試験に依り之を検定す。此の場合に於ては入学試験料を徴収せず。経歴により日本帝国中学校卒業以上の学力ありと認むることを得る者に対しては前項の入学試験を省略す

第四条　本細則に拠り入学の許可を得たる者は保証人を要せず(1)

この「外国人特別入学規程細則」に基づき、長崎高商は一九〇七年に「韓国人一人、清国人五人」を受け入れた。また、一九〇八年には「韓国人一人、清国人七人」、一九〇九年には「清国人十一人」、一九一〇年には「清国人十五人」、一九一一年には「清国人四人」を受け入れている（長崎高等商業学校編一九三九：五〜九）[2]。

ただし、彼らは正規の学生として受け入れられたのではないようだ。「外国人特別入学規程細則」の第一条に、「外国人にして本校に於て一般学則の規程に依らず所定の学科目中一科目若は数科目の教授を受けんこと」を希望する者とあるように、彼らは今日で言うところの科目等履修生として長崎高商に留学したようである。そのためもあってか、彼らは卒業時に日本人学生の場合と異なり、「卒業証書」ではなく「畢業証書《ひつぎょうしょうしょ》」を授与されている[3]。

一九一一年に「清国人四人」を受け入れた後、長崎高商の留学生受け入れには一〇年ほどの空白期間がある。これは辛亥革命の発生による清国の崩壊が大きな要因として考えられる。日本全体で見ても一九〇五年頃には一万人近くいた清国留学生が辛亥革命の起きた一九一一年には二千人程度まで減少している（多仁二〇〇六：三六）。

ここまでの時期を長崎高商における留学生受け入れの第一期とするならば、この第一期は留学生教育に関する制度が未整備の時代だったと言うことができるだろう。この時代、留学生に対する日本語教育や予備教育のための特別の制度は長崎高商に存在しなかった。

ただし、このことは日本の高等商業学校全体で留学生受入制度が未整備だったことを意味するものではない。長崎高商の開校と同じ一九〇五年には山口高等商業学校が設立されているが、その二年後に同校は、いわゆる「特約五校」のひとつに指定され、留学生教育専門機関を設置している。

この「特約五校」制度は、清国政府の要請によって始まったものである。清国は留学生の海外派遣によって自国の近代化を成し遂げようとしていたが、日本政府も日本の官立学校も清国留学生の受け入れに必ずしも積極的ではなかった。そこで清国政府は日本政府と交渉し、日本の官立学校が清国の留学生を受け入れるのに必要な経費の一部を同国政府が負担することを条件に、文部省直轄学校五校（第一高等学校、東京高等工業学校、東京高等師範学校、千葉医学専門学校、山口高等商業学校）に清国留学生の定員枠を設けることとなった。一九〇七年、日本政府と清国政府は次の協定を締結している。

一、明治四十一年以降、十五年間、毎年、第一高等学校に六十五名、東京高等師範学校に二十五名、東京高等工業学校に四十名、山口高等商業学校に二十五名、千葉医学専門学校に十名、合計百六十五名の清国留学生の入学を許可す。清国はその為め学生一名に対し二百円乃至二百五十円の割合にて、（公使館の手を経て）当該学校にその教育費を納む。（中略）

一、各校の競争入学試験に及第せる者が、この官費生として採用さるゝものにして、学生の教育費（補助費）と学費とは、一名一年分平均日本金六百五十円とす。(4)

この「特約五校」制度によって、山口高等商業学校は一九〇八年四月に留学生特設予科を設置し、毎年二五名の清国留学生を受け入れることになった。留学生はこの留学生特設予科に一年間在籍した後、本科に編入されて日本人学生と一緒に学び、三年間で卒業するシステムになっていた。

しかし、山口高等商業学校における留学生受け入れは結果として失敗に終わる。それは一九一一年、修学旅行における待遇をめぐって留学生と学校との間に対立が生じ、八一名の留学生が同盟退学する事件が発生したからである。(5)この事件を契機として、山口高等商業学校は「特約五校」制度からはずれ、同校では留学生特設予科も廃止された。

ただし、他の四校においては中華民国成立後も「特約五校」制度が存続した。この制度は「留学生に過度の受験競争を強いながら、科挙廃止後の中国におけるエリート養成に重要な役割を果たして」(二見一九七六：七三)いったという。

この「特約五校」制度は一五年間の有期計画であったが、その終了を待たず、一九二〇年に中国政府は当該官立学校四校に対する補助金の支給を中止した。このため、残余期間は日本政府が中国政府に代わって補助金を負担することになったのだが、ちょうどそのころから日本政府は留学生受入制度の整備を本格的に検討するようになる。そして、長崎高商もその対象のひとつになるのである。

## (二)第二期(準備教育科の設置)

一九二二年、長崎高商は約一〇年ぶりに留学生を受け入れた。同年四月、長崎高商は「支那人五人」(長崎高等商業学校編一九三九：一五)に入学許可を出している。この「支那人五人」の長崎高商入学前における学歴や日本語学習歴は不明だが、今回は正規の学生として受け入れたらしく、長崎高商は彼らに高度の日本語能力を要求した。しかし、当該五名の日本語能力はそのレベルに達していなかったようで、長崎高商は彼らに課外で日本語教育を施した。また英語の補習も行ったようである。

しかし、この課外教育は充分な成果を挙げることができなかった。そこで長崎高商は一九二二年一一月に「外国人特別入学規程細則」を改正し、留学生のための「準備教育科」を開設した。これは五か月間(一一月～翌年三月)の予備教育課程で、修了すれば無試験で本科の第一学年に入学できた。準備教育科の入学希望者には中学校・商業学校卒業程度の学科目試験が課せられた。毎週の授業時間数は、「国語」二〇時間、「英語」一二時間、「体操」三時間の合計三五時間だった。この「準備教育科は長崎高商における中国人留学生の予備教育機関の濫觴」(王二〇〇四：八九)とされている。

一九二三年一月、長崎高商は準備教育科に六名の留学生を受け入れた(長崎高等商業学校編一九三九：

一六）。しかし、五か月間の修業年限では予備教育課程として不充分であると認識されたためか、開設二年後の一九二五年には修業年限が一年間（四月〜翌年三月）に延長されている。

この準備教育科は長崎高商が初めて設けた留学生教育専門機関だった。「特約五校」制度の対象校を別にすれば、この時代に全国の官立学校の中で留学生教育専門機関を設置していたのは長崎高商と広島高等師範学校だけであり、その意味では先駆的だったと言える。ただし、この準備教育科は長崎高商が自らの判断に基づいて設置したものであり、日本政府の留学生受入政策の一環として設けられたものではない。すなわち、のちに外務省が言うところの「私的経営による施設」（JACAR:B05015528800）として設置された留学生教育専門機関だったのである。

## 二．文部省直轄学校における特設予科の設置

### （一）留学生政策に関する動き

従来、日本政府は留学生の受け入れにあまり積極的ではなかった。しかし、一九一五年の「対華二十一か条要求」に起因する中国の反日感情の高まりの中で、また欧米諸国が中国に対する文化事業を拡大する中で、一九一〇年代の後半頃から日本政府も、その外交政策の一環として中国人留学生の受入拡大と留学生教育の振興に取り組むようになる。

一九一八年六月、外務省は「支那人本邦留学情況改善案」と題する政策提言をまとめている。この提言において外務省は、「東洋の大局に鑑み帝国の将来に稽へ日支提携を図る」ことが緊要であり、その目的から「日支両国々民大多数の相互諒解感情融和」を実現する必要があるとした。そして、この「了解及感情の融和を実現せむが為には一般支那人をして日本語に通ぜしめ日本の文化及実力を諒解せしむること」が必要であり、そ

の「実行手段」として「留学生の待遇」が重要であるとした（JACAR:B03030276600）。

この「留学生の待遇」を図るための政策のひとつとして、外務省は「支那人教育の為にする健全なる学校の発達補助」を挙げている。そして次の措置を講ずるべきだとした。

特に注意すべきは支那留学生の本邦到着後第一着歩として入学すべき日本語研究を目的とする予備学校を完備せしむることなり。支那人留学生の成績が其日本語の智識と重大なる関係あるは云ふ迄もなく又此等留学生の本邦滞在の初期に方りて充分の監督を受け真面目に修学の慣習を作らしむるは本邦留学生一般成績の上進上特に注意すべき要点なり。この目的の為に速に執るべき手段次の如し。

一．在神田区東亜高等予備学校の如き種類の学校を発達せしめ若は設立すること

二．支那人の日本語修得の便宜を講じ相当学校には補助金を与ふること（JACAR:B03030276600）

また、いわゆる「特約五校」制度については、「支那政府の官費生」は「日本人学生の支払ひ居る授業料其他の経費以外所謂補助費」を所属校に支払っているが、このような制度が「支那人に少なからざる悪感を与へつゝあるの実情なるに就ては日支国交の大義に考へて之を撤廃するの方法を講ずること肝要なり」とした（JACAR:B03030276600）。そして、実際のところ「特約五校」制度は、前述のとおり一九二〇年から日本政府が中国政府に代わって補助金を支給する制度に変更された。

日本政府は「留学生の待遇」を改善するための施策にも取り組んだ。一九一八年に設立された「日華学会」は、一九一一年創設の「留学生同情会」を前身とする民間団体であるが、この日華学会が中国人留学生のための寄宿舎を運営するに当たり、その運営費一五万円を文部省が助成するようになった。これは「留学生教育のために政府が行った最初の民間への助成」（長谷川恒雄一九九一：五三）とされている。

一九一〇年代の後半期には、帝国議会においても、留学生問題がしばしば取りあげられている。その背後には東亜高等予備学校の校長だった松本亀次郎の働きかけがあったのであるが、一九一八年の第四〇回議会では高橋万吉が松本の要請を受けて「支那人教育の施設に関する建議案」を上程している。同案は修正を施した上で可決された。また、一九二一年の第四四回議会には同じく松本の起草による「支那共和国留学生教育に関する請願」が提出されたのに対し、「支那共和国留学生教育に関する建議」として可決された。

このような段階を経て、一九二三年三月三〇日、「対支文化事業特別会計法」が公布された。これは義和団事件の賠償金等を原資として、「対支文化事業助長の為特別会計を設置し其の歳入を以て其の歳出に充つ」ことを企図したもので、「支那国に於て行ふべき教育、学芸、衛生、救恤其の他文化の助長に関する事業」および「帝国に在留する支那国人民に対して行ふべき前号に掲ぐる事業と同種の事業」ならびに「帝国に於て行ふべき支那国に関する学術研究の事業」を実施するとされた（JACAR:B05016070600）。

この「対支文化事業特別会計法」に基づく「対支文化事業」の一環として、日本政府は中国政府が選定する留学生三二〇名に対して毎年ひとりあたり七〇円以内の学費を助成することになった。また、一九二六年度からは各学校が推薦する留学生五〇名（のちに八〇名に増員）に対して学費七〇円以内を支給する選抜留学生制度も開始された。

## （二）特設予科の開設

日本政府による「対支文化事業」の開始は、すでに準備教育科を開設して留学生に対する予備教育を行っていた長崎高商にとって、その運営経費の一部を国庫から助成してもらう絶好の機会と映ったようである。具体的な年月日は不明だが、同校は一九二三〜一九二四年頃、外務省の対支文化事務局に対して、準備教育科への補助金支給を申請した。

しかし、国庫負担によって留学生予備教育を充実しようと考えた学校は長崎高商だけではない。外務省には、かつて「特約五校」だった東京高等師範学校や山口高等商業学校からも同様の申請が寄せられていた。[6] また、長崎高商と同じく「私的経営」による留学生教育専門機関を設置していた広島高等師範学校も文部省を経由して補助金の支給を申請した。

前述のとおり、かねてより外務省は「一般支那人をして日本語に通ぜしめ日本の文化及実力を諒解せしむ」ために留学生教育を拡充する必要があるとしていた。また、その目的から「予備教育機関の一層の充実改善を図るを最急務なり」と考え、文部省と共同で「東亜高等予備学校の改善方考究」していたが、「何分短期間内に同校の改善のみを以て初期の目的を達することは困難」という状況にあった（JACAR:B05015528600）。このため、外務省は文部省直轄学校からの補助金支給申請という新たな動きを受けて、当該「直轄学校附設の予備教育施設に対する補給申請に付ても予算の範囲内に於ては相当助成方考慮」することとし、文部省が「特約五校」制度の名残りとして一九二〇年から予算措置を講じてきた「第一高等学校及東京高等工業学校の特設予科と併立して右二校以外の二三直轄学校にも当分学校職員の私的施設として予備教育機関を附設し得る」か否かを研究するよう文部省に要請した（JACAR:B05015528600）。

この外務省からの要請を受けて文部省は、一九二五年二月一四日付で「直轄学校に於ける支那人予備教育施設計画案」をまとめた。その内容は次のとおりである。

一、目的　直轄学校に於て外務省の委託に依り当該学校に入学せむとする者の為特別予科を設くること
一、入学資格　中学校高等女学校卒業者と同等以上の学力を有すると認めたる者とすること
一、設置学校　東京高等師範学校、広島高等師範学校、長崎高等商業学校、明治専門学校
一、修業年限　修業年限は一年とすること

一、学科及毎週教授時数　当該学校長に於て適当に之を定むること
一、学級編制　特別学級を編制すること（二十五人以内）
一、経費　外務省よりの補助金一校弐千円宛及授業料等を以て之に充つること
一、授業料等　授業料等は之を徴収すること
一、経営者　学校直接の施設とすること（JACAR:B05015528600）

この「直轄学校に於ける支那人予備教育施設計画案」を外務省も了解したことで、最終的には前記の「計画案」に記載されている四校を含む官立学校七校に公設の留学生予備教育機関である「特設予科」が設置されることになった。その設置対象校は、「特約五校」でもあった第一高等学校・東京高等工業学校・東京高等師範学校の在京三校、「私的経営」による留学生教育専門機関をすでに設置していた長崎高商と広島高等師範学校[7]、そして新たに明治専門学校と「女子の予備教育」（JACAR:B05015528600）を行う機関として選定された奈良女子高等師範学校の合計七校である。高等商業学校で特設予科が設置されたのは長崎高商だけだった[8]。

また、修業年限については、他校の特設予科が一年であったのに対し、長崎高商の場合は一九二六年一〇月から一年半に延長し、二学年制とした。第一学年は一〇月から翌年三月までの半年間、第二学年は四月から翌年三月までの一年間である。このため、長崎高商特設予科ではとくに「国語」教育の面で他校に見られない独自の教育方針が採られた。なお、のちに明治専門学校も長崎高商にならって修業年限を一年半に延長している。

## （三）特設予科の性格

特設予科設置校の選定に当たって、文部省は主導的な役割や積極的な調整業務を果たさなかった。このため、高等師範学校の場合は三校に特設予科が設置されたのに対し、高等学校や高等商業学校の場合は一校ずつにし

か設置されないという不均衡さが生じた。そして、この不均衡さゆえに、文部省がまとめた前記の「直轄学校に於ける支那人予備教育施設計画案」では、特設予科は「当該学校に入学せむとする」留学生のための予備教育機関と位置づけられていたものの、実際には各校の特設予科で「他の学校に入学志望する生徒」が続出する結果となった（JACAR:B05015528700）。

一九二六年二月五日に文部省が特設予科設置校の校長を集めて開催した第一回特設予科会議においては、この問題が最初に扱われた(9)。しかし、そこでは各校の思惑が交錯した。高等学校で唯一特設予科が設置された第一高等学校の校長が、「他の学校からの志望生徒をも入学せしむると云ふことは出来ないこと」であるとしたのに対し、高等師範学校側は、「予科修了者は何処の学校にも入学できるものと思ふて居りました」とした上で、「（筆者註：全国に存在する）高等師範は只二校のみなるを以て広く各学校に入学せしむる様致し度し」と希望した（JACAR:B05015528700）。

この問題に関して、高等商業学校で唯一特設予科が設置された長崎高商の校長は、「自校にては自校の本科に入学せしむることを承知の上にて入学せしめ居れり」としたが、同時に、「昨年の秋、高等商業学校長会議に於て私の方から中華民国人の予科修了者を無試験にて各高等商業学校に入学の出来る様諮って見ました処が、教官会議に於て結局協議に副ふ様にしたいといふことになりました」とも述べている（JACAR:B05015528700）。

この問題は、最終的に「高等学校は高等学校、工業は工業、商業は商業と同種の学校間に於て転学を認むることと限定」（JACAR:B05015528700）する方向で調整することになった。第一回特設予科会議の終了後、文部省は各校に対して次のように通知している。

一・特設予科とは第一高等学校、東京高等工業学校、東京高等師範学校、広島高等師範学校、奈良女子高等師範学校、長崎高等商業学校及明治専門学校に於て支那国留学生の学力補充の為設置せる予科を謂ふ

二．特設予科終了者は当該学校の本科（学校令に基く其の校の予科を有するものに在りては其予科）に無試験を以て進学せしむること。但し特別の事情に依り他の学校に入学を希望し当該希望学校に於て之を入学せしむるも差支無きときは左の区別に従ひ予科附設の学校長と協議の上之を本科（学校令に基く其の校の予科を有するものに在りては其の予科）に入学せしむるを得ること

三．同種の学校に於ては無試験を以て入学せしむ

四．異種の学校に於ては試験検定を経て入学せしむ

五．第一高等学校特設予科修了者にして高等学校に入学を希望する者に付ては従前の例に依り之を配当す

（JACAR:B05015528600）

こうして、長崎高商特設予科の修了者は、同校本科のみならず他の高等商業学校の本科にも無試験で入学できることになった[10]。しかしながら、実際に他校へ進学する者は少なかった。一九二五年から一九三三年までの長崎高商特設予科修了者の人数と進学先は【表1】のとおりであるが、同科の修了者はそのほとんどが長崎高商の本科に進学している。

【表１】長崎高商特設予科修了者の人数および進学先（単位：人）

| 年 | 修了者数 | 進学先 |
|---|---|---|
| 1925 | 13 | 長崎高商 12、神戸高商 1 |
| 1926 | 8 | 長崎高商 8 |
| 1927 | 7 | 長崎高商 6、神戸高商 1 |
| 1928 | 8 | 長崎高商 7、東京商大専門部 1 |
| 1929 | 13 | 長崎高商 13 |
| 1930 | 10 | 長崎高商 10 |
| 1931 | 1 | 長崎高商 1 |
| 1932 | 4 | 長崎高商 4 |
| 1933 | 6 | 長崎高商 6 |

（筆者作成）

## 三．長崎高商特設予科の制度および留学生

### （一）制度

長崎高商は外務省より特設予科設置校に認定されたことを受け、「中華民国留学生特設予科規程」を制定している（長崎高等商業学校編一九三九：一九）。その内容は修業年限を一年半に延長した際に若干変更されているが、一九二六年一〇月の時点では次のとおりである。

第一条　特設予科は本校所定の全学科目を履修せんとする者に必要なる準備教育を施すを以て目的とす
第二条　特設予科の定員を五十名とす
第三条　特設予科に入学を許すべき者は品行方正志操鞏固身体健全なる男子にして中学校卒業者商業学校卒業者及之と同等以上の学力を有する者とす
第四条　特設予科に入学を許すべき者の学力検定試験は中学校及商業学校卒業の程度に依り其学科目中に就き之を行ふ
第五条　特設予科の修業年限は一年六ヶ月とし之を二学年に別つ
第六条　特設予科第一学年の学年は十月十一日に始り翌年三月三十一日に終る。第二学年の学年は四月一日に始り翌年三月三十一日に終る
第七条　特設予科第一学年に入学せしむべき時期は学年の始めとす
第八条　特設予科の学科課程及教授時数左の如し（筆者註：「学科課程及教授時数」については、【表2】を参照）
第九条　第一学年に於ては特に国語の熟達を計るものとす

第一〇条　前条の課程を修了したる者には修了証書を授与し本科に編入す。学科成績中未修了の学科目有る者は前条の資格を認めず。但し本人に希望により本科の学科目を聴講せしむることを得

第一一条　特設予科入学の許可を得たる者に対しては第四款第五条及第六条を適用す

(JACAR:B05015528900)

この規程に基づき、従来の「準備教育科」は廃止され、新たに「特設予科」が設置された。長崎高商ではこの特設予科を一九三二年に「満州国」[11]が「建国」されるまで「中華民国留学生特設予科」と称していた。

特設予科の定員は右記のように五〇名とされた。これは前述のとおり一九二六年二月に開催された第一回特設予科会議において、長崎高商特設予科の修了者は他の高等商業学校の本科にも無試験で進学できるようになったために、その「転学せしむるといふ前提の下に拡張計画」(JACAR:B05015528700)を立てた結果である。ただし、【表3】のとおり、長崎高商特設予科の入学者が実際

【表2】特設予科の「学科課程及教授時数」(第八条関係)

| 学科目 | 第一学年 | | 第二学年 | | | |
|---|---|---|---|---|---|---|
| | 第一学期 | | 第一学期 | | 第二学期 | |
| | 学科課程 | 時 | 学科課程 | 時 | 学科課程 | 時 |
| 国語 | 読方、訳解、作文、文法、会話、書取 | 14 | 読方、訳解、作文、文法、会話、書取 | 14 | 読方、訳解、作文、文法、会話、書取 | 14 |
| 英語 | 読方、訳解、作文、文法、会話、書取 | 11 | 読方、訳解、作文、文法、会話、書取 | 12 | 読方、訳解、作文、文法、会話、書取 | 12 |
| 数学 | 算術 | 2 | 算術 | 3 | 算術 | 3 |
| 理化 | | | 物理、化学 | 2 | 物理、化学 | 2 |
| 地理 | 人文地理 | 2 | | | | |
| 歴史 | 世界近世史 | 2 | | | | |
| 体操 | 体操、教練 | 3 | 体操、教練 | 3 | 体操、教練 | 3 |
| 合計 | | 34 | | 34 | | 34 |

(筆者作成)

に五〇名に達することはなかった。

## （二）入学資格および入学試験

前述の「中華民国留学生特設予科規程」に記載されているとおり、長崎高商の「特設予科に入学を許すべき者は品行方正志操鞏固身体健全なる男子にして中学校卒業者商業学校卒業者及之と同等以上の学力を有する者」とされていた。また、その入学試験は「中学校及商業学校卒業の程度に依り其学科目中に就き之を行ふ」と規定されていた。試験科目は一九三四年度の場合だと、「英語（英文日訳、日文英訳）、数学（算術、代数）、日語（読方、訳解、作文、文法）」（JACAR:B05015529500）である。

東京都港区の三康図書館に長崎高商特設予科の一九三六年度入学試験問題が残されている。その「国語科」の試験問題は次のとおりである。

一．読方及び意義を問ふ。
　日和　名前　久振　一入　本当　無駄　物語　相手　見舞　案内
二．漢訳すべし。
　（イ）知恵があっても身体が健康でなくては、この劇しない世の中に活動することは、とてもできません。
　（ロ）あなたがいらつしやるなら、わたしも一緒に行きませう。
三．片仮名の箇所に適当なる漢字を充てよ。
　偉人が天下に名を成したのは、すべてクシン（二字）とドリョク（二字）と

【表３】長崎高商特設予科の志願者数・受験者数・入学者数（単位：人）

| 年　度 | 1925 | 26 | 27 | 28 | 29 | 30 | 31 | 32 | 33 | 34 | 35 |
|---|---|---|---|---|---|---|---|---|---|---|---|
| 志願者数 | 19 | 32 | 14 | 23 | 23 | 27 | 10 | 4 | 4 | 15 | 35 |
| 受験者数 | 17 | 27 | 12 | 23 | 22 | 25 | 9 | 4 | 4 | 13 | 27 |
| 入学者数 | 17 | 21 | 10 | 17 | 17 | 15 | 5 | 4 | 4 | 12 | 14 |

（筆者作成）

をツイヤ（一字）し、オドロ（一字）くべきベンキョー（二字）とシューヨー（二字）とをツ（一字）んだ為で、ヤクゲン（二字）すれば、ヒジョー（二字）なタンレン（二字）をへ（一字）たケツクヮ（二字）である。

四．第二問（イ）の中より動詞形容詞を摘出し、その活用の状を示せ。

五．左の文章を品詞に分類すべし。

孔子には弟子多し。而してその最も勝れたる者は七十二人なり。

六．作文　題『余の母校』（別紙に記すべし）（日華学会学報部編一九三五：一〇）

この試験の合格点は不明である。また、往時と今日とでは日本語の実体や基本語彙そのものが変わってきているので、前記の「国語科」試験問題を今日の基準で判断することは慎むべきだが、一九八四年から実施されている「日本語能力試験」（旧試験）の出題基準にあえて照らしあわせてみるならば、この試験問題の文字と語彙は二級レベル（新試験のN２レベル）、文型や文法項目は三級から二級レベル（新試験のN４からN２レベル）に相当すると言うことができる。長崎高商は特設予科入学時の日本語能力として、少なくとも中級相当のレベルを留学生に求めていたと言えるだろう。[12]

長崎高商特設予科の一九三四年度入学試験は、国内二都市（東京・長崎）と海外五都市（奉天・大連・新京・漢口・天津）の合計七都市で実施された。[13]長崎高商に特設予科が設置された一九二六年の試験実施地は東京と長崎の国内二都市だけだったが、翌年の一九二七年からは海外でも入学試験を実施するようになり、漢口と天津が試験実施地となった。また、一九二八年からは大連でも入学試験を実施するようになり、一九三四年の段階では、海外における試験実施地は既述のとおり五都市に拡大された。

海外で入学試験を実施していたことは、他校の特設予科には見られない、長崎高商の特色である。これは長崎という土地の歴史的および地理的な利点を生かした措置とも考えられるが、長崎高商にはもうひとつ有利な点があった。それは海外に勤務する卒業生が多かったことである。もともと「海外発展、特に清、韓、南洋方面に雄飛活躍すべき人材を緊急に養成する」ことを目的として設立された長崎高商には、大陸の諸都市に勤務する卒業生も多く、入学試験の実施に際して、それらの「日本人卒業生に立会はじめ監督」(JACAR:B05015529100)を委託することができたのである。

## (三) 長崎高商特設予科の留学生

特設予科の入学者は、文部省により「中学校高等女学校卒業者と同等以上の学力を有すると認めたる者」と定められていたが、彼らが特設予科に入学するまでの過程には、大きく分けてふたつのケースがあった。

ひとつは中国(後に満州国も)の中等教育機関を卒業後、そのまますぐに来日して特設予科に入学するケースである。この場合は、来日前に日本語を学び、ある程度の日本語能力を獲得しておくことが必須なので、日本語教育をカリキュラムに取り入れている学校の卒業生が有利だった。当時、この種の学校としては、中日学院(天津)と江漢高級中学(漢口)があった。

中日学院は一九二一年に東亜同文会が設立した天津同文書院を前身とする学校で、設立当初から日本語教育を実施していた。一九二六年に運営母体が日中共同の中日教育会に移行し、校名も中日学院と改称された。また、江漢高級中学は一九二二年に漢口の日本人租界に天津同文書院の姉妹校として設立された漢口同文書院を前身とする学校であるが、やはり一九二六年に運営母体が日中共同の東方学会に移行し、校名も江漢高級中学と改称されている。

中日学院も江漢高級中学も日本語教育を重視し、実質的に日本留学予備教育機関としての役割を果たしていた。長崎高商が一九二七年から天津と漢口でも入学試験を実施するようになったのは、両校在籍者の便宜を図ることが目的だったとも考えられる。

もうひとつのケースは、中国で中等教育課程を終えた後に来日し、留学生用の予備校に入学して一年ないし一年半、日本語学習や入学試験の受験準備を行う場合である。この種の予備校としては、嘉納治五郎が一九〇二年に設立した宏文学院（弘文学院）をもって嚆矢とするが、その宏文学院（一九〇九年閉鎖）の教師として留学生教育と関わるようになった松本亀次郎によって一九一四年に設立された東亜高等予備学校（一九二五年からは日華学会が運営）が、一九二〇～一九三〇年代には、その代表的な存在だった。[14]

開校直後（一九〇七～一九一一年）の長崎高商に「所定の学科目中一科目若は数科目の教授を受けんこと」を希望して入学した留学生は、日本国内の予備校で日本語教育と中等普通教育を受けてから入学する者が多かった。王嵐（二〇〇四）がまとめた「長崎高等商業学校留学生名簿」（二八四～二九〇頁）によれば、この時期に長崎高商に入学した留学生（不明の者を除く）は、その約七割の者（一七名中一二名）が日本国内の予備校（大阪高等予備学校・宏文学院・成城学校）を経てから長崎高商に入学している。

しかし、特設予科の設置以降は、中国の学校を卒業した後すぐに来日して長崎高商特設予科に入学する者が多くなり、これは他校の特設予科と比較した場合の長崎高商の大きな特色となった。たとえば、一九三〇年および一九三一年における各校特設予科在籍者中、東亜高等予備学校出身者の占める割合は【表４】のとおりである（二見一九七六：八六）。

長崎高商の場合は、他校に比べて国内予備校出身者の占める比率が低かったのに対し、中日学院と江漢高級中学の出身者の占める比率が高かった。たとえば一九三二年度に長崎高商の特設予科に在籍していた中国人留学生は第一学年二名、第二学年五名の合計七名だったが、このうち東亜高等予備学校の出身者は一名に過ぎなかったのに対し、江漢高級中学の卒業生は二名、中日学院の卒業生は三名だった（JACAR:B05015529400）。

このように「直接支那より渡来する者」（JACAR:B05015529100）が多かったことは長崎高商の特色であるが、

これは、（a）長崎と中国は地理的に近く、定期航路も開設されていたこと、（b）それに対して、東亜高等予備学校等の留学生予備校が数多く存在する東京や大阪と長崎は地理的に離れていること、（c）長崎は徳川時代から日中貿易の拠点であり、歴史的に中国と関係が深いこと、（d）長崎高商が中国で入学試験を実施していたこと等を反映したものと考えられる[15]。

他校の特設予科が一年制であったのに対し、長崎高商の修業年限は一年半だったが、これも「当校は直接支那より渡来する者多く他の予科より来る者なき」（JACAR:B05015529100）ための措置であった。日本国内の留学生予備校出身者と異なり、「直接支那より渡来する者」は日本の教育機関で学ぶのに必要な学習スキルや学習スタイルの面で不足があると判断されたためだろうか。

ただし、中日学院や江漢高級中学は「日語に力を入れ居る」ことから、長崎高商は両校の出身者を「特予二年に編入」しており、彼らの日本語能力は日本国内の留学生予備校出身者と比較しても遜色なかったようである（JACAR:B05015529100）。また、学力の点に関しても、長崎高商特設予科の留学生は「天津中日学院、漢口江漢中学出身のもの多き為か一般に良好」であり、「本科に進学せるものは相当の成績を示し」ていたという（JACAR:B05015529300）。

なお、「直接支那より渡来する者」が多いということは、「長崎に来て長崎で卒業して其の儘帰国する様な生徒」も多いということであり、長

【表4】特設予科在籍者に占める東亜高等予備学校出身者の比率

| 特設予科 | 1930年 | 1931年 |
|---|---|---|
| 東京工業大学 | 48.89％ | 59.65％ |
| 第一高等学校 | 44.44％ | 24.14％ |
| 長崎高等商業学校 | 0.00％ | 25.00％ |
| 明治専門学校 | 66.67％ | 不明 |
| 東京高等師範学校 | 不明 | 80.95％ |
| 広島高等師範学校 | 84.62％ | 61.53％ |
| 奈良女子高等師範学校 | 25.00％ | 83.33％ |

（二見 1976：86）

崎高商は、「希望としては予科在学中に一度修学旅行として日本の他の地方を見せてやり度し」として(JACAR:B05015528900)、外務省文化事業部に旅費の補助を申請している。[16]

【表3】からも明らかなとおり、長崎高商特設予科の入学志願者数・受験者数・入学者数は一九三一年度に激減している。これは長崎高商に限ったことではなく、他校の特設予科でも同じだった。その理由は大きく分けてふたつある。ひとつは一九二九年に中国政府が海外留学資格を高級中学の卒業者に限定したこと、そしてもうひとつは、一九三〇年に中国政府が滞日留学生に対して、日本政府の「対支文化事業」予算による奨学金の受給を禁止したことである。後者は中国政府が日本との文化事業協定を廃棄したいという思惑から採った施策だった（二見一九七六：八八）。

一九三〇年一月の時点で日本の専門学校以上の学校に在籍する中国人留学生は約一八〇〇名だった。このうち外務省文化事業部から学費の補助を受けていた「一般補給留学生」（学費として月額七〇円以下を支給）は三一二名、「選抜留学生」（学費として月額三〇〜七〇円を支給）は六二名、「特選留学[17]」（学費として月額一〇〇〜一五〇円を支給）は一五名だった（JACAR:B05015529000）。すなわち、全中国人留学生の約二〇％が「対支文化事業」予算から奨学金を受給していたわけだが、中国政府はその受給を禁止したのである。

長崎高商特設予科の一九三二年度入学者数はさらに減少している。また、一九三一年から一九三二年にかけては「満洲事変発生し官費送金拒絶」（JACAR:B05015406400）のため退学者や休学者も続出した。

その一方で、一九三二年三月に満州国が「建国」されたことで、各校の特設予科には満州国派遣留学生が増えていった。長崎高商も一九三二年に一名、一九三三年に一名、一九三四年に六名の満州国留学生を受け入れている。[18]

建国当初の満州国では日本留学予備教育の制度が整備されていなかったことから、[19]同国派遣留学生は日本国内の留学生予備校で学んだ後に各校の特設予科に入学するケースが多かった。一九三四年度に長崎高商特設予科に在籍していた留学生は満州国八名、中国七名の合計一五名であるが、このうち満州国八名の内訳は、東亜高等予備学校の出身者が三名、成城学校の出身者が四名であり、八名中七名が日本国内の留学生予備校に通った経験を有していた。一方、中国の七名のうち日本国内の留学生予備校に通った経験を持つ者は二名（いずれも東亜高等予備学校出身）に過ぎない。

日本政府は、満州国留学生を毎年二〇〇名受け入れる計画を立てた。その受入校は政府から指定されたが、高等商業教育機関では長崎高商のほか、東京商科大学、山口高等商業学校、福島高等商業学校が指定され、その予備教育課程は長崎高商と山口高等商業学校に置かれた（王二〇〇四：七六〜七七）。一九三三年、長崎高商は特設予科の名称を従来の「中華民国留学生特設予科」から「留学生特設予科」に改めている。また、かつて「特約五校」に指定されていた山口高等商業学校も一九三三年に特設予科をあらためて設置したが、同校は長崎高商の場合と異なり、「満州国留学生をのみ収容教育する方針」を採用した。一九三六年九月の時点で同校には八二名の留学生が在籍していたが、うち八一名は「満洲国留学生」だった（JACAR:B05015526200）[20]。

満州国留学生の増加により、長崎高商特設予科の在籍者も一九三〇年代の半ばには中国留学生より満州国留学生の方が多くなった。たとえば、一九三五年一〇月の時点における長崎高商特設予科の在籍者数は一三名であるが、その内訳は満州国留学生七名、中国留学生六名である。また、一九三九年五月の時点における在籍者数は満州国留学生五名、蒙古留学生一名、中国留学生四名（ただし、うち二名は「支那事変のため帰国特別休学中」（JACAR:B05016142600）とされている）の合計一〇名。一九四〇年五月の時点では満州国留学生六名、中華民国留学生四名（ただし、うち二名は「支那事変のため昭和十三年一月より特別休学中」（JACAR:B05016143600）とされている）だった。

## （四）長崎高商特設予科の修了生

長崎高商特設予科を一九二六〜一九四〇年に修了した者は合計一三五名である（長崎大学三十五年史刊行委員会編一九八四：一九）。前述のとおり、その多くは長崎高商の本科に進学したが、これは本科も留学生にとっては大学進学のための通過点と認識されるケースが多かったことから、他校に転学するよりも特設予科時代から馴染みのある長崎にそのままとどまって大学進学の準備をする方が良いと考える留学生が多かったためではないかと考えられる。実際、長崎高商本科の留学生は「一般に進んで大学に入学する傾ありて、直に就職するものは少数に止れり」（JACAR:B05015529600）という状況だったのであり、たとえば、一九三三年三月に本科を卒業予定の留学生は六名だったが、そのうち進学希望の者は四名いた（進学希望先は東京商科大学・神戸商業大学・京都帝国大学経済学部）。

長崎高商を卒業した留学生は、国ごとに同窓会を「各別個に設立し、其の帰属関係も截然と区別」（JACAR:B05015519400）されていた。すなわち、中国留学生は「中華民国留日長崎高等商業学校同窓会」を、満州国留学生は「満洲国留日長崎高等商業学校学生同窓会」をそれぞれ組織していた（JACAR:B05015529600）。ただし、これらの同窓会が卒業生のネットワークとして実際にどの程度まで機能していたのかは明らかでない。長崎高商によると、「卒業生と母校との連絡を図る為、同窓会は多数の支部員を有し、毎年名簿を送付することになり居るも、会費を納付せざるに困り実行上困難を感ず」（JACAR:B05015529600）という状態だったという。

なお、長崎高商を卒業した留学生のその後の経歴については、王嵐（二〇〇四）が綿密に調査している。[21] しかし、そのほとんどは一九四五年以降の経歴が不明である。また、読売新聞長崎支局編（一九八五）によると、長崎高商で学んだ留学生は一四一名に及ぶが、一九八五年の時点で消息が判明していたのは二〇名に過ぎなかったという（読売新聞長崎支局編一九八五：三一五）。

## おわりに

以上、長崎高商を事例として、文部省直轄学校に設置された「特設予科」の制度について考察してきた。この考察からも明らかなとおり、留学生予備教育機関としての特設予科は、試行錯誤を繰り返しながら、その制度を確立していったと言えるだろう。長崎高商の特設予科もその例外ではない。

それでは、その特設予科の留学生教育とは具体的にどのようなものだったのか。この問題については、次章で論じたい。

**【第八章註】**

(1) 王（二〇〇四）一二〇頁より引用。
(2) 松本・大石（二〇〇六）によれば、一九一〇～一九一五年と一九二六年に長崎高商を修了した留学生の進路は次のとおりである（二六二頁）。北京政府四人、高等商業学校一人、商業学校七人、師範学校一人、企業二人、その他一人、自家営業一人、長崎高商海外貿易科（進学）二人、死亡三人、不明一三人。
(3) 長崎高商への留学生四四名のうち、「畢業証書」を授与された者は一七名である（新内二〇〇〇：一一二）。
(4) 二見（一九七六）七一～七二頁より引用。
(5) この事件の概略については、王（二〇〇四）一四七～一五三頁を参照。
(6) ただし、結果としては山口高等商業学校に特設予科は設置されなかった。留学生の同盟退学事件によって「特約五校」制度からはずれた経緯が影響したためとも考えられるが、具体的な理由は不明である。同校に留学生予備教育機関が再設置されたのは、一九三三年に満州国留学生のための特設予科が開設された時である。
(7) いわゆる「特約五校」のうち、東京高等師範学校・千葉医学専門学校・山口高等商業学校の三校は一九二〇年までに留学生予備教育部門を閉鎖していた。一九二〇年以降は第一高等学校と東京高等工業学校の二校のみが文部省から「支那留学生養成費」の支給を受けて留学生予備教育部門を存続していた。

(8)「対支文化事業」予算からの補助金受給に関し、瓊林会編（一九七五）は、一九二五年度「以降外務省文化事業部より毎年若干の補助金を受けることとなった」（四八頁）としているが、たとえば一九二九年度の場合、長崎高商特設予科の「総経費」四七五〇円のうち「外務省補助金額」は、その約七二％に相当する三四五〇円を占めており、とても「若干」とは言えない（JACAR:B05015520600）。

(9)特設予科会議は少なくとも次の七回開催されている（二見一九七六：八二～八四）。第一回：一九二六年二月、第二回：一九二七年一一月、第三回：一九二八年一〇月、第四回：一九三〇年二月、第五回：一九三〇年一一月、第六回：一九三二年三月、第七回：一九三三年三月。

(10)王（二〇〇四）によれば、一九二〇年、「民国政府は商業人材を養成するために、官立高商に進学した留学生にすべて官費を支給することを駐日公使館の留学生監督処に命令した」（二四〇頁）という。

(11)いわゆる「満州国」については、それが国家としての実態を有していたか否かの議論があるが、本章においては煩雑さを避けるために、以下の部分においては「満州国」を鉤括弧等に含めて表記しない。

(12)ただし、長崎高商特設予科の入学試験には「英文日訳」や「日文英訳」の問題もあるほか、「算術」と「代数」の試験問題も日本語のみで出題されていた。

(13)試験会場は次のとおり。長崎：長崎高商、東京：東亜高等予備学校、奉天：南満中学堂、大連：大連商業学堂、新京：新京商業学校、漢口：江漢高級中学、天津：中日学院。

(14)一九二七年の時点で外務省が「対支文化事業」の一環として直接的あるいは間接的に補助金を支給していた留学生教育専門機関には、「在本邦予備教育機関」として長崎高商を含む特設予科設置校七校と東亜高等予備学校、「在支那予備教育機関」としては前述の中日学院と江漢高級中学の二校があった（JACAR:B05015528800）。

(15)一九三〇年一一月に開催された第五回特設予科会議において、外務省文化事業部の担当官は中国で入学試験を実施することの可否を各校に打診している。これに対して文部省普通学務局長は、「支那にて入学試験を施行する様にせば東亜高等予備校は大打撃なりと揶揄」したが、外務省の担当官は留学希望者が「日本語を支那に於て学修することを前提」とした場合の可否を各校に尋ねた。これに対して、長崎高商教授の長畑桂蔵は次のように述べている。「本校は漢口高級中学、天津中日学院、旅順第二中等に委託して試験を行ひ居れり。右各地に於ける日本人卒業生に立会はじめ監督を行ひつつあり。何等の不都合なし。而し手数は煩雑なり。此以外の地に於ては実に面倒なりと思ふ。試験は日語、英語

位に居たし居れり。此以外に科目を増しては実施困難なり。」(JACAR:B05015529100)

(16) 結果的に、この中国における入学試験の実施問題については、文部省普通学務局長が次のように発言して、各校の裁量に委ねることになった。「長崎高商の様な便宜を有する学校にては支那にて委託試験を行ふもよし。大体其様な心持にて各校の自由裁量に願度。」(JACAR:B05015529100)

(17) 「対支文化事業」予算は「中国留学生内地旅行に対する補給」にも使用された。これは、「卒業年度に在る留学生にして適当なる指導者引率の下に団体を組織し実習見学旅行を為さむと欲する者」(JACAR:B05015529300) に対して旅費を補助する制度である。

(18) 特選留学生は、「専門教育の課程修了後更に本邦に在りて学術の蘊奥を究めむとする者にして大学総長及学部長より推薦せられたる優秀なる中国人」(JACAR:B05015529300) を対象として、一九二四年から開始された制度で、対象留学生には月額一五〇円以内の学費が支給された。

(19) 王(二〇〇四)によれば、一九三一年九月の満州事変勃発前、中国東北地方出身の滞日留学生数は約二〇〇名だったが、事変後、これらの留学生に対する奨学金の支給を中国政府は打ち切ったという。その後、これらの留学生に対しては満州国政府が「思想審査・鑑定」を加えた上で奨学金を支給するようになった。また、一九三三年から満州国政府は毎年二〇〇名の留学生を日本に派遣することとなった(七三~七四頁)。

(20) 一九三七年、満州国は日本留学のための予備教育機関として留日学生予備校(一年制)を設立した。この予備校の卒業生は、一九三六年五月に満州国政府が公布した「留学生予備校規程」により、日本の高等教育機関に直接進学できる特権が与えられたため、留日学生予備校には数多くの日本留学希望者が集ったという(王二〇〇四:七七)。

(21) このほかにも日本政府は、満州国留学生を受け入れるために様々な施策を実行に移している。たとえば、文部省直轄学校約三〇校に対する「満州国留学生養成費」の助成もそのひとつである。高等商業教育機関では福島高等商業学校がこの「満州国留学生養成費」の助成対象校となっている(JACAR:B05015528100)。王(二〇〇四)二八四~二九〇頁を参照。

# 第九章　戦前戦中期における文部省直轄学校「特設予科」の留学生教育

## ―長崎高等商業学校の場合―

## はじめに

筆者は前章で、戦前戦中期における文部省直轄学校の「特設予科」制度について、長崎高等商業学校（以下、「長崎高商」と言う）を事例として考察したが、本章においては、その留学生教育の具体的な内容について分析する。

ただし、教育内容の分析を開始する前に、長崎高商特設予科の修業年限が一九三四年に短縮された経緯を見ておきたい。それは、この修業年限の変更をめぐる一連の動きと、長崎高商が考える留学生教育の在り方とが深く関わっているからである。

### 一．修業年限の短縮

長崎高商特設予科の修業年限は一年半で、これは他校（一年制）の特設予科には見られない長崎高商の特徴だった。この長崎高商の事例を参考として、のちに明治専門学校も修業年限を一年から一年半に延長したが、長崎高商も明治専門学校も一九三四年にはこれを一年に短縮している。長崎高商が修業年限を一年に短縮した理由について、同校の『三十年史』には次のように記載されている。

中華民国留学生は、其後母国の教育部が出国留学生規則を制定し、高級中学又は之と同等以上の学校卒業者に限り日本留学の資格を認めることゝしたため、高級中学卒業者の渡来を増加し、又新興満洲国よりの入学者も、多くは高級中学卒業者であるので、昭和九年一月二十日現行の如く学科目を改正し、修業年限を一ケ年に改めた。（長崎高等商業学校編一九三五：一九九〜二〇〇）

しかし、修業年限を一年に短縮することは、長崎高商が自ら主体的に判断したことではなく、「外圧」に由来するものだった。その「外圧」は外務省・文部省・東亜高等予備学校の関係者から加えられた。長崎高商の関係者、ことに特設予科主事の長畑桂蔵は修業年限の短縮に最後まで抵抗したのであるが、結局のところ抗しきれなかった。

長崎高商に対して最初に「外圧」がかかったのは、一九三〇年一一月に東京で開催された第五回特設予科会議の席上においてである。この第五回特設予科会議では、前年の一九二九年に中国政府が高級中学の卒業生にのみ日本留学を認めるようになったことを受けて、特設予科という制度や修業年限の問題が議論された。この会議において外務省と文部省の担当官は、中国において「留学するに於ては学修期間長きに過ぐるを以て留学期間短縮の便宜」(JACAR:B05015529100)を求める声が強くなっていることに配慮し、長崎高商の長畑桂蔵に対して修業年限の短縮を求めた。これに対して長畑は、「学力の点に就ては初級、高級の差は少許なり、日語さへ出来れば大差なかるべし」としつつも、修業年限の短縮については、「支那に於て日語が盛となれば考へる必要もあるが、果たして支那高級中学の日語が如何なる程度なるか判然せざる以上考へ様もなし。只日語が長崎高商の半ヶ年程度に達し居るとせば考慮の余地あり」として、現在は修業年限の短縮を検討する時期ではないと応酬した(JACAR:B05015529100)。また、文部省の普通学務局長より、「長崎高商に於ては日語さへ相当に出来るならば本科に編入しうるや。東亜(筆者註：東亜高等予備学校)其他にて日語をやったものを入るる余地あるか、それとも長崎高商の予科を出た者でなくては本科には入れぬ方針なるか」と問われたのに対し、「予科では本科に入学後必要なる学科を教ふる故他校より無条件入学は少し困る。現在のやり方が本科入学後有効に表はれ居る故」と回答し、長崎高商特設予科における現行の教育システムに自信を見せた(JACAR:B05015529100)。長畑が修業年限の短縮に難色を示したのに対し、文部省普通学務局長は、「如何にしても日語教授の為に一年半を要すと云ふなら可し。学力補習の為に一年半を要するとせば矢張り問題なり。支那側にては高級六年の卒業なる故矢張り本科二年に入れて呉れと云ふならん」（JACAR:B05015529100）と述べている。

長畑は修業年限を短縮するぐらいであれば、現行の特設予科という制度そのものを廃止すべきであり、その上で修業年限の短縮という「問題を議する方都合よし」と反論した。これに対しては文部省普通学務局長が、「廃止は出来ぬ。日語練習の為、初級中学卒業生の為に」と述べているが、これを受けて長畑は、「特設予科ある以上は夫夫目的ある故年限短縮は問題なり」と発言し、修業年限の短縮にあらためて抵抗した（JACAR:B05015529100）。

こうして第五回特設予科会議をどうにか乗り切った長畑だったが、修業年限の短縮に関する問題は、一九三三年三月に開催された第七回特設予科会議でも取り上げられた。この会議には東亜高等予備学校学監の三輪田輪三が「留学生教育私案」と題する意見書を提出している。この意見書の中で三輪田は、明治以降の留学生予備教育の歴史を振り返りつつ、現状を次のようにまとめている。

> 支那留学生の特設教育は約三十年前清国政府より本邦政府に其養成を依託せられ、（一）支那本国の中等学校を卒業せるもの、（二）清国政府は留学生一人に付年額二百円を提供する事、（一）一高、東京高師、千葉医専、東京高工、明治専門（ママ）の五校にて特別教育をなすこと（所謂特約五校）の約束の下に其教養を創始したり。其後支那に於ては国体の変更、政治の変遷等ありて学制は数々変更せられ、清国政府当時の留学生費も提供せざるに至り、我政府にて之が善後策を講じたり。而して我国に於ても学制の変更あり。特約五校の内、千葉医専、東京高工は大学に昇格し、其他種々の変遷を経て、現在の特設予科（七校）を設置したり。
>
> 従来留学生の資格は支那の中等学校卒業なる漠然たるものなりしため、支那の学制の変更するに従ひ、

或は旧制中学（四年）、初級中学（三年）の卒業者等皆有資格者なりしが、昭和四年に至り南京政府は高級中学或は専門学校卒業者を以て海外留学の資格と定めたり。されど我国に於て支那の政情常ならざる故を以て依然従来の中等学校卒業者を収容する特設予科の制を改正せず、現在に到れり。
　されど支那の教育制度漸く定まり教育の進展稍に見るべきものあるに於ては、留学生の素質も向上を告ぐるは当然の情勢にして、昭和四年以来支那の大学卒業者、高等中学、専門学校卒業者は留学生の大多数を占むるに至り、今日の状況を以て推移せば本邦に於ては留学生の大多数の利便を省ず留学資格を有せざる少数者の為に特設予科を設置するの奇観を呈するに到る。（JACAR:B05015529400）

このような認識に基づいて、三輪田は会議の場において次のように提案した。

　高級中学以上の出身者が多くなれば、従来の特設予科を多少変更する要あるべし。なんとなれば此制度は高級中学以下のものを目当としたるものなるを以てなり。支那に於ける高級中学を十分調査し、其卒業生の成績が善ければ特設予科も変更の必要あるべし。明治専門、長崎高商の特設予科は一ヶ年半なるが一年にされては如何。又高級中学が真に価値あるものなれば入学試験も日本語のみにて専門学校の一年生に入学許可せられたし。旧制のもの及初級中学出身者は予科に収容すべきなり。（JACAR:B05015529400）

この提案を長崎高商の長畑は、「現在の処にては入学志願者に三段階ある故現在の制度が最適当なりと考ふ」との理由から拒否した。また、三輪田が「中日学院、江漢高級中学の卒業生なれば本科に入学せしめられたし」と提言したのに対し、長畑は「特設予科の課程中には普通科のみならず商業科もあり」として、これも拒否した（JACAR:B05015529400）。

しかし、翌年の一九三四年に長崎高商は特設予科の修業年限を一年に短縮している。これはおそらく、外務省・文部省・東亜高等予備学校からの「外圧」に長崎高商としても抗しきれなくなった結果であろう。長崎高商が修業年限の短縮に反対したのは、留学生予備教育というものの在り方、そして、その留学生予備教育の一環としての日本語教育の在り方に対する考え方が、外務省・文部省と長崎高商の間で異なっていたからである。この問題については、第四節であらためて論じたい。

## 二、長崎高商特設予科の教官

長崎高商特設予科には、一九三〇年度の場合、「教授六名、助教授三名、講師五名及外人教師二名」(JACAR:B05015529300)の合計一六名が勤務していた。いずれも本科との兼任である。彼らの特設予科担当分の給与は「対支文化事業」予算から支出されていた。瓊林会編(一九七五)によれば、長崎高商は特設予科専任の教官(「国語」二名、「英語」一名)を雇用したこともあったようだが、これらの教官はいずれも短期間で退職しており(三四三頁)、長崎高商特設予科の授業は基本的に本科の教官が兼任して受け持っていた。

特設予科教官の中心的な存在だったのは長畑桂蔵である。長畑は一九一九年九月二五日から一九四四年三月三一日までの約二五年間、長崎高商に在籍した(瓊林会編一九七五:三四一)。本科における担当科目は「支那語、東洋史」(瓊林会編一九七五:三四一)だったが、特設予科の主事を兼務し、東京で毎年開催された特設予科会議にも長崎高商を代表して出席している。

この長畑桂蔵は早くから「対支文化的政策」の必要性を唱えていた。また、日本の「対支文化的政策」が欧米諸国のそれと比べて立ち遅れていることを嘆いてもいた。彼は一九二一年二月に長崎高商が発行した『学友会雑誌』に「日支親善と国民的理解の急務」と題する論文を寄せているが、そこには次のように記されている。

日支両国が共に東亜に位置し僅かに一衣帯水の而も種族と文化を同じくし共存共栄の特種的関係ありて親善なるべき幾多の必要性を有しながら事毎に相背馳し又より敦睦なるべき可能性を具へながら愈々相扞格する如きは誠に東洋平和の障碍にして日支の不幸是れより大なるなし。（中略）

吾人は日支経済的連携及び対支文化的政策の急務を賛すると共に百尺竿頭一歩を進めて両国民相互の理解をして今一層徹底的ならしむる国民的大運動の必要を高唱して止まざる者なり。（中略）

欧米諸国の対支外交が常に優越なる地歩を収むる所以のものは固より幾多の理由の存するならんも彼等が絶えず時代思想の帰趨に着目し国民心理の妙諦を把握するの敏なるに負ふ所ある決して少しとせずと云ふ。又以て他山の石とすべし。（長畑一九二二：一二～一五）

このように考えていた長畑が、「対支文化事業」の一環として長崎高商に特設予科が設置された時、その責任者となったのは当然でもあったろう。彼は本科では「支那語、東洋史」を担当していたが、特設予科では「国語」を担当し、また、特設予科主事として同科のカリキュラム編成に重要な役割を果たした。その長畑は、一九三〇年二月に開催された第四回特設予科会議の席上において、長崎高商特設予科の留学生と彼らに対する教育および生活指導の現状について次のように述べている。

大正十一年より支那学生に対し予備教育を実施し居りしが、十四年より現在の一年半の特設予科とせり（最初一年の計画なりしも同年十月より入学生の便利を考慮し六ヶ月を延長せり）。成績は良好にして本科入学後も同様なり。

日本人経営の学校出身者は日本語も熟練し居るを以て学科の成績も良好なり。従て、入学当初は支那本国学校の出身者も居ることゝて学力不揃なれども一年半の後には大体学力も向上し、中には平均甲の成績をあげたる学生もあり。従来よりは進歩の跡歴然たるものあり。

学科中英文の和訳は支那学生の最も苦心する所にして一般成績に徴し此の点は稍劣れり。

高等商業学校の特設予科なるが故に本科編入後のことを考慮し、法制、経済、法学通論等をも教授し居れり。学習の態度は極めて真面目なり。

健康状態は一般に良好なり。現在普通体操一時間、教練二時間を課し居れり。彼等の遊戯は主に蹴球と籠球なるが著しく熟練し、本科生に挑戦する等頗る元気なり。近来は選手のみならず素人組も活動し居れり。土地柄として海にも山にも近き故、登山、海水浴の便利あり。之を利用して暑暇は海水浴をなさしめ且九月末の試験準備をなさしむる方針を採りたる結果、昨年の暑暇には帰国者少数なりき。

斯る状態なるが故に出席状態も宜しく第二学年に付て調査するに八百八十六中欠席の最も少きは八時間、最も多きは百二十八時間なるが、之は暑暇に帰国し学資調達の為帰校が後れたる結果にして敢えて怠慢と云ふ訳にあらず。同じく第一学年に於て授業時間数三百九十一時間に付て調査するに欠席時数僅に一時間と云ふ精勤者あり。只、家庭の事情に依り無届の全欠席者あれども之は論外なり。只、遺憾に思ふことは長崎を通過する支那学生が其都度呼出又は訪問をなす為時々已むを得ず欠席することなり。

指導監督は生徒主事其の任に当り、一切無差別待遇とせり。彼等は差別待遇を好まず。此の点に付ては曽て当時の岡田文相、幣原外相にも報告し置きたり。

学資の問題は学習上至大の関係あり。彼等の悩みは欠費なり。此の点に関し何等かの方法を講ずれば彼等の学習は更に向上すべし。本科生には補給の制度あり。特設予科にも此の恩典を拡張せられんことを望む（此の点は誤解に付坪上部長（筆者註：外務省文化事業部長）より説明する所ありたり）。又現今の選抜学生数を増加し彼等をして安んじて学業に就かしむる様考慮せられんことを希望す。

授業料の遅延する者あれども怠納者なし。

寄宿舎に彼等を収容する余裕なきを以て素人下宿に入し日本人の家庭を知らしむる様にせり。土地柄として下宿も善意の待遇をなし居れるが、北方支那人は饂飩食なるが故に南方人の如く米食に慣れ難き不便あり。

彼等の団体としては「中華民国長崎同窓会」あり極めて円満なり。

当校特設予科入学志願者の少き理由は概して商業志願者少きと土地が辺僻なる為なり。東京商科大学に入学を希望する者は可也なれども支那としては此等卒業者を使ふ所少し。現在長崎高等商業学校に在学する学生の如きも多くは商業家の子弟なり。自己経営の為同校に遊学すると云ふ状態なり。

(JACAR:B05015529000)


この長畑の発言からは、長崎高商特設予科の留学生教育に対する強い自負と矜持を読みとることが可能だろう。

## 三．カリキュラム

特設予科の開設にあたり、外務省も文部省もカリキュラム編成上の指針を示さなかった。このため、特設予科設置各校は自校の事情や教育方針に合わせてカリキュラムを編成することになり、その内容は学校によって大きく異なっていた。長崎高商の「中華民国留学生特設予科規程」(JACAR:B05015528900)に規定されているカリキュラムを他校の特設予科と比較するならば、次の点を長崎高商の特徴として挙げることができる。

第一の特徴は、「英語」の授業時間数が多いことである。[1] 長崎高商は第一学年で毎週一一時間、第二学年で毎週一二時間と全授業時間の約三分の一を英語教育に充当していたのに対し、広島高等師範学校は七時間、第一高等学校と明治専門学校は六時間、東京高等師範学校は五時間、奈良女子高等師範学校は四時間と、「英語」の授業時間数は長崎高商の約半分またはそれ以下だった。

二番目の特徴としては、「国語」の授業時間数が多いことが挙げられる。長崎高商特設予科は第一学年で毎週一二時間、第二学年で毎週一二時間を「国語」の教育に充てており、奈良女子高等師範学校（毎週一六時間を「国語」に充当）に次いで「国語」の授業時間数が多い。これは長崎高商と奈良女子高等師範学校の場合は「日本語科の中に他学科を含めて教授し居る」（JACAR:B05015529300）という特殊なカリキュラムを採用していたからでもあるが、他校の週あたり「国語」授業時間数を見てみると、広島高等師範学校は一〇時間、明治専門学校は第一学年一一時間、第二学年九時間、東京高等師範学校は八時間、第一高等学校は六時間であり、いずれも長崎高商より少ない。

三番目の特徴は、特設予科の開設当初、「修身」の時間がなかったことである。一九三〇年一一月に開催された第五回特設予科会議において、長崎高商特設予科主事の長畑も「特設予科には修身を置かず」（JACAR:B05015529100）と述べている。しかし、どういう経緯からかは不明だが、一九三二年度からは長崎高商も「修身」の時間を設けたらしい。一九三三年三月に開催された第七回特設予科会議で長畑は、「我校にては修身に於て学校の事情、九州の歴史、日本の歴史、風俗習慣人情、冠婚葬祭などを講ず。留学生は大に喜んでをる。校長は学問の尊き事を話す。其結果は善き様なり」（JACAR:B05015529400）と述べている。

前述のとおり、長崎高商は一九三四年度に修業年限を一年に短縮した。その際に「修身」はカリキュラムから再び姿を消すことになるが、[2]「国語」と「英語」を重視する姿勢は変わらなかった。[3]前者には毎週一九時間、後者には毎週九時間が充てられている。

特設予科のカリキュラムが学校によって大きく異なっていたことは、外務省関係者の眼には奇異に映ったようである。同省文化事業部は一九三二年三月に「中国留学生予備教育機関に於ける学科目其の他に関する調査」を行っているが、その調査報告書には次のように記されている。(4)

（筆者註：特設予科設置各校では）修身、国語（日本語）、英語、数学、歴史、地理、物理、化学、博物、図画、音楽、体操等殆ど各科に亘り既修学科の基礎の上に本科入学の準備としての教育を施すと共に日本語学習に力を注ぎ居るを見る。即ち各校共日本語科に各週六時間（一高）乃至十八時間（奈良女高師）を配当し居れり。（中略）奈良女高師、長崎高商の如く日本語科の中に他学科を含めて教授し居るものあるは注意すべき事なりとす。（中略）教科書は特殊の学科を除き出来得るだけ多く使用され居るが、（一）多数の教科書中一つとして二校以上に使用され居るものなきこと、（二）修身科に於て教科書を使用し居るは奈良女高師一校のみなる事、（三）日本語科に於て普通の国語読本の外小説、随筆、論説等の単行本を採用し居ること、（四）同じく日本語科の教科書として他学科の夫れを使用し居ること、（五）同一学科に於て一方小学校の教科書を用ふるものあると共に他方相当難解なりと思はるる教科書を使用し居ること、（六）同種の学校にて或る学科につきて総合的教科書を用ふる学校ある一方、分科的に教科書を使用し居ること、（七）歴史地理科に於ては全く之れを課さざる学校あり、又課するにしても日本に関するものに重きを置くものと然らざるものとあること等なるも類似予備教育機関が斯くの如く多様の状態に置かれ居るは注目すべき事なりとす。（JACAR:B05015529300）

官立学校特設予科のカリキュラムや使用教科書がこのように「多様の状態」にあるのと比較して、外務省文化事業部は東亜高等予備学校および成城学校中華学生部の状況を次のように評価する。

（一）東亜高等予備学校、（二）成城学校中華学生部の予科及日語高等専修科は諸種の学校に入学し得る為の予備教育機関として設立せられたるものにして、主として日本語を教授し特定の学校に入学する為の準備教育を施さるるものなり。且つ此の両校は支那留学生教育に長き歴史を有し居れるが故支那学界にも相当に知られ居るが故に彼地より来る学生中一般高等専門学校に入学せんとする者は、東亜に、軍事方面の諸学校に入学せんとする者は成城に足を止むるもの大多数に上り居れり。両校は此の特殊の状態に鑑み留学の教養に種種なる研究を重ね東亜、成城共多数の日語教科書を出版し居り其の中支那に於ける日語教科書として採用されたるもの少なからず。（JACAR:B05015529300）

外務省は東亜高等予備学校や成城学校を、とくに東亜高等予備学校を留学生予備教育機関として高く評価していた。このため、同校の代表者を一九二七年以降、特設予科会議に参加させてもいる。東亜高等予備学校の代表者が特設予科会議に参加するようになった理由としては、酒井（二〇〇四）が指摘するように、「中国人留学生予備教育の最大手であった東亜高等予備学校は特設予科各校に多くの学生を入学させており教育方法や中国国内事情に明るかったであろう」（酒井二〇〇四：二一）ことも考えられるが、それ以上に官立学校特設予科の「多様の状態」にある教育内容、とりわけ日本語教育の在り方に対する外務省の不信感が大きかったからではないかと思われる。外務省は、「予科終了者にして高等専門諸学校又は各特設予科に入学せんとする者を収容」（JACAR:B05015529300）する東亜高等予備学校の教育内容を特設予科設置各校が参考にすることを期待していたようである。とくに日本語教育の面でそれを期待していたようだが、これについては次節で触れたい。

## 四．日本語教育

特設予科で行う「国語」教育の内容や到達目標について、文部省や外務省が各校に具体的な指針を示すことはなかった。しかし、「対支文化事業」の一環としての留学生教育は、「一般支那人をして日本語に通ぜしめ日本の文化及実力を諒解せしむる」(JACAR:B03030276600) ことの必要性を唱えた「支那人本邦留学情況改善案」(一九一八年六月に外務省が作成) と題する政策提言書を出発点としていることからも明らかなとおり、「日本語普及」を大きな目的としていた。また、留学生予備教育の観点からも、「留学生をして比較的短時日の間に於て日本語に習熟せしむることは彼等の学習にとりては最も必要なることとなり」(JACAR:B05015529400) と認識されていた。このため、特設予科における留学生教育に関して、「日本語教育に重点を置くべきであると外務省は主任者会議において各学校に繰り返し強調」(陳昊二〇〇三：七三) した。

特設予科設置各校も「国語」教育の重要性は認識していた。たとえば、長崎高商の「中華民国留学生特設予科規程」には「学科課程」の項に「第一学年に於ては特に国語の熟達を計るものとす」(JACAR:B05015528900) と記載されている。また、同校特設予科主事の長畑桂蔵は、一九三二年三月に開催された第六回特設予科会議の席上において、「教育上、本校は特予に於て日本語の教授に十分に学習せしめることに努力居れり」(JACAR:B05015529300) と述べている。

ただし、長崎高商における「日本語の教授」の方法および内容は、奈良女子高等師範学校を除く他校の特設予科が行っていた「日本語の教授」の方法や内容と大きく異なる。それは、長崎高商における「日本語の教授」が「日本語科の中に他学科を含めて教授し居るもの」(JACAR:B05015529300) であり、「国語の中に商事要項、法律通論」(JACAR:B05015529100) を取り入れた教育方法を採用していたからである。

このような教育方法を長崎高商が採用したのは、同校特設予科主事の長畑が「学科に関連して日語を教へ」

(JACAR:B05015529100) ることを重視していたからである。むろん長崎高商でも、「学科に関連して日語を教へ」る前段階としては「国語」そのものの教育を行っているのであるが、その次の段階では「日本語科の中に他学科を含めて教授」していた。また、これには当時の高等商業学校における授業のスタイルも影響しているものと思われるが、長畑は日本語による講義を日本語で「ノート」できるスキルの養成を重視していた。彼は一九三三年三月に開催された第七回特設予科会議で次のように述べている。

(筆者註：留学生は)「ノート」を取るに困難し本邦学生より「ノート」を借りて「ブランク」を埋めをれり。我校にては特に聞き方に注意し書取を大にやらせてゐる。かくて一ヶ年やれば本科に入りて「ノート」を取ることを得。自分は一週三時間受持てるが毎時半分聞き方半分は書取なり。(JACAR:B05015529400)

長畑が、外務省や文部省から長崎高商特設予科に加えられた、修業年限の短縮(一年半→一年)を求める「外圧」に抵抗したのも、日本語による講義を日本語で「ノート」できるスキルは一年の修業年限では養成できないと考えていたからである。一九三〇年一一月に開催された第五回特設予科会議において、外務省文化事業部長が修業年限の短縮を求める立場から、「日語の為に一年間の特設予科を設くることは結構なり。而し学科を重複して教ふる点は無駄と考へるならん」と発言したのに対し、長畑は、「(筆者註：日本語で)「ノート」がとれぬから学科を重複せしむることも致方なし」と反論している(JACAR:B05015529100)[5]。

長畑の考え方は、今日の感覚で言えば「日本語教育」というよりも日本語による「イマージョン教育」の考え方に近いと言えるかもしれない。長崎高商特設予科の留学生は「日本語を学ぶ」というよりも、専門学科を学ぶ中で日本語のスキルを身に付けることを求められていたとすることができるだろう。

このような教育方法は、長崎高商の留学生教育における特色のひとつだった。陳昊(二〇〇三)によれば、他校の特設予科では、「一般的な語学力のマスタを目指して文法、会話、作文、読解などの方面から日本語の教育を実施」（七六頁）するケースが多かったという。

ただし、「一般的な語学力のマスタ」だけでは不充分と考える学校も存在したらしい。陳昊（二〇〇三）は、明治専門学校が一九三〇年に修業年限の延長（一年→一年半）を決定したのは、「長崎高商の方式から一定の啓示を受けたのではないか」（七七頁）と推察している。

このように長崎高商は、「学科に関連して日語を教へ」る教育方法を採用していたのであるが、その「国語」教育で使用された教科書は、一九三二年三月付の「中国留学生予備教育機関に於ける学科目其の他に関する調査」によれば、【表1】のとおりである（JACAR:B05015529300）。

ここで注目すべきことは、「学科に関連して日語を教へ」る前の段階の教科書として、すなわち「日語」そのものの教育を行う段階の教科書として、本来は日本の中学校で使用するために編まれた国語教科書が使われていたことである。これは長崎高商に限らず、他校の特設予科でも同様だった。もともとは中学校や高等女学校の日

【表1】1931年度における長崎高商特設予科の使用教科書（国語）

| | | |
|---|---|---|
| 1年次 | （読方方面） | |
| | 斎藤清衛著 | 第二読本　第三 |
| | 落合直文・金子元臣著 | 中等国語読本　巻三 |
| | 鳩山・河田著 | 最新法制経済教科書 |
| | 吉田良三著 | 簡易商業簿記教科書 |
| | 武田英一・森富次郎著 | 新選商事要項 |
| | （文法、作文及会話方面） | |
| | 吉田彌平・小山左文二著 | 新編日本文典 |
| 2年次 | （読方方面） | |
| | 斎藤清衛著 | 第二読本　第三 |
| | 清水・阪田著 | 最新法制経済教科書 |
| | 武田英一著 | 最新商事要項 |
| | 吉田良三著 | 簡易商業簿記教科書 |
| | （文法、作文及会話方面） | |
| | 堀越・浅井著 | 日本文法精義 |

本人生徒のために（すなわち日本語を母語とする生徒のために）編集された国語教科書が、日本語の非母語話者である留学生に対する「国語」教育でも使用されていたのである。

日本の外国人留学生受け入れは一九世紀末まで遡ることができる。このため、「対支文化事業」による特設予科制度が始まった一九二〇年代の中頃までには、留学生を受け入れた実績を有する高等教育機関や留学生予備教育機関を中心に、その日本語教育の方法や内容がかなりの程度まで整備されてきている。また、日本語を母語としない学習者のための日本語教材も初級レベルから上級レベルまで数多く出版されてきた。東亜高等予備学校を設立した松本亀次郎が中心となって編纂した『日本語教科書』はその代表的な教材である。

しかし、特設予科設置七校は、留学生に対する「国語」教育を実施するに当たって、そのような蓄積をほとんど顧みなかった。その理由は必ずしも明らかではないが、特設予科設置各校は、日本語を母語とする生徒のために編まれた教科書を、日本語を母語としない留学生のための「国語」教育でも使用し続けたのである。

特設予科設置校が留学生に対する日本語教育の約三〇年に及ぶ歴史や蓄積を一顧だにしないことに対して、外務省は業を煮やしたようである。前述のように、同省は東亜高等予備学校の教育成果を高く評価し、一九二七年一一月開催の第二回会議から同校の代表者を特設予科会議に参加させてもいるが、外務省は一九三〇年二月開催の第五回会議や一九三三年三月開催の第七回会議の場において、東亜高等予備学校の日本語教員をして特設予科関係者を前に同校の日本語教授法を講義させてもいる。

東亜高等予備学校の関係者からすれば、特設予科の「国語」教育は留学生に対する日本語教育として良質のものとは言えなかった。たとえば、長崎高商の長畑は、既述のとおり、日本語による講義を日本語で「ノート」できるスキルの養成を重視していたが、彼がその方法として、「自分は一週三時間受持てるが毎時半分聞き方半分は書取なり」と発言したのに対し、東亜高等予備学校の日本語教員は、「書取と会話にて一時間取るは不自然なり（然し速成には已むを得ず）、読本に関連して書き方をやる」（JACAR:B05015529400）べきだと進言している。

酒井（二〇〇四）は、特設予科会議の場において「東亜高等予備学校の日本語教授法の講義があったほどであるから各校とも日本語教育に煮詰まっていたといえるだろう」（二三頁）としている。しかし、果たしてそうだったのだろうか。また、酒井（二〇〇四）が指摘するように、特設予科設置校は留学生予備教育のノウハウを「東亜高等予備学校のような予備教育専門の学校ほど持っていなかった」（二四頁）のであるが、そのようなノウハウに対して無知だったとも考えられない。

特設予科の教育内容に業を煮やした外務省は、一九三〇年五月、「財団法人日華学会の経営に係る東亜高等予備学校編纂の別紙教科書は中国学生の準備教育に関する多年の経験と研究の結果に依り中国留学生準備教育上有益なる資料と認むるを以て東京工業大学外六校附設の特設予科に対して教授上の参考として寄贈すること」（JACAR:B05016037000）とした。その中には松本亀次郎の『日本語教科書』も含まれており、これらの教科書を受贈した長崎高商は、「右の図書は本校中華民国留学生の指導教養上最も好適にして有益なる資料」（JACAR:B05016037000）であると外務省への礼状に認めているが、これらの教科書が実際に長崎高商の特設予科で使用された形跡は見当たらない。同校はあいかわらず日本語母語話者のために編纂された国語教科書を使用し続けたし、また、「学科に関連して日語を教へ」る方法もやめなかった。さらに、東亜高等予備学校の日本語教員からその教育方法を「不自然」と指摘された長畑も、自己の方法を変えなかった。少なくとも長崎高商に限って言えば、東亜高等予備学校の日本語教育に代表されるような方法を承知していたし、「日本語教育に煮詰まっていた」わけでもなかったと言えるだろう。ただ、自校の方法を最善のものと信じていたのではなかったか。実際、長畑は自校の教育成果について、留学生の「日本語は中々立派なものなり。又書くことも上手にして修学旅行(6)などの報告の如きは日本学生よりも上手な者あり。斯る状況にして生徒の成績は日々良好に向ひつゝある様に思ふ」（JACAR:B05015528900）と評価している。

長崎高商は一九三五年度においても、「本科入学後、筆記学科目の比較的多き本校としては其の要求に応ずべき準備として常に書取の練習を励行し其の習熟を計」ること、また「国語の学科目中に公民及び商業大意等を設け本科入学の準備知識を教授すると共に傍ら商業学・経済学乃至法律学等の用語を広く知得せしむる」ことを重視している（JACAR:B05015519400）。

長崎高商は、このような教育方法・教育内容を特設予科が廃止されるまで維持し続けたようである。同校の『昭和十七年度教授要目』（【表2】を参照）が長崎市立山の長崎歴史文化博物館に残されているが、それを見ると、特設予科の廃止が目前に迫った一九四二年度においても、長崎高商は従来の教育方法を変えていない。

この『昭和十七年度教授要目』を見ても明らかなとおり、長崎高商特設予科の「国語」教育では、「日本語を学ぶ」というよりも、専門学科を学ぶ中で日本語のスキルを身に付けることを留学生に求めていたと言うことができる。その方法は東亜高等予備学校の日本語教育に代表されるような留学生予備教育の本流とは異質のものだったが、長崎高商がこのような方法を採用したのは、同校が東亜高等予備学校の教育方法を知らなかったからでもなければ、「日本語教育に煮詰まっていた」からでもなかっただろう。ただ、自校の方法を最善のものと信じていたからであると思われる。

## 【表2】長崎高商「1942年度教授要目」（国語）

| 科目名 | 時数 | 概要 | 教科書・内容 | 教授 |
|---|---|---|---|---|
| 国語（一） | 1 | 修身 | 一．人種、民族、国民<br>二．日本国民の特性<br>三．日本の国体<br>四．皇室と日本の文化<br>五．世界と亜細亜 | 徳永新太郎 |
| 国語（二） | 2 | | 教科書<br>夏目漱石著『坊ちゃん』<br>鹽谷嘔著『新訂漢文精選階梯』（全） | 長畑桂蔵 |
| 国語（三） | 1 | | 一．文法<br>教科書<br>八波則吉著『現代中等日本文法』<br>二．作文<br>各種文体に亘る課題作文の添削批評 | 野崎辰巳 |
| 国語（四） | 2 | | 教科書<br>五十嵐力編『純正国語読本』巻七<br>講読をなしつゝ適宜に書取をなす | 伊藤基光 |
| 国語（五） | 2 | 商業大意 | 教科書　波多野鼎著『経済学入門』<br>第一章　序論<br>第二章　生産の基本機構<br>第三章　全体的生産機構<br>第四章　金融機構<br>第五章　国際経済機構<br>第六章　景気変動の機構<br>第七章　経済統制の機構 | 勝呂弘 |
| 国語（六） | 2 | 経済大意 | 教科書<br>本位田祥男著『新体制下の経済』<br>第一部　新体制一般<br>第二部　産業の新体制<br>第三部　消費の新体制<br>第四部　物価問題<br>第五部　新らしき経済倫理 | 河野吉男 |
| 国語（七） | 1 | 法律大意 | 口述筆記　国家及び法に関する概略の理解を与え、且、法律学に用ふる平易なる術語を解説す | 三木正雄 |
| 国語（八） | 2 | 簿記 | 口述及プリントを使用<br>次の要目を適宜敷衍して説明をなし又例題の記帳練習をなさしむ<br>1. 簿記の意義、2. 簿記の目的、3. 簿記の効用、4. 簿記の種類、5. 財産、6. 資本、7. 取引、8. 帳簿、9. 例題記帳、10. 決算 | 飯田清次郎 |
| 国語（九） | 1 | 地理 | 教科書<br>拙著「貿易上より見たる長崎とその将来」を用ひて先ず長崎市及長崎県の事情を授け、以て地理学の本質を理解せしめ、然る後、日本地理の一般事情を口述して日満支の地理的関係を会得せしむ | 伏見義夫 |
| 国語（十） | 1 | 歴史 | 教科書<br>中村孝也著『中等昭和新国史』（上級用）<br>国体の明徴を期し、国民文化を体系的に概説して上巻を講了す | 堀部靖雄 |

# おわりに

長崎高商の特設予科は一九四五年の終戦直前まで留学生を受け入れていたようである。しかし、その時期の状況については、詳細が不明である。

長崎高商は一九四四年に長崎経済専門学校と改称した後、一九四九年の学制改革によって新設された長崎大学に統合されて、同大学の経済学部となった。その長崎大学に留学生教育専門機関が設立されたのは一九八六年のことである。同年、長崎大学は学内措置として（すなわち「私的経営による施設」（JACAR:B05015528800）として）外国人留学生指導センターを設置した。同センターは一九九六年に文部省令に基づく留学生センターに改組されている。

この長崎大学留学生センター（その後、留学生教育・支援センターに改組）は、制度の上でも教育方法・教育内容の上でも、長崎高商特設予科とは直接的な連続性を有さない。ただし、長崎大学の留学生教育専門機関も他の国立大学のそれと同様、制度や教育内容の面で、戦後の日本における留学生教育、とりわけ留学生に対する日本語教育の上で先駆的な役割を果たした国際学友会日本語学校（現在の日本学生支援機構東京日本語教育センター）や東京外国語大学附属日本語学校（現在の東京外国語大学留学生日本語教育センター）の系譜に連なっている。そして、国際学友会日本語学校や東京外国語大学附属日本語学校における留学生教育・日本語教育の中心的な位置にいたのが、長崎高商の海外貿易科を一九三六年に卒業した鈴木忍（一九一四〜一九七九）であったことを勘案するならば、鈴木が長崎高商在学中に同校特設予科をどのように見ていたのかは全く不明だが、あるいは何らかの間接的な影響が、今日の長崎大学の留学生教育専門機関にも及んでいると考えることは可能かもしれない。

## 【第九章註】

(1) 長崎高商の長畑桂蔵は留学生の英語能力について、「大体に於て英語に困めり。特に英文和訳に於て然り。こは日語に不自由なる為なるべし」(JACAR:B05015529400)と述べている。

(2) 一九四二年度は「修身」が「国語」の中で扱われている。【表2】を参照。

(3) 一年制に移行した後の週当たり授業時間数は、「国語」一九時間、「英語」九時間、「数学」三時間、「体育」三時間の合計三四時間である。

(4) 一九二九年に東京高等工業学校は東京工業大学に昇格した。このため、この調査の時点で同大学の特設予科は「新制即ち高等学校高等科理科に準ずる課程を採用し、修業年限三箇年として毎年二十三名宛を収容する」(JACAR:B05015529300)機関へとその性格を変えており、この調査の対象には含まれていない。

(5) この長畑の反論に対しては、第一高等学校の代表者が「而し高級(筆者註:高級中学)卒業生なら矢張り日語の点に重きを置て考ふる位にせねばなるまい」と発言しているほか、文部省の普通学務局長も、「日語教授の為に学科を教ふると言ふけれども実際の沿革上より見ても学力補習の為メ一年半に延ばしたではないか」と反論している(JACAR:B05015529100)。

(6) 「対支文化事業」予算は留学生の国内視察旅行の経費にも用いられた。一九二六年度の場合、長崎高商は本科の学生四名と引率教官一名の旅費に対する補助を外務省文化事業部に申請し、認可されている。旅行日程は一五日間で、福岡・八幡・門司・神戸・奈良・京都・東京・名古屋・大阪・宮島をめぐり、帝国議会・官公庁・各種取引所・銀行・企業・新聞社・放送局・帝国大学・神社仏閣などを見学した(JACAR:B05015800000)。この種の視察旅行は毎年実施されたらしい。旅行に参加した学生は感想文を日本語で書くことが義務づけられていたようで、これらの感想文は、今日も外務省外交史料館に保管されている。

# 第一〇章　旧制浦和高等学校のアフガニスタン人留学生

―どうして彼は浦和で学ぶことになったのか―

## はじめに

埼玉大学の前身校のひとつである旧制官立浦和高等学校が、その約三〇年（一九二一～一九五〇年）の歴史の中で受け入れた外国人留学生は、同校が毎年発行していた『浦和高等学校一覧』（学校便覧）で確認する限り、アフガニスタンからの留学生ただひとりである。(1) 彼は一九三八年四月から一九四一年三月までの三年間、同校に在籍した。

本章では、その留学生であるアブドラ・ラヒミ（Abdullah Rahimi）を含めた六名のアフガニスタン人留学生が、一九三〇年代の後半期に日本に留学することになった経緯を概観しつつ、なかでもアブドラ・ラヒミに焦点を当て、彼が浦和高等学校に進学することになった事情について考察する。

## 一．先行研究

一九三〇年代の後半期に来日したアフガニスタン人留学生をテーマにした論文には竹本（一九九五）がある。このテーマで書かれた論文としては、管見の限り、これが唯一の先行研究であり、本章も一次史料を検索するに当たっては、同論文に多くを依拠したが、この竹本の論文は、アフガニスタン人留学生を日本が招致するに際して策定した指導要綱の分析を主要テーマにしており、個々の留学生の状況については扱っていない。このため、なぜアブドラ・ラヒミが浦和高等学校に進学することになったのかという理由や経緯についても触れていない。

アブドラ・ラヒミを含む六名のアフガニスタン人留学生は、来日してからの二年間、東京の財団法人国際学友会で日本語を学んだ。その国際学友会の日本語教育を扱った先行研究に河路（二〇〇六）がある。同書は、当時の国際学友会における日本語教育に関し、膨大な資料を綿密に調査することで、その実態を描き出した好著であるが、アフガニスタン人留学生に焦点を合わせたものではなく、また、アブドラ・ラヒミが浦和高等学校に進学した理由についても触れていない。

このような先行研究の現況から、本章においては、前記の竹本（一九九五）および河路（二〇〇六）を参考にしつつも、おもに一次史料を用いて、一九三〇年代の後半期に六名のアフガニスタン人留学生が日本に留学することになった経緯や政策的枠組について整理するとともに、なかでもアブドラ・ラヒミに焦点を当て、彼が浦和高等学校に進学することになった事情について考察する。

## 二．国際文化事業

日本政府は一九三六年にアフガニスタンから六名の留学生を招聘している。それは「国際文化事業」の一環としての招聘である。

一九三三年、日本は国際連盟を脱退した。また、一九二〇年代から一九三〇年代にかけての時期は、ヨーロッパの国々が自国文化を海外に発信するための機関を相次いで設立していた時期でもある。すなわち、「世界の文明諸国があらゆる方面に亙りて、自国の文化を内外に顕揚し宣布する為めに広大の施設を整へ文化活動に努力して互に後れざらん」（国際文化振興会一九三四：一～二）としていた時期でもあったのであり、日本は国際連盟脱退に伴う国際的な孤立を避けるとともに、他国に伍して、「自国文化の品位価値を発揮し、他国民をして尊敬と共に親愛同情の念を催さしむる」（国際文化振興会一九三四：一）ことを主要目的として、「国際文化事業」を開始したと言うことができる。

かかる「国際文化事業」を実施するため、一九三四年に日本政府は財団法人国際文化振興会（今日の独立行政法人国際交流基金の前身）を設立する。同会は、「国際文化事業」とはいっても、日本文化の海外に向けての発信と海外文化の受信の双方向的な交流ではなく、「日本及東方文化の海外宣揚」（国際文化振興会一九三四：一〇）を図ることを中心的な課題とした。

この国際文化振興会が設立された翌年の一九三五年に、日本政府は財団法人国際学友会を設立する。同会は今日の独立行政法人日本学生支援機構の前身機関のひとつであるが、「国際文化事業」のうち、留学生の受入と派遣に関する業務は、この国際学友会が担当することになった。

このように、一九三〇年代の中頃に日本は「国際文化事業」を実施するための体制を整えつつあったのだが、それと時期を同じくして、日本はアジアの数少ない独立国のひとつであるアフガニスタンとの関係を深めていくことになる。

一九三〇年、日本とアフガニスタンは修好条約に調印した（発効は一九三一年）。これに伴い、一九三三年にはアフガニスタン政府が東京に、翌年の一九三四年には日本政府がアフガニスタンの首都カブールに、それぞれ公使館を設置した。また、人的交流の機会も増え、一九三一年頃にはアフガニスタン政府の要請に基づいて、日本政府が柔道の専門家（高垣信造）をアフガニスタンに派遣している。また、一九三四年には、これもアフガニスタン政府の要請を受けて、日本から土木・農業の専門家（尾崎三雄）が同国に派遣されている。

このような状況の中で、一九三五年十二月、前述の国際学友会は「国際文化事業」を所掌していた外務省文化事業部に対して、「アフガニスタン国留学学生招致」事業に関する申請書を提出した。同申請書においては、この学生招致事業が「日本文化宣揚の上より観て最も有意義なる企画」と位置づけられている。そして、国際学友会は同事業の実施に要する経費として、四五七〇円の交付を外務省に要請した（竹本一九九五：四六）。

ただし、この「アフガニスタン国留学学生招致」事業は、国際学友会の主導によって企画されたものというよりは、初代の在アフガニスタン日本公使に就任した北田正元の意見具申に基づいて計画されたもののようである。当時、国際学友会に勤務していた金澤謹は、一九七〇年代になってから次のように回顧している。

東夷のアフガニスタン国は周知のようにイギリスとロシヤの勢力の角逐場で、どうしてそれらの勢力を排除するかを考えていたわけで、その両国を牽制する方途として、独、仏の教育制度を採用。独系のカレッヂはネジャヤットカで、仏系のカレッヂをエステクラールと言い、その何れにも独、仏人教師を迎え、教課過程（ママ）も両国のそれと全く同様とし、このカレッヂの卒業者は、それぞれ独、仏の大学に入学し得るような仕組にしていたのであった。

しかし、一方アフガニスタンの官民は日本との接触を非常に熱望していたので、当時の北田公使は日本側の費用負担で同国から優秀な青年学徒を日本に派遣することが、彼我両国のため、最も時宜を得た措置であることに着眼されたのであった。（金澤一九七三：一二）

すなわち、この「アフガニスタン国留学生招致」事業は、国際学友会というよりも、外務省の主導によって企画されたものだったと言うことができるのであるが、その外務省も、かかる「アフガニスタン国留学学生招致」事業を「日本文化宣揚の上より観て最も有意義なる企画」と位置づけていたことに変わりはない。すなわち、アフガニスタンからの留学生が日本留学を終えた後に、「日本文化の優秀を故国に報告し本邦文化を同国に宣揚する」（外務省文化事業部一九三六：二六四〜二六五）ことを期待していたのである。

## 三．アフガニスタン人留学生の来日

一九三五年の初冬には、アフガニスタンの青年六名が近々日本に留学する予定であることが、日本国内でも盛んに報道されるようになった。たとえば、一九三五年一一月一五日の東京日日新聞（朝刊）は、「日本文化に憧れる西アジアの王国―アフガニスタンから留学生」と題して、次のように報じている。

西アジアの王国アフガニスタンから東下ミカドの国の文化にあこがれて六人の留学生が明春日本にやってくる。最近日本商品―主として雑貨や綿布がさかんにアフガニスタンに輸出され、日本に取ってはいいお得意さまである。同国はインド、ロシア、ペルシアに囲まれた山岳国のため英国とソヴィエト・ロシアから事ごとに干渉を受けているが、ザヒール・シャー国王は日本の華々しい発展に刺戟され、是非とも英露の白人系の羈絆から脱して東洋の盟主日本に指導を仰ごうという大変な親日ぶりで、北田正元公使もアジア人のアジア建設のため大いに好意を寄せいろいろ斡旋の労を取り、こんどいよいよ産業、軍事の将来の指導者養成のため有為の青年六氏を選抜して日本に留学させることを閣議で決め、この旨同公使を通じてわが外務省に依頼してきた。わが外務省でも同種のアジアの友邦のことでもあり、また大切な商品のお得意さまでもあるので双手をあげて歓迎、文化事業部の柳澤（筆者註：柳澤健）第三課長が専らこの世話焼きに奔走した結果、六人のうち五人までは欣然明春一月十一日ボンベイ出帆の安洋丸で日本に来朝することになった。この留学生のうち一人は若き王族で主として航空事業を研究するという。（神戸大学経済経営研究所新聞記事文庫「東京日日新聞」文化三―〇五九）

一九三六年一月、アフガニスタンの青年六名が日本留学のためカブールを出発した（JACAR:B04011347000）。出発に際して、彼らはアフガニスタン国王に謁見し、次の言葉を賜ったという。

今回諸子は選ばれて、日本に赴くことに決定せり。諸子は今や進歩せる学芸と技術とを学び、其の知識を得るため留学し且其の帰国後は汝の祖国に奉仕せんとす。我がアフガニスタン国は忠実なる人民及官吏を必要とすること甚だ切なり。諸子が国家に奉仕するは天の最大の恩賞なるを知らざるべからず。（金澤一九七三：一二）

アフガニスタン人留学生六名は、一九三六年二月六日に神戸に到着し、国際学友会職員の出迎えを受けた後、同月八日に東京の国際学友会館（国際学友会が運営）に入った（金澤一九七三：一二）。この六名の青年の中に、後に浦和高等学校に進学することになるアブドラ・ラヒミがいた。彼は一九一四年一月九日生まれの二二歳で、父親はアフガニスタン大蔵省の支出局長を務めていたという（読売新聞社一九三八：二）。

このアブドラ・ラヒミを含む六名のアフガニスタン人留学生は、来日まで日本語を学習する機会がなかったようだ。このため、彼らは国際学友会で日本語の入門レベルを学ぶことになったのだが、その様子について、前述の金沢謹は次のように回顧している。

六人のアフガニスタン学生諸君が、日本での生活に慣れるための苦労、初歩の日本語を覚えようとするための苦労は、側の見る眼もいじらしいような努力の連続であった。中国からの留学生などに較べ、この生粋の回教国からの青年諸君には解せない沢山の日本の風習があり、逆に私たちから見れば奇習とも見える彼らの習俗があった。（金澤一九七三：一三〜一四）

アフガニスタンからの留学生六名が日本語を学んだのは、日本での生活のためのみならず、日本の「官立大学入学」（外務省文化事業部一九三七：一八九）の希望を有していたからである。

国際学友会は、その設立時に策定した『国際学友会会則竝事業綱要』において、「日本語の教授」を所掌業務のひとつに含めていた（河路二〇〇六：四〇）。そして、設立翌年の一九三六年には留学生に対する日本語教育を開始している。しかし、河路（二〇〇六）によれば、当時の国際学友会における日本語教育は、「必ずしも、日本語によって高等教育を受けられるまでの高い日本語能力をめざす組織的な教育活動が計画されていたことを意味するものではなかった」（河路二〇〇六：四〇）という。前述の『国際学友会会則竝事業綱要』にも、日本語教育に関しては、「本会に於ては可及的短期間に日常生活に必要なる日本語の会話を速成教授」するとのみ記載されている（河路二〇〇六：四〇）。すなわち、アフガニスタンからの留学生六名が希望していた「官立大学入学」以降に必要となる日本語能力、換言すれば、大学での学習・研究のために必要な日本語能力の養成までは考慮されていなかったのである。

このように、アフガニスタンからの留学生六名は、日本の「官立大学入学」を希望していたにもかかわらず、国際学友会では「日常生活に必要なる日本語の会話」のみを学んでいたようなのだが、それと同時に、彼らは東京帝国大学や東京工業大学に聴講生として通ってもいた。アブドラ・ラヒミの場合は、東京帝国大学工学部冶金学科の聴講生になっている（外務省文化事業部一九三六：二八二）。彼の指導教授は、冶金学が専門で、戦後に石炭庁長官や秋田大学長を務めることになる佐野秀之助だった（読売新聞社一九三八：二）。

前述のように、アフガニスタン人留学生六名は「官立大学入学」を希望していた。しかし、彼らが「官立大学入学」をどれだけ希望しても、日本語能力の面で、あるいは当時の日本における大学制度の上からも、留学生が正規の学生として日本の官立大学に入学し、学士号を取得することはきわめて困難だった。その間の事情について、金澤は次のように述べている。

来日当初の彼らの勉学計画は、出来る限り短期間に日本語を会得し、一年か二年内に、日本の大学（彼らの希望は東京帝大）を日本学生と同様の資格で卒業し、学士の称号を得て帰国することであった。

一方、東京帝国大学や工業大学（筆者註：東京工業大学）当局では、たとえ彼らがアフガニスタン国で高等学校（十二年制）を終えたものであるとしても、これを本科生として収容することは日本語学（筆者註：日本語能力）の点、入学試験難並びに入学規程や学則などより認めるわけには行かず、僅かに大学当局の好意によって、聴講生、チューター制による研究生、外国人特別生、介補などの便法に単に講義を聴き、一部の実験に参加を許可される程度に止まり、彼らの期待するように、本科生として学士号を獲得するなどということは到底不可能だという見解であった。

彼らは当初の予言（ママ）が容易に実現せず、本国政府の多大の期待に背かざるを得ないような事態に立ち至り、悶々として苦慮している頃、突然、すなわち昭和十二年七月、本国政府の提議により、暑中休暇を利用して一時帰国することゝなった。（金澤一九七三：一四）

日本政府が「アフガニスタン国留学学生招致」事業を企画したのは、前述のように、「日本文化宣揚」が大きな目的だった。それに対して、六名のアフガニスタン人留学生は、「学士の称号を得て帰国する」ことを留学目的としていた。日本政府が意図していた「日本文化宣揚」という目的からは、海外より留学生を日本に招聘し、日本語を学ばせるとともに日本で生活させ、聴講生等の形態で大学に通わせ、「単に講義を聴き、一部の実験に参加を許可」する、すなわち、日本の大学の雰囲気を経験させることだけで充分だったかもしれない。しかし、アフガニスタンからの留学生六名の目的は、あくまでも「学士の称号を得て帰国する」ことにあり、日本に滞在することも、日本語を学習することも、そのための手段でしかなかった。換言すれば、「留学目的」という点で、日本政府と留学生との間には齟齬があったのである。

一九三七年七月にアフガニスタンに一時帰国した六名は、同年一〇月に再来日する。その際、彼らは次のような決意をして日本に戻ってきたという。

一、あくまで留学の目的を達成するため、日本の最高学府を日本人学生と対等の資格を以て卒業し学士号を取得すること。

一、このためには留学期間が如何に長引くとも苦しからず、目的に邁進すること。（金澤一九七三：一四～一五）

この決意からアフガニスタン人留学生六名は、「あくまでも学士号の獲得を目指し外務省、文部省並学校当局と種々折衝」（外務省文化事業部第二課一九三九：八六）した。そして、この「留学目的」の齟齬に関する問題は、日本とアフガニスタンとの外交問題にも発展しかねなかったこともあってか、最終的には日本の外務省も文部省も、留学生自身の「留学目的」に沿った形での解決策を模索することになった。

一九三八年三月一日の読売新聞（夕刊）は、「アフガン留学生に東大の門開く—実力試験して正式の本科へ」という表題の記事で、次のように報じている。

躍進ニッポンに憧れて来朝する外国人留学生は最近年々多くなる一方であるが、東京帝大をはじめわが国の各大学ではこれまで彼らの日本語学（筆者註：日本語能力）の不十分、入学規定（ママ）、学則等の関係から聴講生、研究生、介補等の便法で単に講義を聴講し、一部の研究実験等に参加でき得るといふ程度に止めてゐたゝめ外国人で正式に日本の大学を卒業、学士号を得て帰国した者は数へるほどしかなかった。中でも東京帝大は開校以来医学部からたった一人の学士を出したゞけで外国人には殆どその門を閉ざしてゐた。ところが偶然にも一昨年九月外務省が招致したアフガニスタン学生六名の東大本科入学志望から外務省と大学当局との間で二年間にわたって折衝が続けられた結果、このほどやっと双方の間に諒解が成立して東大側で実力試験をしたうへ成績次第では本科生または外国人学生規定（ママ）による特別生として入学せしめ、学士号を贈与しようといふ英断ぶりを示し、目下うち三名に対して試験施行中であるが、幸ひこれが実現すれば、東大がまづ全国大学に魁けて外人への門戸開放の先鞭をつけるものとして非常に期待されてゐる。（読売新聞社一九三八：二）

この措置に伴い、アフガニスタン人留学生は、「入学資格必ずしも本科生に等しからざれども卒業後の資格に関しては学校当局の諒解の下に何れも本邦大学の学士号を授けらるる」（外務省文化事業部一九三八：一八七）こととなった。そして、彼らの多くは日本の大学に進学することになる。外務省文化事業部の一九三八年度執務報告によれば、アフガニスタン人留学生六名の進学先および身分は、【表1】のとおりである[3]（外務省文化事業部一九三八：一八七）。

この表からも明らかなとおり、六名のうち五名は大学に進学した。しかし、アブドラ・ラヒミだけは高等学校に進学することになった。彼より年下の者も大学に進学しているので、また、彼自身すでに東京帝国大学工学部冶金学科の聴講生でもあったから、アブドラ・ラヒミも大学進学の要件は満たしていたはずである。それにもかかわらず彼だけが高等学校に進むことになった理由としては、たとえば基礎学力が不足していたなどの要因も推測できるのだが、詳細は不明である。ただし、当時の関係者の証言によると、アブドラ・ラヒミの場合は、日本語能力の点で問題を抱えていたことだけは間違いない

【表1】アフガニスタン人留学生の進学先・身分

| 氏　名 | 年齢 | 進学先・身分 |
|---|---|---|
| アブドラ・ヤフタリ（Abdullah Jau） | 23 | 東京帝国大学経済学部選科生 |
| アブドラ・ハーキム（Abdul Hakim） | 22 | 東京帝国大学文学部本科生 |
| アブドラ・ラヒミ（Abdullah Rahimi） | 23 | 浦和高等学校理科甲類 |
| ゴラム・ナクシバンド（Gollam Nacshband） | 21 | 東京帝国大学農学部外国人学生 |
| ムハッド・ハッサン（Mohammad Hassan） | 25 | 東京工業大学紡績科外国人学生 |
| ヌール・アーマッド（Nour Ahmad） | 28 | 東京工業大学紡績科外国人学生[2] |

ようだ。後に浦和高等学校でアブドラ・ラヒミと同級生になった者は、東京帝国大学冶金学科の出身者から、一九八〇年代に次のような話を聞いたことがあったという。

（筆者註：アブドラ・ラヒミは）最初東大に入って、その人と同じクラスに入ったんだって。ところがなんか、日本語ができないとかなんとか言って、東大からまた浦高（筆者註：浦和高等学校）へ戻ったのだって。年は私より五つか六つぐらい多かった。（旧制浦和高等学校第十七回文集編集委員会編一九九〇：三七八〜三七九）

前述のように、アブドラ・ラヒミは国際学友会で日本語を学んでいた。しかし、これも前述したように、当時の国際学友会における日本語教育は、「可及的短期間に日常生活に必要なる日本語の会話を速成教授」するものであり、大学で学習・研究できるだけの日本語能力、すなわち（二〇〇〇年代に入ってから盛んに使われるようになった表現を借りるならば）「アカデミック・ジャパニーズ」（Academic Japanese）の能力養成までは視野に入れていなかった。

アブドラ・ラヒミの場合も、彼の浦和高等学校時代の同級生の証言によれば、日本語での日常会話には困らなかったようである（花輪一九九〇：三四〇）。しかし、「アカデミック・ジャパニーズ」の面では不充分と判断されたのかもしれない。それに対して、他の五名のアフガニスタン人留学生は、彼らも国際学友会ではアブドラ・ラヒミと同じ日本語教育しか受けなかったのだが、少なくともアブドラ・ラヒミに比べれば、「アカデミック・ジャパニーズ」の能力が備わっていると判断されたのだろう。それが六名のアフガニスタン人留学生の中でアブドラ・ラヒミだけが大学ではなく高等学校に進学することになった要因（あるいは要因のひとつ）ではなかったかと思われる。

アブドラ・ラヒミの浦和高等学校での同級生は次のように証言している。

われわれのクラスに、一人の外国人留学生が入ってきた。縮れ毛で体格のがっちりした明るい青年であった。アフガニスタンのアブドラ・ラヒミ君である。浦高に入学する前に日本語の会話を習ったそうで、日常会話はそれほど困らなかったようであるが、先生の講義を理解するのに苦労しただろうと思う。（花輪一九九〇：三四〇）

すなわち、アブドラ・ラヒミは「日常会話」に困らないだけの日本語能力は身につけていたようである。しかし、「先生の講義を理解する」だけの日本語能力、すなわち「アカデミック・ジャパニーズ」という面においては、浦和高等学校に進学した後も、難を抱えていたらしい。

この「アカデミック・ジャパニーズ」の能力不足だけが理由だったのか、それとも他にも理由があったのかは不明だが、いずれにせよ、「アカデミック・ジャパニーズ」の能力が充分ではないと判断されたことから（あるいは、それが理由のひとつとなって）、アブドラ・ラヒミだけは、大学ではなく高等学校に進学することになったと考えることができる。また、前述のように、彼を含む六名のアフガニスタン人留学生は、一時帰国中に「あくまで留学の目的を達成する」ため、「留学期間が如何に長引くとも苦しからず、目的に邁進する」と決意していたので、アブドラ・ラヒミ自身も、この高等学校進学を受け入れたのだろう。

アブドラ・ラヒミの浦和高等学校への進学は、国際学友会による「本邦学校入学竝研究上の斡旋」（外務省文化事業部第二課一九三九：九六）によって決まった。しかし、全国の官立高等学校の中から、どうして浦和高等学校が選ばれたのかという点は不明である。旧制高等学校の留学生受入という点では、たとえば東京の第一高等学校は、一八九九年から清国の留学生を入学させている。また、一九〇七年に日本政府と清国政府との間で締結された協定に基づき、同校には清国留学生のための特設予科が設置され、この特設予科を修了した清国（のちに中華民国）の留学生は、第一高等学校から第八高等学校までの、いわゆる「ナンバー・スクール」を中心に全国の高等学校に進学した。一九〇九年から一九三二年までの間に第一高等学校の特設予科を修了した留学生は七〇〇名以上にのぼるが、そのうち第一高等学校には一一五名、第三高等学校（京都）には一一〇名、第八高等学校（名古屋）には一〇四名、第六高等学校（岡山）には九七名が、それぞれ進学している（厳二〇〇九：一一）。

このように多くの留学生を受け入れてきた実績のある高等学校と異なり、浦和高等学校は留学生を受け入れた実績がない。しかもアブドラ・ラヒミは非漢字圏出身の留学生である。その彼をどうして浦和高等学校が受け入れることになったのかは不明だが、可能性のひとつとしては、アブドラ・ラヒミを含む六名のアフガニスタン人留学生は、東京にある国際学友会（実質的には外務省）によって招聘された者たちだったから、彼らを東京または東京の近郊に住まわせて、その生活や学業の状況を把握しておきたいという意図が、招聘元の国際学友会あるいは外務省にあったのかもしれない。また、その意図を東京あるいはその近郊に位置する高等学校の中で受け入れたのが浦和高等学校だけだったということも推測できる。ただし、これらは傍証があることではなく、あくまでも推測に過ぎない。

## 四．浦和高等学校のアブドラ・ラヒミ

一九三八年四月、アブドラ・ラヒミは浦和高等学校の理科甲類に入学した[4]。同類は、英語を第一外国語とする理系のクラスである。同校が毎年発行していた『浦和高等学校一覧』で確認する限り、彼は浦和高等学校が受け入れた最初にして最後の留学生である[5]。

前述のように、アブドラ・ラヒミは「アカデミック・ジャパニーズ」の面で問題を抱えていたようである。しかし、彼が浦和高等学校に在籍していた年次の『浦和高等学校一覧』で確認する限りでは、この時期に同校が彼のために日本語教育の特別科目を開設したり、そのための人員を特別に配置したりした形跡は見られない。どうやら彼は他の生徒と全く同じ授業を受けていたようである。ある同級生は、浦和高等学校を卒業して約半世紀近くが経過した時点で、ドイツ語の授業におけるアブドラ・ラヒミの様子を次のように回想している。

新学期が始まってまもなく、上村先生（筆者註：上村清延）のドイツ語の授業で彼は上村先生に指された。そのとき彼は、日本語で答えるのが難しかったのだろう。しばらくして突然、外国語でペラペラしゃべりだした。すると上村先生も外国語で話された。何回かのやりとりがくり返された。もちろんドイツ語でのやりとりであったのだが、彼はアフガニスタンではドイツ語を習っていたそうである。ドイツに留学すれば楽だろうなどと思った。（花輪一九九〇：三四〇）

この記述からも、いわゆる「アカデミック・ジャパニーズ」の面で、アブドラ・ラヒミは浦和高等学校に進学したあとも苦労していたことがわかる。しかし、外務省は「アフガニスタン国留学学生招致」事業を日本国内に向けて紹介するときには、かかる「アカデミック・ジャパニーズ」に関することなど、留学生自身が抱えていた問題点にはいっさい触れず、同事業の意義や成果のみを強調している。たとえば、在アフガニスタン日本公使の北田正元は、外務省文化事業部が一九三八年に発行した『中央アジアの回教国―アフガニスタンの話―』というパンフレットの中で、次のように述べている。

「アフガニスタン」国のわが国への敬慕の念は更に進んで、優秀な日本文化に対する真摯な憧憬となって現はれて参り、「アフガニスタン」国政府は久しく「ヨーロッパ」文明に馴れてをりましたこの国に、清新な日本文化を吸収し併せて日「ア」親善関係を増進するため、わが国にその最初の留学生六名を送ることを決定したのであります。これに対しましてわが国では、外務省文化事業部の補助団体たるところの国際学友会が学費給与及宿舎提供、勉学上の斡旋などの世話を引受けることに話が纏まり、この六名の学生は昭和十一年二月末東京に到着致しました。東京到着後は、国際学友会館で一通り日本語を修得しまして、現在では六名の内四名は東京帝大で、経済学及商業学、鉱山学、園芸学（果樹、蔬菜）を、他の二名は東京工業大学で紡績に関する学科を専攻してをります。私の聞き及びましたところでは、その「アフガニスタン」から渡来しましたる学生達は孰れも成績優秀で、驚くほど日本語に熟達しまして、所期の学業に勉励しつゝあることは勿論、日本文化の凡ゆる方面に興味を持って研鑽してゐるさうであります。（北田一九三八：一二～一三）

アブドラ・ラヒミも、他の五名のアフガニスタン人留学生とともに、来日直後からの二年間、国際学友会で日本語を学んだ。北田の言うとおりであれば、彼も「驚くほど日本語に熟達」したはずである。しかし、アブドラ・ラヒミが「アカデミック・ジャパニーズ」の面で苦労していたのではなかったかと考えられることは、前述したとおりである。

前記の北田の文章は、アブドラ・ラヒミが東京帝国大学工学部に聴講生として在籍していた頃の状況について述べたものである。しかし、彼が「東大からまた浦高へ戻った」（旧制浦和高等学校第十七回文集編集委員会編一九九〇：三七八～三七九）後においても、外務省が「国際文化事業」あるいは「アフガニスタン国留学生招致」事業を日本国内に向けて紹介するときには、アブドラ・ラヒミが「アカデミック・ジャパニーズ」の問題を抱えていたことや、それが理由（のひとつ）で「東大からまた浦高へ戻った」ことに触れることはなかった。たとえば、彼が浦和高等学校に入学した翌年の一九三九年に外務省が発行した『世界に伸び行く日本語』という表題の小冊子においては、同国からの留学生六名の現況が次のように紹介されている。

昭和十一年に外務省の助成団体である国際学友会が、同国から招致した六名の留学生は現在東京帝国大学其の他に於て勉学を続けて居りますが、彼等は皆非常に日本語が上手でありますから、学業を終へて帰国の上は大に日本語や日本文化の普及に効果があることと存じます。（外務省一九三九：六四）

ここでも、前述の北田の文章と同様、アフガニスタンからの留学生六名は「東京帝国大学其の他に於て勉学を続けて」いることや、「彼等は皆非常に日本語が上手」であることが紹介されているだけで、「東大からまた浦高へ戻った」留学生が存在することには触れていない。「国際文化事業」あるいは「アフガニスタン国留学生招致」事業の意義を紹介する上で、大学から高等学校に「戻った」留学生が存在することは、たとえそれが留学生自身の「学士の称号を得て帰国する」という留学目的を達成するための措置だったにせよ、彼らの実質的な招聘元である外務省にとっては、積極的に発信したい事柄ではなかったのだろう。(6)

前述のように、アブドラ・ラヒミの同級生たちの証言によれば、彼は浦和高等学校在籍中も、「先生の講義を理解する」だけの日本語能力、すなわち「アカデミック・ジャパニーズ」の面で苦労していたようなのだが、この「アカデミック・ジャパニーズ」の問題は、結果的に卒業時まで尾を引いた模様である。アブドラ・ラヒミが浦和高等学校の第二学年に在籍していた一九三九年度の『浦和高等学校一覧』を見ると、この『一覧』には生徒の氏名が「第三学年及第二学年は成績順」（浦和高等学校一九四〇：一一九）に記載されているのだが、アブドラ・ラヒミの名前は、第二学年理科甲類の生徒名簿の末尾に記載されている（浦和高等学校一九四〇：一二五）。また、彼が浦和高等学校を卒業した後の一九四二年に発行された『一覧』の「卒業者氏名」は「卒業成績順」（浦和高等学校一九四二：一二九）に記載されているのだが、ここでもアブドラ・ラヒミの名前は、一九四一年三月に理科甲類を卒業した生徒名簿の末尾に記載されている（浦和高等学校一九四二：一九二）。これらのことから、彼は学業の面で苦労していたことがうかがわれるのだが、その最大の理由は、これまで述べてきた状況から推測するに、やはり「アカデミック・ジャパニーズ」の能力が充分ではなかったことにあったのではないかと思われる。

## 五．アブドラ・ラヒミの大学進学と帰国

アブドラ・ラヒミが浦和高等学校において「アカデミック・ジャパニーズ」の面で苦労していたのではなかったかと推測できることは既述のとおりである。また、在校時あるいは卒業時の成績が振るわなかったのも、それが理由ではなかったかと考えられることも前述した。

それでも、彼は一九四一年三月に浦和高等学校を卒業し、京都帝国大学工学部採鉱冶金学科に進学した(7)。アブドラ・ラヒミのみが、他の五名のアフガニスタン人留学生と異なり、東京ではなく京都の大学に進学した理由については不明だが、外務省外交史料館に保存されている文書によれば、その大学進学までの経緯については、まず一九四一年二月にアフガニスタン政府が日本政府（外務省）に対して、同年三月に浦和高等学校を卒業見込のアブドラ・ラヒミの「上級学校入学に関し便宜供与」を要請している。これを受けて、外務省欧亜局は国際学友会に対し、「適当なる学校」の「選定」と「入学」に関する「取計」を求めた。このため国際学友会は、一九四一年二月一〇日、同会の役員を京都帝国大学に「出張せしめ工学部長並に関係教授に委細説明」するとともに「盡力方依頼」した。また、外務省は松岡洋右大臣名で京都帝国大学総長に対し、「入学許可」の「取計」を求めている（JACAR:B04011346500）。

このような諸段階を経て、アブドラ・ラヒミの京都帝国大学工学部への進学は決まったのだが、彼が浦和高等学校に入学した一九三八年度に東京帝国大学や東京工業大学に進学したアフガニスタン人留学生四名は、アブドラ・ラヒミが京都帝国大学に入学したときには、すでに学士号を取得していた。アブドラ・ラヒミは彼らよりも、「東大からまた浦高へ戻った」分の三年遅れで大学に進学したわけである。

アブドラ・ラヒミが京都帝国大学に入学した一九四一年には太平洋戦争が勃発している。彼の京都時代の消息は不明であるが、開戦後も彼は京都にとどまって勉学を続けたようで、結果的に京都帝国大学から学士号を取得することができた。学士号を取得したアブドラ・ラヒミは、東京工業大学から東京美術学校に転校して、同校を卒業したヌール・アーマッドとともに、一九四三年にシベリア経由で帰国の途につき、翌年一月にカブールに到着した。彼らの招聘元である国際学友会や外務省の「日本文化宣揚」という目的はともかくとして、「学士の称号を得て帰国する」というアブドラ・ラヒミ自身の留学目的は、ここに達成されたわけであり、その意味では彼の日本留学は成功したと言えるだろう。

帰国後、アブドラ・ラヒミは鉱山省に入った（JACAR:B04011346500）。その時には、彼より三年早く大学を卒業したアフガニスタン人留学生四名も、すでに帰国していた。一九四三年一二月一三日付で在アフガニスタン日本公使館が東京の外務本省に発信した公電によれば、当該四名の

【表2】1943年12月時点における帰国留学生の状況

| 氏　名 | 卒業大学・学部 | 状況 |
| --- | --- | --- |
| アブドラ・ヤフタリ (Abdullah Jau) | 東京帝国大学経済学部 | 「ダ、アフガニスタン」銀行信用貸付課長 兼 政治専門学校教授 |
| アブドラ・ハーキム (Abdul Hakim) | 東京帝国大学文学部 | 文部省教育局専門学務課長（傍ら政治専門学校に於て社会学の講義を担当す） |
| ゴラム・ナクシバンド (Gollam Nacshband) | 東京帝国大学農学部 | 農業局課長 兼「カブール」農学校長 |
| ムハッド・ハッサン (Mohammad Hassan) | 東京工業大学紡績科 | 失職中 |

帰国後の状況は、【表2】のとおりである（JACAR:B04011356900）。

## 六．戦後のアブドラ・ラヒミ

戦後、日本とアフガニスタンの国交が回復するのは一九五五年のことであるが、それに先立つ一九五四年に京都大学は東西文化交流遺跡調査のため、同大学人文科学研究所教授で東洋史学者の岩村忍[8]をアフガニスタンに派遣している。岩村は太平洋戦争の開戦前には外務省文化事業部に嘱託として勤務していたことがあり、その立場から一九三〇年代の後半期に国際学友会（実質的には外務省）が招聘したアフガニスタン人留学生六名とも交流があった。このため、岩村のアフガニスタン出張の目的は、「東西文化交流にかんする研究であるが、かつて氏が国際学友会において面倒をみた学生達と会い、日本とアフガニスタンとの文化的交歓をはかるのもその目的の一つ」（日本文化人類学会一九五四：二八〇～二八一）に設定された。

アフガニスタン滞在中に岩村は、「戦前日本に留学し、京大、東大その他を卒業した六人のアフガン人の訪問」を受けた。また、「京大工学部出身で鉱山技師をしているラヒミ君に招待され初めて純粋のアフガン料理をごちそうになった」という（岩村一九五四：三）。

その岩村は、元留学生六名と面会する中で、次のような感想を抱くようになる。

旧留学生諸君と話し合っているうちに考えさせられる事情を見出した。アフガニスタンでは官吏の地位は学歴によって左右され、欧米に留学したものは、ほとんど全部がドクターの学位を持って帰るが、日本への留学生は旧制大学の学士であり、ここではマスター・オブ・アーツ以下にしか認められないらしい。外務省の補助団体である国際学友会の招致学生として日本に招いたこれらの人に対し、日本政府はある程度の責任がある。特にこの人たちのためばかりでなく経済関係、技術援助の方面でも早く日本はアフガニスタン公使館を設置すべきではないだろうか。（岩村一九五四：三）

一九三六年からの数年間を日本で過ごしたアフガニスタン人留学生たちの留学目的は、前述のように、「学士の称号を得て帰国する」ことであり、そのために日本政府も特別の措置を講じたのであるが、他国に留学した者が博士号を取得して帰国しているのに対し、日本に留学した者は「学士の称号」しか得られなかったことから、アフガニスタンの官界で元日本留学生たちは他国に留学した者に比べて高くは評価されなかったようだ。それでも、東京帝国大学経済学部を卒業したアブドラ・ヤフタリは官界で出世し、企画庁次官や専売局長官を務めた後、大蔵大臣に就任したという（関根編二〇〇六：二四五）。彼は日本語が「達者」（東畑一九五九：六）だったためか、日本からの訪問客とも会う機会が多かったらしく、日本の新聞紙上にもたびたび登場している。[9] アブドラ・ヤフタリは、国交回復後における初代の駐日アフガニスタン公使に擬されたこともあったらしい。[10]

また、東京帝国大学文学部を卒業したアブドラ・ハーキムは文部省に入り、文部大臣まで務めたが（関根編二〇〇六：二四五）、のちに最高裁判所の長官となった。最高裁判所長官在任中の一九七〇年には日本政府（外務省）の賓客として日本を訪問し、佐藤栄作首相とも面談している（関根編二〇〇六：二三二）。彼は滞日中の印象として、「日本はなつかしいが、すっかり変わった」との感想を残している（関根編二〇〇六：二三二）。

その他の元日本留学生も、東京帝国大学農学部を卒業したゴラム・ナクシバンドは農政局長、東京工業大学紡績科を卒業したムハッド・ハッサンは国立紡績工場長、東京美術学校を卒業したヌール・アーマッドは国立高等工芸学校長を、それぞれ務めた。そして、浦和高等学校から京都帝国大学工学部に進んだアブドラ・ラヒミも、「帰国後アフガニスタンの重要なポストに昇進」（花輪一九九〇：三四〇）して、「鉱山局長」（関根編二〇〇六：二三三）や「石炭庁総裁」（旧制浦和高等学校第十七回文集編集委員会編一九九〇：三七九）を務めたという。

一九七〇年代にアフガニスタンは、王政廃止から軍事クーデター、さらにはその後一〇年以上続く紛争の時代へと入ることになるのだが、その激動期の只中にあった一九八〇年七月に、アブドラ・ラヒミは「商用」（勝一九九〇：三一八）で来日している。この来日が一九四三年に日本留学を終えてから初めての来日だったのか、それともそれまでにも何度か来日したことがあったのかは不明だが、浦和高等学校理科甲類を一九四一年三月に卒業した彼の元同級生たちは、このアブドラ・ラヒミの来日、すなわち「当時すでに戦乱たけなわの母国をあとにしての久しぶりの来日」に際して同窓会を開催し、「過ぎし日の交友を語り合った」という（勝一九九〇：三一八）。この再会に際して元同級生たちは、アブドラ・ラヒミの「昔に変わらぬ達者な日本語に驚いた」（勝一九九〇：三一八）、あるいは「不思議に日本語全然忘れてなかった」（旧制浦和高等学校第十七回文集編集委員会編一九九〇：三七九）との感想を抱いている。

この一九八〇年の同窓会の際に、アブドラ・ラヒミは元同級生たちにアフガニスタンの「住所を書き残した。このため、浦和高等学校の元同級生たちは、それから約五年後の一九八五年一〇月に再び同窓会を開催した際に、当該住所あてに手紙と寄せ書きを送ったのだが、その手紙は「数カ月後 MOVED-LEFT のペン書きが記されて返送されて」きた。また、彼の新しい住所については、「その後渋谷のアフガニスタン公館に問い合わせたが不詳」だったという（勝一九九〇：三一八）。

一九八〇年七月に開催された同窓会以降のアブドラ・ラヒミの消息は不明である。彼の浦和高等学校時代の同級生たちは、それから一〇年後の一九九〇年に『城北十里』と題する文集を発行しているのだが、その中で、ある元同級生はアブドラ・ラヒミに対して、「今、君はどこにいるのだろう」（勝一九九〇：三一八）と嘆じている。

## おわりに―「まとめ」にかえて―

以上、一九三〇〜一九四〇年代に六名のアフガニスタン人留学生が日本に留学することになった経緯を概観しつつ、そのうちのひとりであるアブドラ・ラヒミが浦和高等学校に進学することになった理由について考えてきた。その進学の理由について簡単に整理するならば、（a）当時の日本政府は「日本文化宣揚」を目的として「アフガニスタン国留学学生招致」事業を立案したのに対して、実際に日本へ留学することになったアフガニスタン人留学生六名は「学士の称号を得て帰国する」ことを留学目的としており、この「留学目的」という点で両者の間には齟齬があったこと、（b）その齟齬を解消するために、日本政府は特別の措置を講ずることになったのだが、一方で、アフガニスタンからの留学生たちも、「学士の称号を得て帰国する」ために、「留学期間が如何に長引くとも苦しからず、目的に邁進する」と決意したこと、（c）ただし、日本の大学から「学士の称号」を得るのに必要な「アカデミック・ジャパニーズ」の能力がアブドラ・ラヒミの場合は不足していたのではなかったかと考えられること、（d）このため、彼だけは他の五名のアフガニスタン人留学生と異なり、大学ではなく高等学校に進学することになったと考えられること、（e）アブドラ・ラヒミが全国の高等学校の中でも浦和高等学校に進学することになったのは、これはあくまでも推測にすぎないのだが、招聘元（外務省・国際学友会）が彼を（他の五名のアフガニスタン人留学生の場合と同様に）東京または東京の近郊に住まわせて、その生活や学業の状況を把握しておきたいという希望があったからではなかったかと考えられること、の五点にまとめることができる。すなわち、アブドラ・ラヒミの浦和高等学校への進学は、「アフガニスタン国留学学生招致」事業が企画された段階では想定されておらず、招聘元が留学生自身の目的やニーズを汲みとろうとし、また留学生自身も「留学期間が如何に長引くとも」自らの目的を達成しようと決意した中で、生まれたものだったと言うことができる。

この「アフガニスタン国留学学生招致」事業は、戦後の一九五四年に開始された「国費外国人留学生制度」の先駆けとなる事業と位置づけることができる。現在、「国費外国人留学生制度」は、その種類が、研究留学生（大学院留学生）、学部留学生、日本語・日本文化研修留学生、教員研修留学生、高等専門学校留学生、専修学校留学生など多岐にわたり、また大学（学部・大学院）に進学予定の国費留学生のためには、全国の国立大学に日本語教育センターや国際交流センターが設置され、そこでは日常生活に必要な日本語だけではなく、大学で学習・研究するのに必要な日本語、すなわち「アカデミック・ジャパニーズ」の教育も行われている。旧制浦和高等学校の流れを汲む埼玉大学にも、一九九七年に留学生センター（二〇一二年からは日本語教育センター）が設置された。

また、「アカデミック・ジャパニーズ」の中身や教育方法に関する研究は、とくに二〇〇二年における日本留学試験の開始を契機として急速に進んだ。二〇〇四年には日本語教育学会の中に「アカデミック・ジャパニーズ・グループ研究会」が設置されている。

これらの点を勘案するならば、アブドラ・ラヒミのように「アカデミック・ジャパニーズ」の問題に悩まされる留学生の割合は、以前に比べて今日では小さくなっているものと考えることができる。しかし、「アカデミック・ジャパニーズ」の教育や研究がどれほど拡大・深化したところで、日本留学が成功するか否かの最大のポイントは、招聘元が留学生自身の目的やニーズを汲みとろうとし、また留学生自身も自らの目的を達成しようと決意・努力することにあることは変わりなかろう。

**【第一〇章註】**

(1) ただし、当時は日本の植民地だった台湾および朝鮮半島出身の学生も、浦和高等学校には在籍していた。

(2) ヌール・アーマッドは、後に東京美術学校（現在の東京芸術大学）に転校している。結果的に、アフガニスタン人留学生六名のうち学士号を取得できなかったのは彼だけなのだが、一九四二年一〇月一二日の朝日新聞（朝刊）によれば、ヌール・アーマッドが東京美術学校彫金科を卒業するに当たり制作した作品（銅土耳古風紋様フルーツ皿）は文展に入選したという（朝日新聞社一九四二a：二）。

(3) 年齢は一九三八年一月一日現在の年齢。

(4) それぞれの進学先に入学した時点で、アフガニスタン人留学生六名は国際学友会が経営する国際学友会館を出て、それぞれ別の住居で生活していたようである。一九三九年の時点で、アブドラ・ラヒミは「東京市渋谷区千駄谷五の九〇二新宿ハウス」に居住している（JACAR:C04014773100）。

(5) アブドラ・ラヒミと同じ一九三八年に浦和高等学校に入学した者は一四八名だった。その中には、埼玉県立浦和中学校出身の鹿取泰衛（文科乙類）もいた。彼は浦和高等学校を卒業した後、東京帝国大学法学部に進学。大学卒業後は外務省に入り、官房長、外務審議官、在ソヴィエト連邦大使などを務めた後、国際交流基金（前述の「国際文化振興会」の後身）の理事長に就任する。鹿取自身が語っているところによれば、当時の「国際交流基金は初代理事長が今日出海先輩（筆者註：彼も浦和高等学校の出身者だった）だったせいか、何かしら浦高めいた知的雰囲気が漂って」（鹿取一九九〇：一一五）いたという。この鹿取が国際交流基金の理事長だった一九八九年に、同基金は「外国人の日本語教師を再教育する研修施設を浦高跡地の間近に開設」（鹿取一九九〇：一一五）している。この研修施設、すなわち「国際交流基金日本語国際センター」の開設に際して、鹿取は「このセンターが浦高の生まれ変わりになり、そこで学ぶ各国の俊才が浦高の自由な学風を継承し、日本の正しい理解者に育っていくことを願って」（鹿取一九九〇：一一五）いたという。

(6) ただし、アブドラ・ラヒミも他の五名のアフガニスタン人留学生と同様、日本政府にとっては「日本文化宣揚」という観点からした重要な留学生だったことに変わりはない。彼が浦和高等学校の二年生だった一九三九年の八月から九月にかけて、日本政府はアブドラ・ラヒミを含む六名のアフガニスタン人留学生を北海道旅行に招待している（JACAR:C04014773100）。また、同年一一月には文部大臣が彼らを官邸に招いて晩餐をともにしている（関根編二〇〇六：一八六）。

(7) 金澤（一九七三）によれば、アブドラ・ラヒミは東京帝国大学工学部に進学したことになっているが（金澤一九七三：一二七）、これは誤りである。

(8) 前述の金澤謹が国際学友会に勤務するようになったのは、外務省文化事業部の嘱託を務めていた岩村の紹介によるものだったという（金澤一九七三：一二七）。また、一九四三年から国際学友会で日本語教育に従事した高橋一夫が一九七四年（当時、高橋は東京外国語大学附属日本語学校長を務めていた）に証言しているところによると、一九三八年に言語学者の服部四郎が国際学友会で日本語教育に従事するようになったきっかけを作ったのは「金澤謹と岩村忍」で、両名が「ここの日本語教育を何とか確立させようと話していたところ、服部四郎さんが今は大学の講師だが時間がありそうだというので、服部四郎さんに来てもらったんです」とのことである（河路二〇〇九ａ：三〇八）。

(9) たとえば、東畑（一九五九）六面、朝日新聞社（一九六〇）三面を参照。

(10) 一九五三年八月二日の朝日新聞（夕刊）は次のように報じている。「政府の要人たちの話では、アフガンの東京公使館は、遅くとも明年夏までには開きたいような意向だった。そして復活初代の公使にはアブドラ・ジャン専売局長官がなるだろう、というウワサが高い。ジャン君は東大法科（ママ）の出身で日本語はうまい。戦前東京にいた五人（ママ）の留学生は、今それぞれの地位を占めていて、みな「日本に行ってみたい、夢にも日本は忘れない…」と、私のところへ来ては「望郷」の嘆きをする」（朝日新聞社一九五三：一）。

# 第一一章　三島由紀夫著『豊饒の海』とタイの留学生

## ―「シャムの王子」たちのモデルは誰か―

# はじめに

三島由紀夫の遺作となった長編小説『豊饒の海』には、三人のタイ人留学生[1]が登場する。大正期の学習院高等科に留学する「パッタナディット殿下」と「クリッサダ殿下」、そして、戦後期の日本に留学する「ジン・ジャン」(月光姫)の三人である。

このうち、パッタナディットは国王ラーマ六世の弟であり、クリッサダはその従兄弟と設定されている。彼らは『豊饒の海』の第一巻『春の雪』で、その主人公である松枝清顕の行動に影響を与える役割を演じる。また、ジン・ジャンは、松枝清顕および第二巻『奔馬』の主人公である飯沼勲が転生した(と考えられる)人物であり、第三巻の『暁の寺』で中心的な役割を演じる。彼女は、前記「パッタナディット殿下」の「いちばん末のお姫様」と設定されている。

この三人のうちジン・ジャンのモデルについては、新潮社で三島担当の編集者を務めた小島千加子の証言がある。それによると、「タイ国の留学生で十七、八歳の美人。しかも育ちがよくて日本語のペラペラな人」(小島一九九六：六一)を探してほしいとの依頼を三島から受けた小島は、駒場の留学生会館に出かけ、そこで、当時、東京大学経済学部に留学していた二二歳のタイ人女性を紹介された。そして、一九六九年二月一六日、彼女を東京都大田区馬込の三島邸で三島由紀夫本人に引き合わせたという(小島一九九六：六五〜六六)[2]。

このジン・ジャンに対して、パッタナディットとクリッサダについては、誰がその造形上のモデルとなったのか、あるいは、そもそもモデルが存在したのかについての証言や一次資料がない。また、それに関する先行研究も存在しない。しかし、三島が残した『豊饒の海』創作ノート(以下、「創作ノート」という)には、その手がかりとなる記述が見られる。

本章では、その記述を留学生教育史研究の観点から読みとくことで、『豊饒の海』において三島が造形した

「シャムの王子」たちのモデルに関し、ひとつの推定または想像を提示したい。

## 一・先行研究

前述のように、パッタナディットとクリッサダのモデルについては、それに関する一次資料も先行研究も存在しない。しかし、日本近現代文学の研究者である杉山欣也は、その著書『「三島由紀夫」の誕生』(二〇〇八)の中で、ひとつの興味深い着想を述べている。杉山は同書の中で、三島と学習院で同級だった板倉勝宏という元華族(子爵)が書いた「学習院の想い出」(執筆年不明)という原稿を紹介しているのだが、その中で板倉は、一九四〇年代前半期の学習院高等科に、「タイ国のワラワン殿下とプラサット君(随行貴族学生)」というふたりの「聴講生」が在籍していたと記している(杉山二〇〇八:三二二)。そして、この記述を受けて杉山は、「作中と時代設定は異なる」ものの、三島はパッタナディットとクリッサダについて、「あるいは彼らから想を得たものかもしれない」との着想を述べている(杉山二〇〇八:三二九)。

この着想は着想の次元にとどまっており、それを裏づける根拠を杉山は何ら示していないのであるが、筆者は杉山の着想に同意する。なぜなら、その着想を支持するような記述が、「創作ノート」の中に見られるからである。

本章では、第四節でこの「創作ノート」について考察するが、その前提として、次の第二節と第三節においては、戦時下日本の「対泰文化事業」とタイ人「留学生の本邦招致」事業、ならびに「タイ国のワラワン殿下とプラサット君」というふたりの「聴講生」の日本留学中の様子に関し、国際関係論および留学生教育史研究の領域における先行研究に基づいて整理しておきたい。

## 二．日本の「対泰文化事業」とタイ人「留学生の本邦招致」事業

日本はタイ人留学生を二〇世紀初頭から受け入れている。しかし、同国からの留学生が急増するようになったのは一九三〇年代中頃のことである。また、この頃には日本もタイからの留学生受入に積極的になる。それは、一九三三年三月、いわゆる「満洲国」の正当性に疑問を呈したリットン調査団の報告書をめぐる国際連盟の総会決議において、ほとんどの国が同報告書を是としたのに対し、タイが唯一棄権票を投じたことから、日本がタイの存在を再認識したためである。

日本政府は、急増するタイ人留学生への対応を目的のひとつとして、一九三五年に財団法人国際学友会を設立する。同会は、「諸外国特に東方諸国の留日学生の保護善導を計り、此等学生に対し日常生活上の便宜の供与、日本語の学習、本邦諸学校入学の斡旋等勉学上の援助其の他之が指導啓発に必要なる各種の事業」（国際学友会一九三五：二）を実施した。また、その事業の一環として、一九四三年には日本語学校を設置する。

国際学友会の事業対象はタイに限られていなかった。しかし、同会が運営した留学生宿舎の初期の在籍者は、タイからの留学生が最も多かった。また、同会で日本語教育を受けた者の数は、今日まで残されている学籍簿（一九三八〜一九四四年度）による限り、一九四三年にその招聘が開始された「南方特別留学生」を除けば、半数以上がタイからの留学生だったという（河路二〇〇三：三〇六）。

タイからの留学生が急増した一九三〇年代中頃は、日本政府が「国際文化事業」を開始した時期でもある。一九三四年、日本政府は、「国際間文化の交換殊に日本及東方文化の海外宣揚を図り世界文化の進展及人類福祉の増進に貢献する」（国際文化振興会一九三四：一〇）ことを目的として、財団法人国際文化振興会を設立し、同会を「国際文化事業」の実施母体とした。ただし、「国際文化事業」のうち、留学生の受入と派遣に関する業務は、翌年設立された前記の国際学友会に委ねることになる。

国際文化振興会が設立された一九三四年は、日本が国際連盟を脱退した翌年に当たる。また、一九二〇年代から一九三〇年代にかけての時期は、ヨーロッパの国々が自国文化を海外に発信するための機関を相次いで設立していた時期でもある。すなわち、「世界の文明諸国があらゆる方面に亙りて、自国の文化を内外に顕揚し宣布する為めに広大の施設を整へ文化活動に努力して互に後れざらん」（国際文化振興会一九三四：一〜二）としていた時期でもあったのであり、日本は国際連盟脱退に伴う国際的な孤立を避けるとともに、他国に伍して、「自国文化の品位価値を発揮し、他国民をして尊敬と共に親愛同情の念を催さしむる」（国際文化振興会一九三四：一）ことを主要目的として、「国際文化事業」を開始したと言うことができる。

国際文化振興会は、その「事業の性質上外務省の監督のもとに事業の実施」（国際文化振興会一九六四：一四）に当たった。また、同会は「外務省文化事業部の補助団体」（稲垣一九四四：四一）としての性格も有していたのであるが、その外務省では、「国際文化事業」の担当課として、文化事業部第三課が一九三五年に設置された。同課の初代課長となったのは柳澤健という人物である。やがて彼は、タイに対する「国際文化事業」、すなわち「対泰文化事業」（柳澤一九四三：九一）において、中心的な役割を担うことになる。

一八八九年に福島県の会津地方で生まれた柳澤健は、第一高等学校から東京帝国大学法科大学（仏蘭西法律科）に進み、大学卒業後は高等文官試験に合格して逓信省に入った。その後、朝日新聞社の編集局論説班に転職し、『大阪朝日新聞』の紙面に文芸欄を設けたりしたのであるが、数年後には官界に戻り、今度は外務省に入った。同省では、亜細亜局第三課、在外公館（フランス・スウェーデン・メキシコ）、文化事業部第一課に勤務し、一九三三年に文化事業部第二課長、そして一九三五年には「国際文化事業」を担当する同部第三課長になった。

柳澤には、外交官としてのほかに詩人としての一面もあった。彼は東京帝国大学在学中に島崎藤村や三木露風に師事し、すでに大学卒業前には自身の詩集を刊行している。

このように「外交官」でもあり「詩人」でもあった柳澤が、外務省で「国際文化事業」を担当する文化事業部第三課の責任者となった。外務省の幹部職員としてはメイン・ストリームから外れた経歴を有する彼がこのポストに就いたのは、かかる二面性が評価されたためではなかったかと想像できる。

その後、柳澤は一等書記官として在ベルギー日本公使館と在イタリア日本大使館に勤務し、一九三八年には在ポルトガル代理公使になるのだが、一九四〇年、当時の松岡洋右外務大臣による「外交官の大量馘首」（柳澤一九四三：二）によって、柳澤は外務省を退官する。しかし、その二年後の一九四二年には、再び外務省および「国際文化事業」と関係することになる。

一九四一年一二月における英米への宣戦布告と「日泰攻守同盟条約」の締結によって、タイは日本の対外政策上、また、その対外政策を補完するための「国際文化事業」においても、きわめて重要な位置を占めることになった。このため、一九四二年一月には「日泰両国間学生交換協定」が、そして同年一〇月には「日泰文化協定」が調印されたのだが、後者の協定では、「締約国は両国間の文化関係の増進に寄与せしむる為夫々相手国の首府に於ける文化紹介機関の設置に努めるべく且右機関の事業に対し相互に能ふ限り便宜を供与すべし」（第一一条）と定められており、日本政府は一九四三年、タイに「在盤谷《バンコク》日本文化会館」（同館は「日泰文化会館」と呼ばれることもあった）を開設した。在盤谷日本文化会館の館長ならびにその設置母体である財団法人日泰文化協会の理事長に任命されたのは、柳澤である。

在盤谷日本文化会館の開設は、「当初、外務省によって企画され、而も積極化したのは、昭和十七年の初頭、柳澤現日泰文化会館長が外務省の需めによって渡泰したのが、そもそもの初りであって、この頃を契機として会館創設への第一歩が印せられた」（額一九四四：五三）という。また、柳澤はその後も「数回に渉る渡泰による実状調査」（額一九四四：五三）を行ったらしい。すなわち彼は、在盤谷日本文化会館の開設に際して中心的な役割を担ったようなのであるが、その柳澤が「対泰文化事業」において重視した活動のひとつに

「留学生の本邦招致」（柳澤一九四三：九七）事業がある。また、彼は留学生への渡日前と帰国後における施策、すなわち「渡日留学生の為の予備教育」と「帰国せる渡日留学生の連絡交換事務」も重要だと考えた（柳澤一九四三：九七）。実際、柳澤が館長を務めた在盤谷日本文化会館は、その傘下にあった日本語学校において、「渡日留学生の為の予備教育」の一環としての日本語教育も実施している。柳澤は、太平洋戦争開戦後の「対泰文化事業」、そしてタイ人「留学生の本邦招致」事業において、その中心的な位置に立ったのである。

## 三．ウイブン・ワラワンとプラサート・パンヤラチェンの日本留学

前述のように、三島由紀夫と学習院で同級だった板倉勝宏は、その原稿「学習院の想い出」において、一九四〇年代前半期の学習院高等科に、「タイ国のワラワン殿下とプラサット君」というふたりの「聴講生」が在籍していたと記述している。本節では、このふたりの日本での様子に関し、板倉の証言や先行研究に基づいて整理しておきたいと考えるが、その前に、『豊饒の海』の第一巻『春の雪』において、「シャムの王子」たちがどのように描かれているかについてまとめておく。なお、『春の雪』からの引用は、すべて新潮文庫版に基づく。

タイ国王ラーマ六世の「弟君」であるパッタナディットとその従兄弟にあたるクリッサダは、「二人とも熱心な敬虔な仏教徒であったが、日常の服装作法はすべて英国風で、美しい英語」を話した。このため、ラーマ六世は「若い王子たちのあまりの西欧化をおそれて」、彼らの日本留学を計画した。当時、パッタナディットはクリッサダの妹（初代の月光姫）と恋愛関係にあり、彼女との「別離」は「悲しみ」を伴うものだったのだが、その点を除いては国王の提案に「異存がなかった」ことから、ふたりの王子は一九一二年の一一月（あるいは一二月）に渡日した。彼らは東京の松枝侯爵邸に滞在し、当初は「冬休みまで気ままに学校へ参観」に行くこ

と、その後は学習院に「年が改まってから通学する」こと、「正式に級に編入されるのは、日本語に習熟し日本の環境にも慣れた暁、春の新学期からということ」になっていた。しかし、翌年になってもふたりは、「清顕以外に友らしい友もなく、学校へは今までほとんど顔を出されない」という状況だった。

それでも、一九一三年の春には学習院高等科に正式入学したらしく、ふたりは松枝侯爵邸を出て、学習院の寮に入った。入寮直後のふたりの様子については、次のように描写されている。

シャムの両殿下の学校における評判は、それほど良いとは云われない。何と云っても日本語がまだ不自由で、学習に差支えることは致し方がないが、友達の友好的な冗談が一切通じないので、じれったがられ、果ては敬して遠ざけられる。両王子のいつも絶やさぬ微笑も、粗暴な学生たちには、ただ得体のしれぬものに思われた。

両王子を寮に入れたのは外務大臣の考えだということだが、舎監はこの賓客の扱いに心を痛めているという噂を清顕はきいた。准宮様扱いで特別な部屋も差上げ、ベッドも上等なものを入れ、つとめて寮生たちと仲好く交際されるように、舎監は力をつくしているのだが、日を経るにつれ、王子たちは二人だけの城に閉じこもり、朝礼や体操にも出て来られぬことが多く、これがいよいよ寮生との疎隔を深めた。

こうなるにはいろいろな原因がからみ合っていた。来日後半歳に充たぬ準備期間は、王子たちを日本語の授業に馴染ませるには不足であったし、又その準備期間のあいだ、王子たちはそれほど勉学にいそしまれたわけではなかった。もっとも生彩を放つ筈の英語の時間にも、英文和訳も和文英訳もただ王子たちをまごつかせるだけであった。

このような時にひとつの事件が起こる。「パッタナディット殿下のエメラルドの指輪が紛失した」のである。

その時、「クリッサダ殿下が、これを盗難だとさわぎ立てたところから、問題が大きくなり、パッタナディト殿下は従兄弟の軽率を咎めて、内輪に納めることをのぞんだけれども、この王子も亦、心の裡では盗難だと信じている点では同断」だった。

この「クリッサダ殿下のさわぎ方」に対して、学校側は「学習院に盗難などというものはありえない」との反応を示した。しかし、これが盗難であったことは、第三巻の『暁の寺』で明らかになる。

この事件を契機として、ふたりの王子は寮を出て、帝国ホテルに移る。また、松枝清顕には、「どうあっても近いうちにシャムに帰るつもり」だと打ち明けた。その話を清顕から聞いた松枝侯爵（清顕の父）は、「もし王子の帰国をこのままに看過せば、王子たちの心に取り返しのつかない傷を与えることになり、終生、日本の思い出は忌まわしいものとなって残るであろう」と憂慮し、しばらく時間を置くために、夏季休暇期間中、ふたりの王子と清顕を鎌倉の別荘に遊ばせることにした。しかし、鎌倉滞在中にバンコクの王太后からパッタナディトあてに、彼の恋人である「月光姫が死んだ」という内容の親書が届いたことから、その一週間後、ふたりの王子は横浜から「英国船で帰国の途」につくことになった。こうして、「シャムの王子」たちの日本留学は一年に満たない期間で、しかも学習院高等科に正式入学してからは半年にも満たない期間で終わるのである。

三島由紀夫が『春の雪』の中で「シャムの王子」たちを日本に留学させた一九一二年からちょうど三〇年後の一九四二年、ふたりのタイ人が日本に留学した。そのうちのひとりは、ラーマ四世の曾孫にあたるウイブン・ワラワンで、父親のワンワイタヤコーン・ワラワン親王は、タイ外務省の顧問として、同国の政治と外交に影響力を有していた。彼は翌一九四三年に東京で開催された「大東亜会議」にタイ代表として出席してもいる。

もうひとりはプラサート・パンヤラチェンで、彼の父親はタイで商業出版社を経営していた。プラサートはウイブンと異なり王族ではない。

このふたりは、私費留学生として学習院高等科と東京帝国大学で七年間学ぶことになっていた。東京到着時にウイブンは、同盟通信記者のインタビューに対して、次のように語っている（原文英語）。

私は日本に七年間滞在します。貴族学校（筆者註：学習院のこと）と東京帝国大学で学ぶ予定です。大学では政治学を専攻するつもりです。私の兄は外交に関わっておりますので、私も帰国後はタイ外務省に勤めたいと考えております。日本に留学することになったのは、日本がタイにとって最も友好的で、また先輩格の国でもあるからです。現在のところ、私は日本語があまり理解できません。このため、まずは日本語を勉強したいと考えております。(Japan Times & Advertiser 1942 : 1)

ウイブン自身も認めているように、彼らは「日本語があまり理解」できなかった。国際学友会（現在の日本学生支援機構東京日本語教育センター）に保存されている資料によれば、来日時における両名の日本語能力は、「会話だけほんの少し」できるというレベルだったらしい（河路二〇〇六：四七八）。

このため、ウイブンとプラサートのふたりは、渡日翌月の一九四二年五月から、国際学友会で四五週間の日本語教育を受けることになった。卒業時には、同会が制作した日本語教材『日本語教科書』の巻四を終えたという（河路二〇〇六：四七八）。巻四のテクスト・レベルは、当時の「中学校一・二年程度」だった（河路二〇〇六：一九二）。

国際学友会を卒業したふたりは、一九四三年四月、学習院高等科に進学した。学習院での留学生活については、プラサートが一九八三年にタイ研究者の市川健二郎のインタビューに対して、次のように証言している。

戦時中、ワンワイタヤコーン・ワラワン殿下の長男ウイブン・ワラワン殿下の学友として、殿下と私は宮内省の学習院旧制高等科に在学していた。配属将校の柏崎大佐（筆者註：柏崎延二郎陸軍大佐）はアジア人の留学生を親切にいたわってくれたので、感激した。目白駅に近い学習院の昭和寮で殿下と一緒に寝泊りしていたが、先生も寮生も親切な日本人だった。四三年の夏休みには、日本政府の招待で、殿下に同行して満州国皇帝を訪問した。秋の大東亜会議に出席したワラワン殿下は息子のウイブンとホテル・オークラ所有者の大倉氏邸で再会を喜んだ。その時、タイ大使館員も同席していたが、私たち留学生と政治上の話などする場ではなかった。（市川一九八七：五二）

この証言にもあるように、ウイブンとプラサートは、三島が造形した「シャムの王子」たちの場合と同様、学習院の寮に入った。しかし、後者が主に「何と云っても日本語がまだ不自由」という理由から他の「寮生との疎隔を深めた」のに対し、前者は（少なくともプラサートの証言をそのまま信じる限りにおいては）、学習院の「親切な日本人」たちに囲まれて、まずまずの留学生活を送ったようである。また、留学中の待遇に関しては、国際関係論の研究者であるブルース・レイノルズが一九八八年にプラサートに対して行ったインタビューにおいて、プラサートは「東京では厚遇を得たと強調」（Reynolds 1991：116）している。しかし、学習院高等科で彼らより一学年上の板倉勝宏は、「何か寂しさうな二人であった」との証言を残している（杉山二〇〇八：三二二）。ちなみに、板倉と学習院で同級だった平岡公威（三島由紀夫）は、管見の限り、このふたりについて何も語っていない。

当初、ウイブンとプラサートの留学期間は七年間と設定されていた。しかし、実際には一九四三年の年末までに帰国したようである（Reynolds 1991：109）。すなわち、学習院高等科での留学生活は、三島が造形した「シャムの王子」たちの場合と同様、一年にも満たなかったのであるが、その早期帰国の理由として、プラサートは「日本語に対するフラストレーション」（Reynolds 1991：109）があったことを挙げている。当時の戦局やタイにおける対日観の変化を勘案した場合は、本当にそれだけが早期帰国の理由だったのか、必ずしも疑問なしとはしないのだが、国際学友会で四五週間の日本語教育を受けたはずのウイブンとプラサートにとっても、「何と云っても日本語がまだ不自由」だった「シャムの王子」たちの場合と同様、日本語は留学生活における大きな障碍になっていたようである。

板倉によれば、ウイブンとプラサートの学習院における留学生活については、同院にも「記録がないらしく」（杉山二〇〇八：三二二）、これ以上のことはわからない。また、わからないという点で言えば、そもそも彼らがどうして日本に留学することになったのかという、その経緯についても明らかではない。三島が造形した「シャムの王子」たちは、国王のラーマ六世が「若い王子たちのあまりの西欧化をおそれ」たため、日本に留学することになった、すなわちタイ側の意向によって日本に留学することになったとされているのだが、実際に戦時下の日本に留学したウイブンとプラサートのふたりについては、タイ側の意向によって、その日本留学が計画されたのか、それともタイ人「留学生の本邦招致」を重視していた日本側の意向によって日本に留学することになったのか、必ずしも明らかではない。

しかし、日本語教育史と留学生教育史の研究者である河路由佳は、ウイブンとプラサートの日本留学中、このふたりは日本で「官民あげて厚く遇され」、また日本政府は両名を「旅行に招待して満洲皇帝に謁見させたり」しており、「彼らは「日タイ親善」の象徴として、効果的に利用されたと言える」としている（河路二〇〇六：四三八）。さらに、「ウイブンは帰国後若くして亡くなったが、プラサートは一九八三年一一月に東京で開かれた「南方特別留学生四〇周年記念国際会議」にタイ代表団長として来日して」おり、この日本政府の招聘・資金負担による「南方特別留学生事業の始まる以前の私費留学生であったプラサートがこの会議に主要メンバーとして参加していることは、彼らの留学と南方特別留学生の関連性を物語っている」（河路二〇〇六：四三八）、あるいは、彼らの留学は「南方特別留学生に通じる意味を帯びていたこととの表れとも見える」（河路二〇〇五：五六）としており、ウイブンとプラサートの日本留学が計画された背後には、日本政府の何らかの意向が存在していたのではなかったかと示唆している。実際、彼らが日本留学を二年弱で切り上げて帰国することになった時、日本側は「当惑した」という（Reynolds 1991：109）。

かりにウイブンとプラサートの日本留学の背後に日本政府の何らかの意向が存在していたとしたら、彼らの日本留学と前後して日本の「対泰文化事業」、そしてタイ人「留学生の本邦招致」事業の中心的な位置に立つことになった柳澤健が、その際に何かしらの役割を演じたのではなかったかと想像することは、けっして的外れとは言えないだろう。また、一九六〇年代に『豊饒の海』の執筆を計画していた三島由紀夫が、その小説の中に「シャムの王子」たちを登場させようと考えた際に、自らの学習院高等科時代の記憶、すなわち自分の一学年下にタイ人留学生が在籍していたことを思いかえし、彼らが当時なにゆえ日本に留学していたのか、あるいは、どのようなスキームで日本に留学していたのかということを知ろうと考えたとしたら、そのための調査の過程において、柳澤健の存在に気づくこともありえたことであったろう。

## 四．創作ノート

既述のように、『豊饒の海』に登場する「シャムの王子」たち、すなわちパッタナディットとクリッサダについては、誰がその造形上のモデルとなったのか、あるいは、そもそもモデルがいたのかという点に関する一次資料が存在しない。また、三島が残した「創作ノート」にも、彼らのモデルについては、直接的な記述がない。しかし、「創作ノート」に直接的な記述が見あたらないということは、その必要がなかったからではないか。すなわち、三島自身が実際に出会ったことのある人物をヒントにして、「シャムの王子」たちを造形したからではないかという推測を、逆に成立させる。

このように、「シャムの王子」たちのモデルに関しては、「創作ノート」の中にも直接的な記述がないのであるが、戦時下において日本の「対泰文化事業」とタイ人「留学生の本邦招致」事業の中心的な立場にあった柳澤健については、「創作ノート」の中に記述が見られる。その「創作ノート」とは、三島が残した数多くの「創作ノート」の中でも初期の、まだ『豊饒の海』というタイトルも決まっていなかった時期に作成されたらしい、表紙に『大長編ノート2』と書かれたノートである。このノートは、現在、三島由紀夫文学館（山梨県山中湖村）に収蔵されているが、その一部が二〇〇二年に新潮社から出版された『決定版三島由紀夫全集』の第一四巻で公開されるとともに、残りの部分も鼎書房が二〇〇七年に発行した『三島由紀夫研究』第四号に、「未発表「豊饒の海」創作ノート①」として掲載された。柳澤に関する記述は、後者の一一五頁から一一六頁に見ることができる。

そこには、はじめに柳澤の経歴が記されている。すなわち、「大学法科→外務省一等書記官」[3]および「日タイ文化協会の会長（戦争中）」[4]とあり、その交流関係については、「久米正雄や菊池（筆者註：菊池寛）の仲間」と記されている。また、「柳沢健」という名前の横には、「仏クローデル大使をまねた」と書かれているが、これは一九二〇年代に駐日フランス大使を務めたポール・クローデル（Paul Claudel）と同様、柳澤が「外交官」と「詩人」の二面性を有していたことを反映した記述だろうと思われる。

さらには、「柳沢は死んだ」との記述もある。実際、彼は一九五三年五月に亡くなっており、この「創作ノート」が記された一九六〇年代には、すでに彼に取材することは不可能になっていたのだが、かかる記述があることから推測するならば、もし柳澤が生きていたら取材したかったという思いが、三島にはあったのかもしれない。

その「柳沢は死んだ」という記述の後ろには、「田中幸太郎、—まとめて「南太平洋の夕暮」」と書かれている。このうち、「田中幸太郎」は「田中耕太郎」の、「南太平洋の夕暮」は「印度洋の黄昏」の誤記（あるいは取材相手の錯誤によるもの）ではないかと考えられる。戦後期に文部大臣や最高裁判所長官を務めた田中耕太郎は、第一高等学校で柳澤と同級であり、柳澤の遺稿集『印度洋の黄昏』の公刊（一九六〇年）にも尽力している。

柳澤に関する項には、「石井氏に会ふ」として、次のような記述も見られる。

フランス語巧いので、タイの王室、（スイス系フランス語）
当時の権力者ピブンがフランスびゐき
フランス語の話せるのを大事にする。
木戸御免。（石井氏大使館参事官に会ふのハむつかしい。）
当時、国際連盟にゐたワンワイ・タイヤコン殿下がフランス語
その妹は詩人。

この部分に関しては、柳澤はフランス語が話せたので、タイの、「フランスびゐき」で「フランス語の話せるのを大事」にする王室や政府高官たちに食い込むことができたと解釈するのが妥当だろう。当時のタイが「フランスびゐき」であったことは、かつてフランスに勤務したことのある柳澤自身も認識していて、彼は、「僕の泰国行は適所適才だ」（柳澤一九四三：二四）と考えていたのだが、その理由のひとつとして、このフランスとの関係を挙げている。すなわち、「ピブン首相は仏蘭西、ヴィチット外相も仏蘭西、ブライウン文相は独逸と仏蘭西、ワンワイ殿下は英国と仏蘭西」（柳澤一九四三：二四）というように、柳澤のカウンターパートとなったタイの政府高官たちは、いずれも「仏蘭西を留学地にしてゐた」（柳澤一九四三：二六）のであり、フランス文学を日本語に翻訳できるだけの言語能力を有していた柳澤と、フランス語でコミュニケーションを

図ることができたのである。ちなみに、三島の「創作ノート」と柳澤の回想に出てくる「ワンワイ・タイヤコン殿下」あるいは「ワンワイ殿下」は、戦時下の学習院高等科に留学したウイブンの父親である。

これらのフランス語をめぐる情報、すなわち「創作ノート」の言葉を借りるならば、「フランス語の伏線」に関する情報を三島に提供したのは、「石井氏」という人物である。この「石井氏」が誰であるかを特定するのはむずかしいが、「石井氏大使館参事官」と書かれていることから推測するならば、戦時下のバンコクにあって日本大使館の参事官を務めていた石井康のことを指すのではないかと考えられる。彼は第一高等学校と東京帝国大学で柳澤の後輩であり、一九二〇年に高等文官試験（外交科）に合格して、外務省に入省した。バンコクに赴任する前は内閣情報局第三部長だった。外務省を「馘首」された柳澤に対して、タイへの赴任を「膝詰め談判」（柳澤一九四三：六）したのも石井だったという。石井が亡くなったのは一九六八年一月のことだから、後に『豊饒の海』と名づけられることになる「大長編」小説の執筆を一九六〇年代の前半期には構想しはじめていた三島が石井に面会することは、時間的には可能だったはずである。ちなみに、石井は三島の父親である平岡梓と第一高等学校および東京帝国大学法科大学で同期であり、あるいはその父親の筋から、三島は石井の存在を知ったのかもしれない。

このように、三島は柳澤について調査しているのだが、ここまでだったら、三島は後に『豊饒の海』というタイトルが与えられることになる「大長編」小説に、柳澤をモデルとする人物を登場させようと考えていたのではなかったかと想像することもできるだろう。しかし、「創作ノート」の柳澤に関する項には、「日タイ協会事ム所」(5)という見出しが付された箇所に、「国際学友会 — 留学生」という記述も見られる。国際学友会は、前述のように、ウイブンとプラサートが学習院高等科に入学する前に四五週間の日本語教育を受けた機関である。この記述から想像するならば、三島は「大長編」小説の執筆を構想していた時に、若き日の学習院高等科時代に出会ったふたりのタイ人留学生がどこで日本語を習ったのかということに興味を持ち、また、そのことも含めて当時の事情を知るために、「日タイ協会事ム所」を訪れたのではなかったかと考えることもできる。

国際学友会が設立されたのは、柳澤が外務省文化事業部第三課長だった一九三五年一〇月のことである。したがって、前記の「国際学友会 ― 留学生」という記述については、ウイブンとプラサートの日本語学習に関連した記述ではなく、単に柳澤の業績を記しただけのものと解釈することも可能かもしれない。しかし、彼が外務省の文化事業部第三課長になったのは、国際学友会が設立されるわずか二か月前の一九三五年八月のことである。また、外務省内において同会の設立を主導したのは、文化事業部ではなく東亜局だった。すなわち、柳澤は国際学友会の設立に際して中心的な役割を担ったわけではないのである。また、彼は設立後の同会の運営には関与していない。このため、「日タイ協会事ム所」の関係者が柳澤の業績として「国際学友会」の名前を挙げたとは考えにくく、むしろ、この「国際学友会 ― 留学生」という記述に関しては、前記のように、ウイブンとプラサートが学習院高等科に入学する前に受けた日本語教育（あるいは、彼らを含めた戦時下のタイ人留学生が受けた日本語教育）の実施機関を三島が知ろうとした、その痕跡と考えるほうが妥当だろう。また、かかる記述が「創作ノート」の中に残されていることから想像するならば、三島は「シャムの王子」たちを国際学友会に通わせ、彼らが「日本語に習熟」する様子を小説の中に取り入れようと構想していたのかもしれないと言うこともできる。しかし、国際学友会が設立されたのは一九三五年、すなわち昭和一〇年のことだったから、大正期に来日したことになっている「シャムの王子」たちを同会で学ばせることはできなかった。また、国際学友会が設立される以前は、非漢字圏出身の留学生のための日本語教育機関は日本に存在しなかった。これらの事情ゆえか、「シャムの王子」たちが「日本語に習熟」する様子については、『豊饒の海』の中で何ら描写されることがなく、ただ漠然と、彼らは「何と云っても日本語がまだ不自由」だったと描かれるにとどまっている。

# おわりに

以上、「創作ノート」を手がかりにして、三島由紀夫の遺作となった（あるいは自ら遺作とした）『豊饒の海』に登場する「シャムの王子」たちの造形上のモデルは、一九四〇年代前半期の学習院高等科に留学したふたりのタイ人留学生だったのではなかったかという推定または想像を提示してきた。しかし、これはあくまでも推定（想像）に過ぎず、それを完全に裏づける一次資料は、現在までのところ見つかっていない。また、当時一八歳だった三島由紀夫が、このふたりの留学生に対して、どのようなまなざしを向けていたのかという点も明らかではない。なぜなら、管見の限り、三島は彼らについて、何も書き残していないからである。将来的に新しい資料が発見されることを期待したい。

**【第一一章註】**

(1) タイの旧国名は「シャム」であり、三島由紀夫が『暁の寺』の中で述べているとおり、一九三九年に「シャムはその国号をタイと革めた」のであるが、本章では、便宜上、シャム時代も含めて「タイ」という表現に統一する。ただし、引用文中においては、この限りでない。

(2) ただし、毎日新聞社の記者だった徳岡孝夫は、一九六〇年代の後半期に同社バンコク支局に勤務していた「女性秘書」こそが、三島にとって、「ジン・ジャンのモデルにしたいタイ女性」だったのではなかったかと「感じている」としている（徳岡一九九六：一二九）。

(3) ここには「仏法」という加筆もなされているが、これは柳澤が東京帝国大学法科大学で仏蘭西法律科に在籍していたことを示したものだろう。

(4) 当時の柳澤の正確な役職名は、「財団法人日泰文化協会理事長」である。

(5) 財団法人日本タイ協会のことか。同会は「暹羅協会」として一九二七年に設立された。

# 参考資料・参考文献

〈参考資料〉

【外務省外交史料館所蔵資料】

最近における日本の国際文化活動　ＭＦ番号 I-0010（DA-1）

第一回文化外交懇談会議事録　ＭＦ番号 I-0011（DA-2）

アジア歴史資料センター（JACAR）保存資料

A100-1-2-1, B03030276600, B03040788300, B04011327200, B04011346500, B04011347000, B04013479300, B04011356900, B04011408500, B05015406400, BO5015519400, BO5015520600, B05015526200, B05015528100, B05015528600, B05015528700, B05015528800, B05015528900, B05015529000, B05015529100, B05015529300, B05015529400, B05015529500, B05015529600, B05015800000, B05016037000, B05016070600, B05016142600, B05016143600, C04014773100

【国立国会図書館（NDL）憲政資料室所蔵資料】

国立国会図書館憲政資料室文書「鶴見祐輔関係文書」三七七八「日記」（鶴見日記）

【国立公文書館（NAJ）特定歴史公文書所蔵資料】

国際文化振興会（設立）昭和三〇年度 3D-001-00

【オーストラリア国立公文書館（NAA）所蔵資料】

A367/1,C73350, A816,44/301/9, BP242/1,Q24136, C443,J20

【メルボルン大学公文書館（UMA）所蔵資料】

M.Inagaki Collection

〈参考文献〉

[英語]


Army Language School (1951) *Essentials of Colloquial Japanese Grammar*, Army Language School, Japanese language Department.

Asian Studies Council (1988) *A National Strategy for the Study of Asia in Australia*, Australian Government Publishing Service.

Chisholm, A.R., Hunt, H.K. (1940) The Study of Japanese in Australia. *The Australian Quarterly*, March.

Council of Australian Governments (1994) *Asian Languages and Australia's Economic Future*, Queensland Government Printer.

Department of Employment, Education and Training (1991) *Australia's Language, The Australian Language and Literacy Policy*, Australian Government Publishing Service.

Grave, Jaap (2008) New Courses of Dutch Studies in Nagasaki University, 長崎大学留学生センター編『長崎大学留学生センターニュース』第一八号

Herald (1936) Nippon comes to Melbourne, *Herald*, July 25.

Japan Times & Advertiser (1942) Brother of Thai prince here to study at Teidai, *Japan Times & Advertiser, Evening Edition*, April 25.

Japan Times & Mail (1938) The Inagakis and Japanese Studies in Australia. *Japan Times & Mail*, February 13.

Lo Bianco, Joseph (1987) *National Policy on Languages*, Australian Government Publishing Service.

Matsumiya, Yahei (1935) *A Grammar of Spoken Japanese*, Kyobunkwan.

Meaney, Neville (1996) *Fears & Phobias, E.L. Piesse and the Problem of Japan 1909–1939*, National Library of Australia.

Murray, Jacqui (2004) *Watching the Sun Rise: Australian Reporting of Japan, 1931 to the Fall of Singapore*, Lexington Books.

Price, Willard (1938) *Japan Reaches Out*, Angus & Robertson.

Reynolds, E. Bruce (1991) Imperial Japan's Cultural Program in Thailand, Goodman, Grant K. (ed.) *Japanese Cultural Policies in Southeast Asia during World War II*, MacMillan Press.

Tsurumi, Yusuke (1937) Japan Speaks to Australia, *The Austral-Asiatic Bulletin*, October–November.

［ドイツ語］

Düwell, Kurt (1976) *Deutschlandes Auswärtige Kulturpolitik 1918–1932*, Böhlau Verlag.

Engel, Eduard (1917) *Sprich Deutsch! Ein Buch zur Entwelschung*, Hesse & Becker Verlag.

Hoffmann, Hilmar (2001) Von der Rückgewinnung der Glanbwürdigkeit, Goethe-Institut (Hrs.) *50 Jahre Goethe-Institut: Murnau, Manila, Minsk*, Goethe-Institut, 7–8.

Michels, Eckard (2001) Keine Stunde Null: Vorgeschichte und Anfänge des Goethe-Institut, Goethe-Institut (Hrs.) *50 Jahre Goethe-Institut: Murnau, Manila, Minsk*, Goethe-Institut, 13–23.

Michels, Eckard (2005) *Von der Deutschen Akademie zum Goethe-Institut, Sprach— und auswärtige Kulturpolitik 1923–1960*, R. Oldenbourg Verlag.

【日本語】

浅野豊美（二〇一〇）「戦後日本の国民再統合と『贖罪』をめぐる対外文化政策―失われた地域と彷徨う記憶―」中京大学国際教養学部編『中京大学国際教養学部論叢』第三巻第二号
朝日新聞社（一九三六a）「日本語今や世界的、新時代語へ躍進」『朝日新聞』九月一七日（東京・夕刊）
朝日新聞社（一九三六b）「拡がる「日本語戦線」、二十ヶ国に波及」『朝日新聞』一二月二一日（東京・朝刊）
朝日新聞社（一九三八）「日濠文化の父」『朝日新聞』一月二七日（東京・朝刊）
朝日新聞社（一九四〇）「五年ぶりに上梓、海渡る「法制史」、鎖国時代の法律思想」『朝日新聞』三月一六日（東京・夕刊）
朝日新聞社（一九四一）「仏印へ、日本の姿、ヤマダ女史愛国の脱稿」『朝日新聞』八月二八日（東京・夕刊）
朝日新聞社（一九四二a）「国への良い土産」『朝日新聞』一〇月一二日（東京・朝刊）
朝日新聞社（一九四二b）「聖戦下の使命評定、きょう大東亜文学者大会開く」『朝日新聞』一一月三日（東京・朝刊）
朝日新聞社（一九四三）「文化に結ぶ共栄の契、日・仏印交驩雑誌美しく」『朝日新聞』一月八日（東京・夕刊）
朝日新聞社（一九四五）「日本語普及や古典紹介―国際文化振興会の再出発」『朝日新聞』一〇月四日（東京・朝刊）
朝日新聞社（一九五三）「アフガニスタン物語（中）戦闘機はわずか、田舎の店にも日本雑貨」『朝日新聞』八月二日（東京・夕刊）
朝日新聞社（一九六〇）「アフガニスタンの旅―アフガンの外人たち」『朝日新聞』八月一二日（東京・朝刊）
イ・ヨンスク（一九九六）『「国語」という思想―近代日本の言語認識―』（岩波書店）
五十嵐利治編（二〇一〇）『「帝国」と美術―一九三〇年代日本の対外美術戦略―』（国書刊行会）
市川健二郎（一九八七）『日本占領下タイの抗日運動―自由タイの指導者たち―』（勁草書房）
稲垣守克（一九三九）『日本を世界に知らせよ―対外文化宣伝の方法論―』（外務省文化事業部）
稲垣守克（一九四四）「国際文化振興会の事業」日本語教育振興会編『日本語』七月号
井上武夫（一九四三）『濠洲の運命』（肇書房）
岩村忍（一九五四）「アフガニスタンを探る」『朝日新聞』四月一二日（東京・朝刊）

上品和馬（二〇一一）『広報外交の先駆者―鶴見祐輔一八八五～一九七三』（藤原書店）
上田萬年（一八九七）『国語のため』（冨山房）
浦和高等学校（一九四〇）『浦和高等学校一覧―第一八年度（自昭和一四年至昭和一五年）』（浦和高等学校）
浦和高等学校（一九四二）『浦和高等学校一覧―第二〇年度（自昭和一六年至昭和一七年）』（浦和高等学校）
王嵐（二〇〇四）『戦前日本の高等商業学校における中国人留学生に関する研究』（学文社）
小川芳男（一九六八）「釘本氏をしのぶ」日本語教育学会編『日本語教育』第一二号
小川誉子美（二〇一〇）『欧州における戦前の日本語講座―実態と背景―』（風間書房）
外務省（一九三九）『世界に伸び行く日本語』（外務省）
外務省（一九六六）『わが外交の近況―昭和四〇年度』（外務省）
外務省（一九六九）『わが外交の近況―昭和四三年度』（外務省）
外務省（一九七〇）『わが外交の近況―昭和四四年度』（外務省）
外務省文化事業部（一九三六）「昭和十一年度執務報告」外務省文化事業部編『外務省執務報告―文化事業部』（クレス出版）［復刻版］
外務省文化事業部（一九三七）「昭和十二年度執務報告」外務省文化事業部編『外務省執務報告―文化事業部』（クレス出版）［復刻版］
外務省文化事業部（一九三八）「昭和十三年度執務報告」外務省文化事業部編『外務省執務報告―文化事業部』（クレス出版）［復刻版］
外務省文化事業部（一九七三）『国際文化交流の現状と展望』（外務省）
外務省文化事業部第二課（一九三九）「昭和十四年度執務報告」外務省文化事業部編『外務省執務報告―文化事業部』（クレス出版）［復刻版］
学芸協力委員会編（一九二七）『学芸の国際協力』（国際連盟協会）
勝正一（一九九〇）「雑感」旧制浦和高等学校第十七回文集編集委員会編『城北十里―旧制浦和高等学校第十七回文集―』
鹿取泰衛（一九九〇）「愚行の果て」旧制浦和高等学校第十七回文集編集委員会編『城北十里―旧制浦和高等学

校第十七回文集―』
金沢謹（一九六八）「釘本君を偲んで」日本語教育学会編『日本語教育』第一二号
金澤謹（一九七三）『思い出すことなど』（国際学友会）
上村千賀子（二〇一三）「縫田曄子の複合キャリア形成過程」神田道子編『女性のキャリア形成に関する実証的・実践的研究―複合キャリア形成過程とキャリア学習―』（国立女性教育会館）
河路由佳（二〇〇三）「国際学友会の成立と在日タイ人留学生―一九三二～一九四五の日タイ関係とその日本における留学生教育への反映」一橋学会編『一橋論叢』第一二九号
河路由佳（二〇〇五）「その人の〈声〉に耳を澄ます―オーラル・データの豊かさとそのアーカイヴ化をめぐる議論のために―」東京外国語大学大学院地域文化研究科編『史資料ハブ―地域文化研究―』第五号
河路由佳（二〇〇六）『非漢字圏留学生のための日本語学校の誕生―戦時体制下の国際学友会における日本語教育の展開―』（港の人）
河路由佳（二〇〇九a）「戦時中の鈴木忍・高橋一夫と日本語教育―一九七四年の座談会録音テープより（一）―」東京外国語大学編『東京外国語大学論集』第七八号
河路由佳（二〇〇九b）「戦後（一九四五～一九七四年）の高橋一夫・鈴木忍と日本語教育―一九七四年の座談会録音テープより（二）―」東京外国語大学編『東京外国語大学論集』第七九号
河路由佳（二〇一一）『日本語教育と戦争―「国際文化事業」の理想と変容―』（新曜社）
川村湊（一九九四）『海を渡った日本語―植民地の「国語」の時間―』（青土社）
川村陶子（一九九五）「ドイツ文化交流政策にみる文化と国家―ふたつの「文化国家」から国際文化関係の座標軸へ―」国際関係論研究会編『国際関係論研究』第九号
川村陶子（一九九八）「ヴィースバーデン作業サークル―戦後ドイツ文化交流構想における「ヴァイマルの再生」―」東京大学大学院総合文化研究科地域文化研究専攻編『ODYSSEUS』第三号
川村陶子（二〇〇三）「ドイツ」国際交流基金企画部編『主要先進諸国における国際交流機関調査報告書』（国際交流基金）
神崎清（一九三六）「邦語の海外発展（一）言語による文化交歓」『東京朝日新聞』（朝刊）一一月二四日

岸信介（一九七二）「国際文化振興会の解散に当って」国際文化振興会編『国際文化』第二一九号
北一輝（一九二八）『日本改造法案大綱』（西田税編・発行）
北田正元（一九三八）『中央アジアの回教国―アフガニスタンの話―』（外務省文化事業部）
旧制浦和高等学校第十七回文集編集委員会編（一九九〇）『城北十里―旧制浦和高等学校第十七回文集―』
木村東吉（一九七九）「『山月記』成立期考」広島大学国語国文学会編『国文学攷』第八二号
釘本久春（一九四二）「日本語教育の基礎」日本語教育振興会編『日本語』第二巻第九号
釘本久春（一九四四ａ）『戦争と日本語』（龍文書局）
釘本久春（一九四四ｂ）『中世歌論の性格』（古今書院）
工藤正義・佐藤秀明翻刻（二〇〇七）「未発表「豊饒の海」創作ノート①」『三島由紀夫の演劇―三島由紀夫研究④―』（鼎書房）
倉野憲司（一九四一）「国語・国字問題の展望」日本語教育振興会編『日本語』創刊号
黒田良信（一九七七）「坂西さんとアメリカ議会図書館」『坂西志保さん』編集世話人会編『坂西志保さん』（国際文化会館）
瓊林会編（一九七五）『長崎高等商業学校・長崎大学経済学部七〇年史』
厳平（二〇〇九）「官立高等教育機関における留学生教育の成立と展開―第三高等学校を事例として―」京都大学大学文書館編『京都大学大学文書館研究紀要』第七号
神戸大学経済経営研究所新聞記事文庫「東京日日新聞」文化三―〇五九
国際学友会（一九三五）『国際学友会設立趣意』（国際学友会）
国際交流基金（二〇一三）『海外の日本語教育の現状―二〇一二年度日本語教育機関調査より―』（くろしお出版）
国際文化振興会（一九三四）『設立趣意書、事業綱要及寄附行為』（国際文化振興会）
国際文化振興会（一九三五）『国際文化振興会議事要録―第二十九回理事会』（国際文化振興会）
国際文化振興会（一九三七ａ）『日本語海外普及に関する第一回協議会要録』（国際文化振興会）
国際文化振興会（一九三七ｂ）『国際文化振興会記録―第四九回理事会議事要録』（国際文化振興会）
国際文化振興会（一九四一）「海外に於ける日本語の普及状況」国際文化振興会編『国際文化』第一六号

国際文化振興会（一九四六）『国際文化振興会の近況』（国際文化振興会）
国際文化振興会（一九六三）「キク・ヤマダとの一時間」国際文化振興会編『国際文化』第一〇八号
国際文化振興会（一九六四）『ＫＢＳ三〇年のあゆみ』（国際文化振興会）
小島千加子（一九九六）『三島由紀夫と檀一雄』（筑摩書房）
後藤乾一（一九七七）『火の海の墓標―ある〈アジア主義者〉の流転と帰結―』（時事通信社）
後藤乾一（二〇〇〇）「日蘭関係史のなかの「蘭印問題」」ブリュッセイ、レオナルド他編『日蘭交流四〇〇周年記念論文集―日蘭交流四〇〇年の歴史と展望―［日本語版］』（日蘭学会）
三枝茂智（一九三一）『対外文化政策に就て』（外務省文化事業部）
三枝茂智（一九三三）『極東外交論策』（斯文書院）
酒井順一郎（二〇〇四）「中国人留日学生予備教育の展開―対支文化事業と特設予科―」二〇〇四年日本語教育国際研究大会実行委員会編『二〇〇四年日本語教育国際研究大会予稿集発表2』
坂西志保（一九六四）「二十年の滞米生活を終えて」国際文化振興会編『国際文化』第一一八号
桜井隆（一九九二）「日本語教育史上の中島敦―またはイデオローグとしての釘本久春―」獨協大学学術研究会編『獨協大学教養諸学研究』第二七巻第一号
参議院編（一九五七）『第二七回国会参議院外務委員会議録第四号』
シーボルト記念館（一九九四）『シーボルトのみたニッポン』
志賀直哉（一九四六）「国語問題」改造社編『改造』四月号
時事研究会（一九四六）「国民性の反省とその改造」時事研究会編『時事問題研究』
芝崎厚士（一九九九ａ）「財政問題から見た国際文化交流―戦前期国際文化振興会を中心に―」平野健一郎編『国際文化交流の政治経済学』（勁草書房）
芝崎厚士（一九九九ｂ）『近代日本と国際文化交流―国際文化振興会の創設と展開―』（有信堂高文社）
島内景二（二〇〇九）『中島敦「山月記伝説」の真実』（文藝春秋）
嶋津拓（二〇〇四）『オーストラリアの日本語教育と日本の対オーストラリア日本語普及―その「政策」の戦間期における動向―』（ひつじ書房）

嶋津拓（二〇〇八a）『オーストラリアにおける日本語教育の位置—その一〇〇年の変遷—』（凡人社）
嶋津拓（二〇〇八b）『海外の「日本語学習熱」と日本』（三元社）
嶋津拓（二〇一〇）『言語政策として「日本語の普及」はどうあったか—国際文化交流の周縁—』（ひつじ書房）
衆議院編（一九三九a）『第七四回帝国議会衆議院予算委員会議録（速記）第四回』
衆議院編（一九三九b）『第七四回帝国議会衆議院予算委員第二分科（内務省、文部省及厚生省所管）会議録（速記）第二回』
衆議院編（一九四二）『第七九回帝国議会衆議院予算委員会議録（速記）第三回』
衆議院編（一九四四）『第八四回帝国議会衆議院予算委員第三分科（大蔵省及文部省所管）会議録（速記）第二回』
白石大二（一九六八）「純情の人・矛盾統御の天才—釘本さんを思う—」日本語教育学会編『日本語教育』第一二号
新内康子（二〇〇〇）「国内の日本語教育機関の系譜（四）」志学館大学編『志学館大学文学部研究紀要』第一号
杉山欣也（二〇〇八）『「三島由紀夫」の誕生』（翰林書房）
スミッツ、イフォ（二〇〇〇）「オランダの日本学」ブリュッセイ、レオナルド他編『日蘭交流四〇〇周年記念論文集—日蘭交流四〇〇年の歴史と展望—［日本語版］』（日蘭学会）
関口隆克（一九六八）「弔辞」日本語教育学会編『日本語教育』第一二号
関根正男編（二〇〇六）『日本・アフガニスタン関係全史』（明石書店）
高田博行（二〇一一）「国語国字問題のなかのドイツ語史—なぜドイツの言語事情が参照されたのか—」山下仁・渡辺学・高田博行編『言語意識と社会—ドイツの視点・日本の視点—』（三元社）
高見澤孟（二〇〇五）「日本語教育史（三）江戸時代の外国人日本語学習者」昭和女子大学編『学苑』七七九巻
竹本陽乃（一九九五）「昭和初期国際学友会のアフガニスタン学生招致事業」國學院大學編『国学院雑誌』第九六巻第一〇号
太宰隆（一九八三）「外国語学習から見た蘭学から洋学へ」『月刊言語』二月号（大修館書店）
多仁安代（二〇〇六）『日本語教育と近代日本』（岩田書院）
陳昊（二〇〇三）「特設予科における中国人留学生受け入れに関する考察—明治専門学校を中心として—」九州

大学大学院人間環境学府発達・社会システム専攻教育学コース編『飛梅論集』第三号
鶴見祐輔（一九三七）『濠洲人の支那事変観―附・濠洲事情概要―』（日本外交協会）
鶴見祐輔（一九三八ａ）「太平洋時代と日濠関係」『雄弁』二月号（大日本雄弁会講談社）
鶴見祐輔（一九三八ｂ）「日濠関係と世界の見たる日支事変」『経済倶楽部講演』（東洋経済出版部）
鶴見祐輔（一九四〇）「日本語を世界語と為す運動」『文学』四月号（岩波書店）
鶴見祐輔（一九四三）「大東亜戦争と濠洲」太平洋協会編『濠洲の自然と社会』（中央公論社）
ツンベルグ、カール（一九二八）『ツンベルグ日本紀行』（駿南社）
東畑精一（一九五九）「アフガニスタン記」『朝日新聞』二月六日（東京・朝刊）
徳岡孝夫（一九九六）『五衰の人―三島由紀夫私記―』（文藝春秋）
鳥井裕美子（二〇〇七）「志筑忠雄の生涯と業績―今なぜ志筑忠雄なのか？―」長崎大学「オランダの言語と文化」科目設立記念・ライデン大学日本語学科設立一五〇年記念国際シンポジウム実行委員会編『志筑忠雄没後二〇〇年国際シンポジウム報告書・蘭学のフロンティア―志筑忠雄の世界―』（長崎文献社）
長崎高等商業学校編（一九三五）『長崎高等商業学校三十年史』（長崎高等商業学校）
長崎高等商業学校編（一九三九）『長崎高等商業学校一覧―昭和十四年度―』（長崎高等商業学校）
長崎高等商業学校編（一九四二）『昭和十七年度教授要目』（長崎高等商業学校）
長崎大学三十五年史刊行委員会編（一九八四）『長崎大学三十五年史』（長崎大学）
中島敦（一九六八）『李陵・山月記』（岩波書店）
長畑桂蔵（一九二一）「日支親善と国民的理解の急務」長崎高等商業学校学友会編『学友会雑誌』第三〇号
日濠協会・日本新西蘭協会編（一九八〇）『日濠協会五〇年・日本新西蘭協会二八年史』（鹿島出版会）
日華学会学報部編（一九三五）『留学生入学試験問題（昭和十一年度特設予科）』（日華学会）
日本語教育振興会編（一九四三）「座談会―大東亜指導者としての日本人」日本語教育振興会編『日本語』第三巻第七号
日本文化人類学会（一九五四）「学会消息」日本文化人類学会編『季刊民族学研究』第一八号
額彦四郎（一九四四）「日泰文化会館の使命」日本語教育振興会編『日本語』第四巻第五号

野々上慶一（一九八五）『さまざまな追想―文士といぅさむらいたち―』（文藝春秋）
長谷川恒雄（一九九一）「戦前日本国内の日本語教育」木村宗男編『講座日本語と日本語教育（一五）日本語教育の歴史』（明治書院）
長谷川玲子（一九九一）「キク＝ヤマタ―生涯と作品―」上智大学フランス語フランス文学紀要編集委員会編『Les Lettres françaises』第一一号
花輪経男（一九九〇）「思い出すままに」旧制浦和高等学校第十七回文集編集委員会編『城北十里―旧制浦和高等学校第十七回文集―』
福島尚彦（一九七九）「稲垣蒙志―その三―」神戸日豪協会編『かんがりあ』第一六号
福田恆存（一九四一）「編輯後記」日本語教育振興会編『日本語』第一巻第三号
藤野幸雄（一九七七）「坂西志保略年譜」『坂西志保さん』編集世話人会編『坂西志保さん』（国際文化会館）
二見剛史（一九七六）「戦前日本における中国人留学生の教育―特設予科制度の成立と改編―」古田紹欽編『日本大学精神文化研究所・教育制度研究所紀要』第七集
文化庁（二〇〇六）『国語施策百年史』（ぎょうせい）
ボート、ウィレム・ヤン（一九九四）「オランダにおける日本語教育の現状と課題」国際交流基金日本語国際センター編『世界の日本語教育〈日本語教育事情報告編〉』第一号
ポーレンツ、ペーター・フォン（一九七四）『ドイツ語史』（白水社）
堀田善衛（一九六四）「国際文化振興会での思い出」国際文化振興会編『国際文化』第一一八号
堀田善衛（一九七七）『若き日の詩人たちの肖像（下）』（集英社）
堀田善衛（一九九九）『めぐりあいし人びと』（集英社）
松方冬子（二〇一〇）『オランダ風説書―「鎖国」日本に語られた「世界」―』（中央公論新社）
松永外雄（一九四二）『濠洲印象記』（羽田書店）
松宮一也（一九四二）『日本語の世界的進出』（婦女界社）
松本睦樹・大石恵（二〇〇六）「旧制長崎高等商業学校における教育と成果―明治・大正期を中心として―」長崎大学経済学会編『経営と経済』第八五巻第三・四号

三島憲一（一九九一）『戦後ドイツ―その知的歴史―』（岩波書店）
三島由紀夫（一九七七）『春の雪―豊饒の海・第一巻―』（新潮社）
宮坂正英（二〇〇七）「青雲の都長崎独特の「教育システム」」長崎文献社編集部編『旅する長崎学・近代化ものがたりⅠ・長崎は「知の都」だった―近代化の学校、西から東へ送った風―』（長崎文献社）
矢島翠（一九七八）『ラ・ジャポネーズ―キク・ヤマタの一生―』（潮出版社）
矢野暢（一九七五）『「南進」の系譜』（岩波書店）
柳澤健（一九四三）『泰国と日本文化』（不二書房）
柳澤健遺稿集刊行委員会編（一九六〇）『印度洋の黄昏』
山本佐恵（二〇一〇）「国際文化振興会芸術事業一覧（一九三四～一九四五）」五十殿利治編『「帝国」と美術―一九三〇年代日本の対外美術戦略―』（国書刊行会）
読売新聞社（一九三八）「アフガン留学生に東大の門開く―実力試験して正式の本科へ」『読売新聞』三月一日（東京・夕刊）
読売新聞長崎支局編（一九八五）『長崎高商物語』（読売新聞長崎支局）
分田宗広（一九八七）「「徳川法制史」の完結―明治・大正・昭和を生きた出版計画―」国際交流基金編『国際交流』第四三号

# あとがき

本書の各章は、筆者が様々な機会に発表した論文に加筆・修正を施したものである。それらの論文のタイトルおよび掲載誌は次のとおりである。

第一章「堀田善衛と戦時下の国際文化振興会―国際文化交流史研究の観点から『若き日の詩人たちの肖像』を読む―」(二〇二一) 埼玉大学日本語教育センター編『埼玉大学日本語教育センター紀要』第一五号

第二章「日本のオランダ語教育とオランダの日本語教育の変遷に関する一考察―長崎とライデンを中心に―」(二〇〇九) 長崎大学留学生センター編『長崎大学留学生センター紀要』第一七号

第三章「オーストラリアの日本語教育を日本の新聞はどのように報道してきたか―その一〇〇年の変遷―」(二〇一五) オーストラリア学会編『オーストラリア研究』第二八号

第四章「戦前戦中期にオーストラリアで制作された日本語教科書―とくに、その意図せざる「結果」について―」(二〇一三) 追手門学院大学オーストラリア研究所編『オーストラリア研究紀要』第三九号

第五章「鶴見祐輔と一九三〇年代のオーストラリアにおける日本語教育―「日本語熱」の発見とその戦中戦後への影響―」(二〇一二) オーストラリア学会編『オーストラリア研究』第二五号

第六章「中島敦の『山月記』と釘本久春―はたして釘本は「袁傪」だったのか―」(二〇一七) 河正一・島田雅晴・金井勇人・仁科弘之編『仁科弘之教授退職記念論文集―言語をめぐるX章―言語を考える、言語を教える、言語で考える』(埼玉大学教養学部)

第七章「敗者たちの海外言語普及―敗戦後における日本とドイツの海外言語普及事業―」(二〇一三) 日本

言語政策学会編『言語政策』第九号
第八章「戦前戦中期における文部省直轄学校の「特設予科」制度について―長崎高等商業学校を事例として―」(二〇〇七)長崎大学留学生センター編『長崎大学留学生センター紀要』第一五号
第九章「戦前戦中期における文部省直轄学校「特設予科」の留学生教育について―長崎高等商業学校の場合―」(二〇〇七)長崎大学留学生センター編『長崎大学留学生センター紀要』第一五号
第一〇章「旧制浦和高等学校のアフガニスタン人留学生―どうして彼は浦和で学ぶことになったのか―」(二〇一八)埼玉大学教養学部編『埼玉大学紀要(教養学部)』第五四巻第一号
第一一章「三島由紀夫著『豊饒の海』とタイの留学生―「シャムの王子」たちのモデルは誰か―」(二〇一四)埼玉大学日本語教育センター編『埼玉大学日本語教育センター紀要』第八号

筆者の専門は社会言語学(とくに言語政策論)であるが、右に掲げた諸論文は、国際文化交流・日本語教育・留学生教育の歴史に関するものである。そのような論文を執筆した動機は、「まえがき」でも触れたように、筆者が国際文化交流・日本語教育・留学生教育の実務に携わる中で、それらの「来し方」を振り返り、自分自身の「立ち位置」を確認したいと思ったからである。

これらの論文は、従来あまり研究対象とされることのなかった領域や分野を扱った。そのためか、後続する研究論文において先行研究として引用されることが多かった。とくに政治学や文学研究など、他分野(国際文化交流史・日本語教育史・留学生教育史以外の分野)の研究論文で先行研究として扱われたことは、筆者にとって望外の喜びであった。

筆者の社会人としての経歴は、国際交流基金(二〇〇三年からは独立行政法人国際交流基金)で国際文化交流に従事していた前半の二〇年と、大学で教育研究活動に従事した後半の二〇年弱に分けられるが、二〇二〇年以降のコロナ禍の中で還暦を迎え、多くの人々の死やコロナ後遺症による不本意な退職の報に接する中で、また自分自身も身体のあちらこちらに不調を抱えるようになったことから、そろそろ社会人としての（あるいは人生の）「まとめ」をしなければならないと考えるようになった。本書は、筆者にとって、その「まとめ」の一環でもある。

筆者が大学に入学したのは一九八〇年のことである。それからちょうど四〇年後の二〇二〇年に大学に入学した学生たちは、新型コロナウィルス感染症の感染拡大のために入学式や新歓行事が中止となり、講義や演習も、その多くが対面型からオンライン型に変更され、さらにはキャンパスへの入構すらもままならない状況の中で学生生活を始めることになった。筆者の学生時代にも大変なことや嫌なことはあったが、それとは性質が異なる困難さ、「時代ガチャにはずれた」という一言ではとうてい言い表すことができない困難さを彼らは抱えていた。

かかる学生たちも、もうじき大学を卒業する。社会に出てからの彼らに幸多かれと祈らずにはいられない。むろん、新型コロナウィルス感染症の感染拡大に翻弄されたのは大学生だけではない。戦争の時代に生を受けた高齢者たちも、コロナ禍の中で大変な日々を過ごすことになった。

そのひとりである筆者の母、コロナ禍の中で卒寿を迎えた嶋津正子に、本書を捧げたい。

最後に、丁寧な編集作業をしてくださった現代図書の石原恵子さんに、この場を借りて厚くお礼を申し上げる。

令和五年六月

埼玉大学研究機構棟の研究室にて
嶋津　拓

## ■著者紹介

嶋津 拓（しまづ たく）

1961年、東京に生まれる。1986年、一橋大学大学院社会学研究科修士課程を修了したのち、国際交流基金（現在の独立行政法人国際交流基金）に勤務。2006年までの20年間、同基金で国際文化交流事業（とくに海外の日本語教育を支援する事業）に携わる。2003年、一橋大学大学院言語社会研究科より博士（学術）の学位を取得。その後、長崎大学教授を経て、2013年から埼玉大学教授。この間、国際教養大学客員教授、大東文化大学特任教授、政策研究大学院大学・早稲田大学・専修大学の非常勤講師・兼任講師を歴任。また、学会関係では、日本語教育学会評議員・代議員、日本言語政策学会理事を務めた。

著書に、『オーストラリアの日本語教育と日本の対オーストラリア日本語普及―その「政策」の戦間期における動向―』(2004年・ひつじ書房)、『海外の「日本語学習熱」と日本』(2008年・三元社)、『オーストラリアにおける日本語教育の位置―その100年の変遷―』(2008年・凡人社)、『言語政策として「日本語の普及」はどうあったか―国際文化交流の周縁―』(2010年・ひつじ書房）等がある。

戦前戦中期の国際文化事業と、その戦後期への影響
― 国際文化交流・日本語教育・留学生教育 ―

2023年 6月 24日 第1刷発行

著　者　嶋津 拓
発行者　池田 廣子
発行所　株式会社現代図書
〒252-0333　神奈川県相模原市南区東大沼2-21-4
TEL　042-765-6462　FAX　042-765-6465
振替　00200-4-5262
https://www.gendaitosho.co.jp/
発売元　株式会社星雲社（共同出版社・流通責任出版社）
〒112-0005　東京都文京区水道1-3-30
TEL　03-3868-3275　FAX　03-3868-6588
印刷・製本　モリモト印刷株式会社


ISBN978-4-434-32257-0　C3036
Printed in Japan